U0685844

（第4版修订版

足球技战术实战从入门到精通

[美] 约瑟夫·A. 勒克斯巴切尔（Joseph A. Luxbacher） 著　马新东　朱禹丞　译

人民邮电出版社

北京

图书在版编目（CIP）数据

足球技战术实战从入门到精通：第4版／（美）约瑟夫·A.勒克斯巴切尔（Joseph A. Luxbacher）著；马新东，朱禹丞译. —— 修订本. —— 北京：人民邮电出版社，2020.4
ISBN 978-7-115-51888-0

Ⅰ. ①足… Ⅱ. ①约… ②马… ③朱… Ⅲ. ①足球运动—运动技术 Ⅳ. ①G843.19

中国版本图书馆CIP数据核字(2019)第263431号

版权声明

Copyright © 2014,2005,1996 by Human Kinetics, Inc.

Copyright ©1991 by Leisure Press

All rights reserved. Except for use in a review, the reproduction or utilization of this work in any form or by any electronic, mechanical, or other means, now known or hereafter invented, including xerography, photocopying, and recording, and in any information storage and retrieval system, is forbidden without the written permission of the publisher.

保留所有权利。除非为了对作品进行评论，否则未经出版社书面允许不得通过任何形式或任何电子的、机械的或现在已知的或此后发明的其他途径（包括静电复印、影印和录制）以及在任何信息存取系统中对作品进行任何复制或利用。

免责声明

作者和出版商都已尽可能确保本书技术上的准确性以及合理性，并特别声明，不会承担由于使用本出版物中的材料而遭受的任何损伤所直接或间接产生的与个人或团体相关的一切责任、损失或风险。

内 容 提 要

本书是《足球技战术实战从入门到精通（全彩图解第4版）》的修订版，通过专业演示和分步骤详解，介绍了带球、传球、射门、防守、抢球、头球和守门等基础技术和训练方法，并讲解了如何在比赛中恰当地运用这些技术，以在进攻和防守中获胜。本书不仅提供了170多项训练和小规模测试赛，还通过简单易行的计分方式测试练习者是否已经准备好进入下一步。通过渐进式的训练，球员可熟练掌握个人技术和团队战术，逐步成为一名能够灵活运用各种技战术的全能球员。

◆ 著 [美] 约瑟夫·A.勒克斯巴切尔（Joseph A. Luxbacher）

译 马新东 朱禹丞

责任编辑 林振英

责任印制 周昇亮

◆ 人民邮电出版社出版发行 北京市丰台区成寿寺路 11 号

邮编 100164 电子邮件 315@ptpress.com.cn

网址 http://www.ptpress.com.cn

北京虎彩文化传播有限公司印刷

◆ 开本：700×1000 1/16

印张：17 2020 年 4 月第 2 版

字数：332 千字 2024 年 11 月北京第 8 次印刷

著作权合同登记号 图字：01-2015-4398 号

定价：88.00 元

读者服务热线：(010)81055296 印装质量热线：(010)81055316
反盗版热线：(010)81055315
广告经营许可证：京东市监广登字 20170147 号

谨将本书献给我生命中两个非常特别的人——我已故的父亲弗朗西斯科·勒克斯巴切尔，他既是我的启蒙教练，又是让我受益最深的教练，以及我已故的母亲玛丽·安·勒克斯巴切尔。我的父亲引领我进入足球的大门并将精妙的技术传授给我，在耳濡目染之下，我对足球运动产生了终生不渝的热爱。无论我尝试做什么，从参加体育运动到写书等，我的母亲都是我最坚定的支持者，而且在我追求梦想的路上给我信心。他们永远活在我的心中！

目录

一步步登上足球成功的阶梯

如果你正在阅读本书，说明你对足球运动充满了激情。你并不孤单，足球迷大有人在。毫无疑问，足球是世界上最受欢迎的体育运动之一。它是竞技运动领域中能够激发无限激情和热情的运动。目前官方注册并参加比赛的足球运动员超过 1.5 亿人，其中女性球员超过 1000 万人，而且还有数以亿计的人是在官方组织之外踢球，在沙地上、操场上以及大都市和小城镇的街巷上都可以看到他们的身影。成千上万疯狂的球迷通过现场观看以及观看电视或其他媒体，追随着他们最喜爱的球队和球员。例如，2010 年在南非举办的国际足联世界杯，就以电视的形式转播到世界各地，从而创造了世界上有史以来最高的收视率。这次世界杯比赛的电视转播信号覆盖了世界上 32 亿以上的人口，大约占了当时世界人口总数的一半。这一数据进一步证明，足球摘得"世界性运动"这一非正式称呼是当之无愧的。

足球受到广泛的欢迎并不意味着它是一项很容易就能取得成功的运动。在现实生活中，足球运动员在身体和精神上要经受多方面的挑战。除了守门员，足球场上没有什么特殊的人——甚至守门员也必须同时拥有娴熟的脚法和手法。与曲棍球运动一样，每个足球运动员都必须能够有效地进行进攻和防守。他们必须使用变化多样的脚法对球进行控制，而且在空间受限、时间有限、身体疲劳以及对手强势的挑战所带来的压力下仍然如此。足球运动员在比赛期间要对各种快速变化的情况做出反应，因此这时刻考验着他们的决策能力。足球运动员会面临许多挑战。个人的表现和团队的最终成功取决于每一个运动员应对这些挑战的能力。这种能力不是偶然形成的，而是通过后天训练才会获得。作者在编写本书的过程中一直将这一点谨记于心。

不管你是业余爱好者，还是专业运动员，不断练习技能和战术将会提升你的表现水平，并让你享受足球所带来的更多快乐。本书的第 4 版提供了一个循序渐进的计划，帮助你逐步提升足球技能，更加充分地了解团队比赛中的个人和团队策略。下面是阅读本书中每个步骤应该遵循的事项的先后顺序。

1. 阅读当前步骤中所有关于技能的解释，了解为什么这个步骤很重要以及如何执行该步骤。
2. 仔细研究全彩色图片。它精确地展示了成功完成某项技能的正确姿势。
3. 阅读关于每项训练的说明。练习训练内容并记录你的分数。

4. 请技术过硬的人作为观察者——老师、教练、队友或者受过训练的搭档——每完成一组练习后，都要对你的基础技能水平进行评估。

5. 每个步骤结束后，回顾你的表现，并将各项训练的分数加起来。如果你在该章的得分已经到达设定为"成功"的水平，则进入下一个步骤。

本书第 4 版对内容进行了升级和扩充，一共由 12 个明确的步骤组成，让你能够根据自己的进度逐步前进。每个步骤都很浅显，并且会衔接性地过渡到下一个步骤。学习技能不可能一步登天！只有一步一步往上攀登，最终才能到达顶峰。前几个步骤为基础技能和概念打下良好的根基。随着讲解内容不断深入，你会学到如何运用这些技能来完成战术以及如何配合队友。本书提供了大量的照片和图示，它们进一步明确地展示了如何施展足球技能和战术，包括守门员所使用的技能和战术。每个步骤中都包含一些训练内容，让你在参加压力更大的模拟足球比赛前，先练习并掌握各种基础的技能和战术概念。完成本书的所有 12 个步骤之后，你会成为一名经验更丰富、技能更高超的足球运动员。

致谢

毫不夸张地说，本书的撰写和出版需要一个团队通力合作。在此，我对许多帮助和支持本书出版的同仁朋友表示深深的感谢。尽管不可能一一提及每个人的姓名，但我还是要衷心地感谢 Human Kinetics 的所有工作人员，尤其是汤姆·海涅和艾米·斯塔尔，他们对本书的进展和完成提供了帮助；还要感谢我在匹兹堡大学和 Shoot to Score Soccer Academy 的教练同事分享的想法和见解；最后但同样很重要的，我要感谢我亲爱的妻子盖尔以及我的孩子伊丽莎和特拉维斯一直以来对我的爱和支持。

足球运动

足球是世界上最受欢迎的团队运动，这是毋庸置疑的，因为每年都有数以亿计的人参与和观看足球运动。全球社会被地域和意识形态所分隔，但足球运动的流行却不受年龄、性别、文化等的影响。足球几乎是所有国家的主要运动项目，包括亚洲、非洲、欧洲和南美洲的国家。这项运动为不同背景和文化的人们构筑起共同的语言。

足球广受欢迎的原因有很多。第一也是最重要的原因是：足球适合各种体格的人，因此几乎所有人都是潜在的足球运动者。贝利被大部分人认为是世界上最出色的足球运动员，但他的身高和体重也只不过是中等水平而已。一个更近的例子是莱昂内尔·梅西，他是巴塞罗那队和阿根廷队的明星前锋，而身高只有 1.7 米，体重大约 70 千克。尽管对高级别的比赛而言，速度、力量、耐力等身体素质至关重要，但运动员的技术、战术、预见能力、洞察力和总体的赛感也同样非常重要。尽管团队的成功取决于每个队员之间的合作，但是在团队的框架之下，每个队员都有机会施展自己的个性和才华。足球是运动员自己而不是裁判主导的运动，这一事实很可能是它广受欢迎的最重要原因。

国际足联（FIFA）是世界足球的管理机构。FIFA 成立于 1904 年，算得上是世界上最有威望的运动组织，其成员超过 200 个。1913 年，美国足球协会（USSFA）成立了，并且被批准成为 FIFA 的成员。美国足球协会后来更名为"美国足球联盟"（USSF）。在 USSF 的赞助之下，各种专业和业余比赛在美国遍地开花。1974 年，美国青年足球协会（USYSA）作为 USSF 的附属机构成立了，它的职责是管理和促进 19 岁以下的青少年参与足球运动。

足球比赛通常称为足球赛，是两个各有 11 个球员的球队之间进行的比赛；每个球队中必须指定一名队员作为守门员。每个球队都要守护好自己的球门，如果用脚或头将球踢进或顶进对方的球门，将赢得一分。守门员的主要工作是守护好本队的球门，尽管他在发起团队进攻时也起到非常重要的作用。守门员是唯一可以用手控制足球的球员，而且只能在罚球区中这样做。罚球区宽 44 码（1 码约为 0.9144 米，此后不再标注），距离球场底线 18 码远。球场上的球员禁止用手或手臂控制足球，而只能用脚、腿、身体和头。每进一个球得一分，得分高的球队赢得比赛。

足球比赛在一块场地上进行，一般称为球场，它通常比美式足球场更长、更宽。

正式比赛由两场各为 45 分钟的半场组成，半场之间有 15 分钟的中场休息。通常通过抛硬币来决定哪个球队先发球开始比赛。比赛一旦开始，几乎会一直持续下去，只有在进球、点球或裁判判决的时候，计时才会暂停。足球比赛过程中没有官方规定的暂停时间，而且替换球员也是受到限制的。在一场正式的比赛中，球场上的运动员通常需要跑动 9.7 千米以上，而且大部分距离都是利用冲刺完成的。因此，说足球运动员是所有运动员中条件反射最激烈的也就不足为奇了。

将 10 个非门将球员组织起来，通常称为比赛阵型或阵式。每个球队的阵型可能会不相同，甚至同一个球队的每一场比赛都可能采用不同的阵型，这取决于每个球员的强项和弱项、分配给每个球员的角色和职责以及教练独特的见解。现在的大部分阵型都会部署 3 或 4 个后卫，3、4 或者 5 个前卫，1、2 或 3 个前锋。尽管每个队员在团队统一部署的阵型中都担任着特定的职责，但是场上球员的动作并未受到限制。（参见"第 12 步：理解球员阵型、角色和职责"，获得关于团队组织的更多信息。）

随着足球运动的不断发展，球队的战略也在不断改进。守门员通常被认为是足球队中唯一的、非常特殊的队员，他是球门和进攻对手之间的最后一道防线。守门员是唯一可以用手控制球的球员。过去，场上球员担任的角色比现在更加专一化：前锋负责冲在前面进球得分，而后卫负责看好后场，利用一切必要的办法阻止对方进球，他们很少冒险充当前锋去发起进攻。但是经过几十年的发展，所有这些都发生了改变，但我认为这些都是好的改变。现在的足球比赛更加关注全面的足球运动员，即那些既可以进攻又可以防守的球员。除了守门员，球员的明确职责分工已经成为历史。

足球场

比赛用的正式球场其长度必须在 100 ~ 130 码之间，宽度必须在 50 ~ 100 码之间。长度通常必须大于宽度。在国际比赛中，球场的长度必须在 110 ~ 120 码之间，宽度必须在 70 ~ 80 码之间。用来标记球场范围的界线的宽度必须小于 12.7 厘米。如图 1 所示，球场两端的界线称为端线（或球门线），两侧的界线称为边线。球场的中线将球场划分为两个相同的部分，而中点是球场的中心。中圈是以中点为圆心、半径为 10 码绘制的圆圈。

球门位于球场两端球门线的中央。球门的高度为 2.4 米，宽度为 7.3 米。球门区是一边贴在球门线上的长方形。球门区由两条与球门线垂直的线条和一条与球门线平行的线条围成，这两条垂线各距离球门柱 6 码远，而且长度也是 6 码。

罚球区由两条与球门线垂直的线条和一条与球门线平行的线条围成，这两条垂直线各距离球门柱 18 码远，而且长度也是 18 码。球门区位于罚球区的内部。罚球点也在罚球区的内部。罚球点位于球门线中点的正前方 12 码处。从罚球点处踢点球。罚球区弧线位于罚球区之外，是以罚球点为圆心、半径为 10 码绘制的一段弧线。角球区位于球场的每个角落，其半径为 1 码。必须从角球区内发角球。

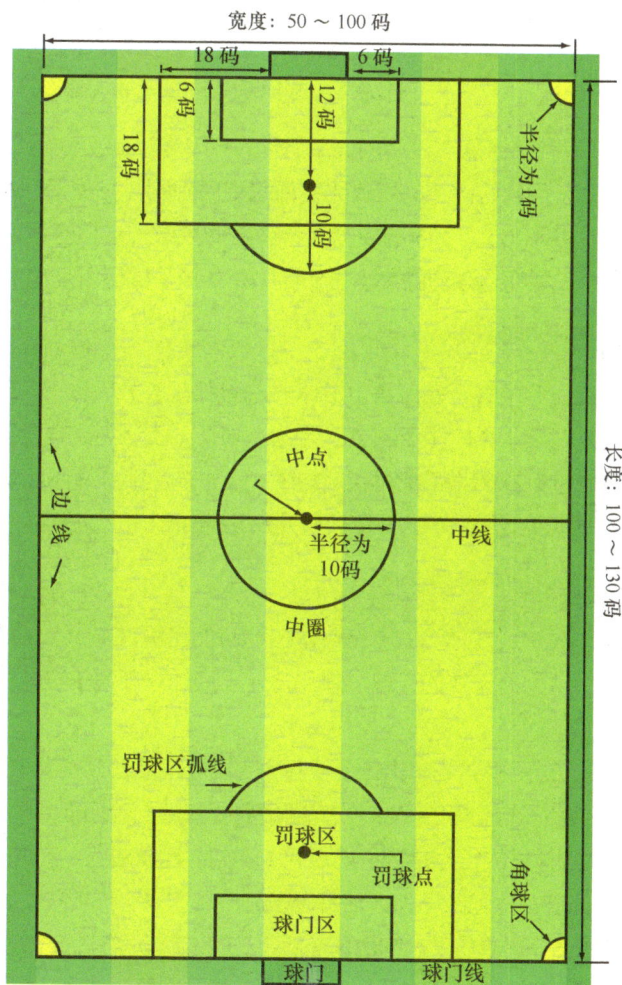

图 1 足球场

足球装备

足球是用皮革或其他符合规定的材料制成的球体。成年人使用的标准足球在国际上指定为 5 号球。官方的 FIFA 5 号球的周长在 69 ~ 71 厘米之间，重量在 397 ~ 454 克之间。青少年足球比赛有时使用更小的足球（4 号球和 3 号球）。场上球员所穿的统一球衣包括运动衫或衬衫、短裤和球袜，每个球队的球员的球衣必须协调搭配，而且要与对手的球衣形成鲜明的对比。护腿板套在袜子内。守门员通常穿长袖的运动衫和短裤，而且肘部和臀部带有护垫。守门员球衣的颜色必须与场上球员和裁判的服装明显地分开。在比赛期间，所有球员都必须穿足球鞋。球员不允许穿戴裁判认定可能会给其他球员带来潜在威胁的服装和饰品（例如手表、项链或其他形式的珠宝）。

足球运动规则

足球是一项只有 17 条基本规则的简单运动。FIFA 官方规定的足球比赛规则是世界范围的标准规则，而且国际上的所有比赛都采用此规则。在美国，青少年足球比赛和在学校举行的比赛可以对 FIFA 的规则进行少量的更改。这些更改可能涉及场地的大小、足球的大小和重量、球门的大小、允许的替补球员数量以及比赛时长。

比赛开始

从球场的中点发定位球开始比赛。发球一方的所有队员都必须在自己的一侧场地上。只要足球进入对手半场的距离超过了足球的周长，就认为比赛已经在进行中。在其他球员接触球之前开球的人不能再次接触球。在进球之后或者下半场开始时，也以同样的定位球方式重新继续比赛。开球后射入对方的球门可以直接得分。

活球和死球

只要球完全越过边线或球门线（无论是在地面上还是在空中），或者裁判暂停或终止比赛，那么就认为是无效的死球。除此之外，其他球都属于活球，其中包括以下情形。

- 从球门柱、球门横梁或角旗杆上弹回到比赛场地上。
- 从位于比赛场地上的裁判或边线裁判员身上弹落到球场上。
- 在裁判决定球员的行为是否犯规期间（例如"比赛进行中"的情形）。

当裁判无法确定在球跑到场外之前是谁最后接触了球，或者在比赛期间临时暂停了比赛（例如有球员严重受伤），则从球最后所在的位置以争球的方式继续开始比赛。裁判将球抛落在两个竞争球队的球员之间，只有球接触地面后才能开始踢球。

当球出边线到场外，无论是从空中还是从地面上，均通过掷界外球的方式在球离开球场的地方将其抛回场内，继续进行比赛。由非最后触球的一方球员掷界外球。抛球者必须用双手持球，并且将球由身后越过头顶抛出。在球抛出的瞬间，抛球者必须面向球场而且双脚接触边线，即发球者位于边线之外的地面上。只要球跨过边线进入比赛场地，比赛也随之立即进行。在其他球员接触球之前，抛球者不能再次触球。如果不能将球正确地抛回到比赛场地上，则轮到另一方球队掷界外球。掷界外球直接进球不得分。

如果攻方队员最后接触从底线越过的球（从球门柱之间和球门横梁之下穿过的球除外），则由守方以球门球的方式继续恢复比赛。球门球必须从球越过底线时距离较近的那侧球门区开出。

只要球越过罚球区，就认为比赛正在进行中。在本方或对方的球员触球之前，开球者不能再次触球。不能将球门球直接踢向罚球区中的守门员。在开球门球的时候，对方的所有球员都必须站在罚球区之外。球门球直接进球不得分。

如果守方的队员最后接触从底线越过的球（从球门柱之间和球门横梁之下穿过的球除外），则由攻方以角球的方式继续恢复比赛。角球必须从距离球越过底线较近的角球区开出。在球踢出之前，守方的所有队员都必须距离球至少 10 码远。在其他球员触球之前，发球的人不能再次触球。角球直接进球可以得分。

得分

只要足球完全从球门柱之间以及球门横梁之下的球门线经过就认为是进球得分，但前提是球未被攻方队员故意用手或手臂抛、带或推入球门。每进一个球得 1 分。得分最高的球队赢得比赛。在规定的时间内，如果双方的比分相同，则视为平局。

犯规和处罚

被指定担任比赛评判工作的裁判拥有球场上最高的权威。裁判贯彻实施比赛规则并对争议做出裁决。裁判有两名助理裁判协助，助理裁判分别位于两侧的边线之上。助理裁判在球出界时做出示意（服从于裁判的决定）并决定由哪支球队掷界外球、开球门球或角球。助理裁判还会帮助裁判确定是否发生越位犯规，而且通知裁判有替补球员想要入场比赛。

球员必须了解犯规情形以及可能导致的处罚。不合时宜的犯规对球队的打击是巨大的，会导致失去势头、人员更换，甚至是对方球队进球。所以要了解以下犯规情形和处罚，以及怎样做才能避免这些犯规。

越位

所有球员应该都对越位非常熟悉。比赛时，如果球员比球距离对方的底线更近则构成越位，但是以下情形除外。

- 该球员位于自己的半场内。
- 至少有两位对方的球员比该球员距离对方的底线更近。

仅仅因为球员处于越位位置，并不意味着裁判一定会吹哨判他越位。仅当己方队员触球或者控球时，裁判判定处于越位位置的球员干扰了比赛或对手，或者通过越位取得了优势，才会判定该球员越位并进行处罚。球员不会仅因为处于越位位置或者直接接到球门球、角球或界外球就被判越位。

越位犯规的处罚是由对方球员在发生越位的位置开间接任意球。裁判依据出球一刻判定越位，而不会在球员接到球的瞬间判定越位（参见图 2）。例如，在踢球期间处于非越位位置的球员向前移动到越位位置去接从空中飞来的传球时，就不会构成越位犯规。

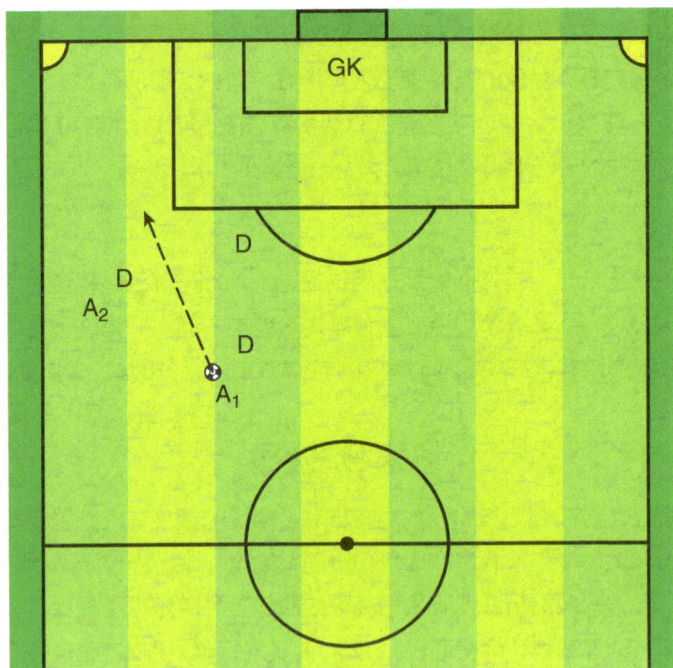

图 2 球员未越位

任意球

任意球分为直接任意球和间接任意球两种。开球者的直接任意球可进球得分。间接任意球要想得分，在球过球门之前必须被除开球者之外的其他球员（可以是任意一队的球员）接触过。不管是直接任意球还是间接任意球，防守球员都必须距离球至少 10 码远。防守球员唯一能够在距离球 10 码内的情形是，判给攻方距离守方球门小于 10 码的间接任意球。在这种情况下，防守队员可以站在球门柱之间的球门线上，阻止对方的球进入球门。

当球员从自己的罚球位置发任意球时，对方的所有球员都必须在罚球区之外，并且与球之间的距离不得小于 10 码。在踢球时球必须处于静止状态，当球越过罚球区的距离超过球的周长之后，则认为球处于比赛中。守门员可以不用双手接球，然后再将球踢入赛场中。如果球未能直接踢出罚球区就直接进入比赛，必须重新开球。如果开球者在其他球员触球之前再次触球，则判给对方一个间接任意球。

犯规和不良行为

犯规包括直接犯规和间接犯规。对于故意进行以下犯规的球员，则判对方球队在发生犯规的地方开直接任意球。

- 向对手吐唾沫。
- 踢或试图踢对手。
- 绊倒对手。
- 跳到对手身上。
- 以猛烈或危险的方式冲撞对手。
- 从后面冲撞对手，但对手阻碍球员带球的除外。
- 打或者试图打对手。
- 抱住对手。
- 推对手。
- 用手或手臂持球、击球或者推球（这一犯规不适用于处于己方罚球区内的守门员）。

如果防守球员在己方的罚球区内故意干扰直接任意球，则判给对方球队一个点球。违反以下规则将判给对方间接任意球。

- 以裁判认为可能会给进攻球员或其他球员招致危险的方式踢球，亦称为"危险动作"。
- 当球未在球员的控制范围时，用肩膀冲撞对手（试图控球时用肩膀冲撞是合规的）。
- 在未试图控球时故意妨碍对手前进，通常称为"阻挡"。
- 故意妨碍守门员发球。
- 违反越位规则。
- 冲撞守门员，但守门员持有球或者位于球门区之外时除外。

如果守门员涉及任何以下行为，则判给进攻球队一个间接任意球。

- 违反6秒规则，该规则要求守门员持有球时必须在6秒内将球发出。
- 浪费时间、拖延比赛以及给对方球队带来不公平优势的战术。
- 违反守门员回传规则（参见下一小节）。

守门员回传规则

足球规则规定，守门员不能用手接触队员踢给他的球。但当守门员是无意用手触球时，此规则无效，例如，传球偏斜引起守门员无意用手触球则不受处罚。违反守门员回传规则将导致判给对方在犯规的地方一个间接任意球。

球员可以使用头、胸部或膝盖来故意地将球传给守门员。不过，如果球员故意地规避守门员回传规则（例如用脚将球挑起然后用头顶给守门员），那么该球员的行为是不符合运动精神的，而且会收到正式的警告。对于这种情况，将判给对方球队在违规的地方开一个间接任意球。

警告和罚下场

由裁判来决定如何处罚持续地公然违反比赛规则的球员。裁判可以亮出黄牌正式警告球员。黄牌警告向违反规则的球员传递这种信息：如果继续违反类似的规则，就会被罚下场。裁判可以亮出红牌，将违规的球员罚下场。根据裁判的定夺，如果球员有以下行为，将被红牌罚下场。

- 实施了粗暴的行为。
- 严重违反比赛规则。
- 向对方球员或任何其他人吐唾沫。
- 使用侮辱性或污秽的语言。
- 在同一场比赛中受到两次黄牌警告。
- 故意手球，导致对方无法进球或者错失明显的进球机会（但这不适用于在己方罚球区的守门员）。
- 因为犯了可处以任意球或点球的犯规，导致向球门移动的对方球员错失明显的进球机会。

被红牌罚下的球员不能再返回比赛，并不能用替补球员来填补其空缺。

点球

除了红牌罚下，对直接犯规的最严重处罚就是点球。如果球员在己方的罚球区内严重犯规，将被罚对方点球（注意：点球的判决不受罚球区位置的影响）。在球门中点的正前方 12 码处罚点球。除了罚球者和守门员，所有球员都必须位于罚球区之外，而且距离罚球点至少 10 码远。守门员必须站在球门柱之间并且双脚接触球门线。守门员在罚球前可以沿着球门线侧向移动，但在球发出前不能向前越过球门线。踢点球的球员必须向前踢球，而且在其他球员接触球之前不能再次触球（其他球员包括守门员）。当球运动的距离超过它的周长之后，球就处于比赛中了。点球直接进球可以得分。在中场休息或常规时间比赛到点判罚了点球，则需要加时，让点球得以完成。

热身与放松

在每次训练或比赛之前，都应该进行身体和精神上的热身运动，为接下来更加艰苦的训练或比赛做好准备。热身活动能够提高肌肉的温度，刺激血液流向肌肉，让主要的肌肉群得到舒展。全面的热身运动能够改善肌肉的收缩和反射时间、增加肌肉的柔软程度、避免次日肌肉酸痛，以及降低肌肉和关节损伤的可能性。

根据情况和个人的不同，热身运动的强度和时长也有所变化。气候环境，比如周围的温度和湿度也应当考虑在内。例如，与 11 月寒冷多风的某天相比，在 6 月炎热潮湿的下午所需的热身时间和强度很可能更少。作为一般原则，在足够强度下热身 15 ～ 20 分钟至出汗即可。出汗表明肌肉的温度已经升高。

在伸展身体之前，通过增加流入肌肉的血液来热身。任何用到大量肌群的有氧运动都可以作为热身运动，尽管从实用的角度来讲，利用与足球运动相关的动作和活动来热身会一举两得。涉及带球动作和突然改变速度和方向的技术性训练，或者在整个球场中运动的队员之间相互传球，都是让更多血液流向肌肉的好办法。例如，第 1 步中的许多带球训练都是合适的足球热身运动。

肌肉完全热起来之后，让所有参与足球运动的肌肉群进行一系列的伸展运动。切忌弹跳或猛拉！慢慢地伸展肌肉或肌肉群，在未造成不适的情况下尽可能地舒展它们。慢慢地、稳步地伸展肌肉能够防止突然发生牵张反射，这是防止过度拉伸肌肉的内在保护机制。保持伸展状态 30 秒，然后放松，接着慢慢地进入更深层次的伸展并保持 30 秒。每个肌肉群伸展 2 次，主要集中在腘绳肌、股四头肌、后背部、腹股沟、小腿、跟腱和颈部。

每次训练和比赛结束后，都要花几分钟时间让心跳和身体机能慢慢恢复到正常的休息状态。放松包括轻松的有氧运动，比如带球或不带球进行慢跑，以及放松最常用的肌肉群的伸展运动。每次剧烈训练之后伸展肌肉比提前伸展肌肉来预防次日肌肉酸痛要有益得多。

图解

GK	守门员
D	防守者
A	进攻者
X	球员
⚽	足球
〜〜〜▶	带球
——▶	跑动
------▶	传球

第 *1* 步

带球、护球和抢球

足球的带球的基本作用和篮球带球一样——使球员从对手旁边经过或者加速进入空地时能够保持对球的控制。根据具体的情况，球员使用脚的不同部位（内侧、外侧、脚背和脚掌）来控制球。获得球的控制权后能够躲避或者阻止对手断球也同样非常重要。护球技术就是用于该目的。

足球比赛中有 3 种常见的带球方式：带球越过或超越对手；在狭窄的空间中，带球获得严密的控制或保持控制权；在开阔的空地中，带球前进时获得更快的速度。护球技术通常和带球技术结合使用，在对手抢夺控制权的挑战中保护或掩护球不被抢走。通过将身体置于球和对手之间并用脚控制球远离挑战者来护球。这种护球技术也称为"隔球"。

尽管带球以及与对手较量的能力是每个球员的攻击技术组合的关键部分，但时刻不要忘记这样的一个事实，在不恰当的情况下过度带球没有任何作用，甚至会削弱团队的成果。在距离己方球门最近的防守后场内，要尽量避免和对手正面较量（例如试图带球越过对手）；在这个关键地带内，带球越过对手所得到的回报抵不上失去球的控制权所导致的潜在后果。带球技术在对方球门附近的后场进攻区域内能发挥最大的优势；在对方的后场区域，带球成功的潜在回报超过了失去球的控制权的风险。如果在进攻区域能够带球越过对手，那么就有很好的机会为己方球队创造进球良机。

足球运动员在很大程度上与曲棍球和篮球运动员一样，必须同时兼备攻防技术。只有单腿技术过硬的球员别指望在更高级别的比赛中取得成功。如果球不在己方的控制之中，你必须和其他队员一起把球夺回来。你可以通过两种方式抢球：对手经过时进行拦截或者将球从控制者的脚下铲出去。抢球属于防卫技能，用来从对手的控制中夺回球或断球。"抢球"这个术语在足球和美式橄榄球中有着不同的含义。足球运动员抢球时针对球而不是对方球员。

抢球有 3 种不同的技巧：正面抢截、捅球和铲球，可根据比赛情况和防守者的接近角度使球脱离对手的控制。正面抢截通常优先采用，因为它可以更好地控制身体，而且使防守者获得球权后可以迅速展开反攻。该技巧通常在从正面接近带球者时使用。如果从后面或者侧面追逐对手，则通常使用捅球和铲球技巧来让对手失去球权。

带球技术

没有哪种带球方法或方式是放之四海而皆准的。因此足球中的带球有时候更像是一门艺术而不是技术，球员可以通过许多方式来带球。球员可以自由发展自己的带球方式或者带球特点，只要能够实现既定的目标。一些球员通过流畅的大跨步来带球，而有些球员则喜欢使用变化多端的短步并配合速度剧变和欺骗性脚法来带球，例如三次荣获世界足球先生称号的莱昂内尔·梅西。对你有效的带球方式就是适合你的带球方式。

我们将要探讨的第一种基础带球情形就是带球越过对手（参见图 1.1）。在现代足球中，带球在团队进攻上起到比以往更加重要的作用，因为防守组织正变得越来越严密和难以攻破。鉴于此，优秀的带球者对一个球队而言是至关重要的，例如克里斯蒂亚诺·罗纳尔多（葡萄牙）、卡卡（巴西）和阿尔扬·罗本（荷兰）都拥有在对手中带球穿梭前进的本领，就好像球被粘在他们的脚上一样。他们都是单枪匹马的能将，能够凭借天衣无缝的带球突破最为严密的防守，从而创造出来之不易的进球机会。尽管你可能永远都达不到罗纳尔多和罗本那样的水平，但是一定能够提升自己的带球能力，成为自己球队的重要一员。大部分杰出的带球者都使用一些招式来让防守者不知所措，而且他们的前进几乎是势不可当的。当然，你也能做到，只需要进行训练，而且是大量的训练。熟能生巧就是这个意思。

图1.1　带球过人

接近

1. 直接朝着防守者带球。
2. 保持平衡和身体控制。
3. 让球保持在控制范围内。
4. 保持头部抬起看着对手。

执行

1. 快速带球冲向防守者。
2. 身体或脚使用欺骗性的动作。
3. 突然变速让防守者失去平衡。
4. 将球从防守者身边踢过。

继续

1. 加速从防守者身边越过。
2. 以最径直的路线将球带向球门。

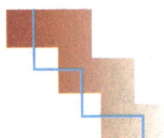

错误

在朝着防守者带球时放慢速度。

正确

以最快的速度迎向防守者，让对方处于被动；然后将球从他身边踢过并加速前进。

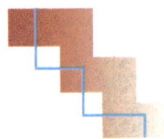

错误

在接近防守者的过程中球绊在双脚之间。

正确

动作不要太花哨或者尝试使用过多的假动作。慢慢精通一些带球动作，然后用突然变速和变向将这些动作贯穿起来。

带球过人训练 1
带球通过障碍滑雪线路

　　和队员一起搭档进行训练。用 6 ～ 8 个标记物摆成一条直线，每两个标记物之间间隔 2 码。一个人训练时另一个人休息。从第一个标记物开始，带球从标志物之间进去出来再进去，直至到达最后的标记物；然后转过身来，带球从标志物之间进去出来再进去，直至到达开始的标记物。总是让球处于严密的控制下，而且要尽可能快地穿过路线。然后将球交给搭档，在他带球一去一回的过程中，你休息。每个人重复该带球路线 20 次。如果球接触到标记物则认为是带球失误。每完成一个没有失误的完整回合得 1 分。

增加难度

- 将标记物之间的距离缩短为 1 码。
- 随意摆放标记物（"之"字形）。

降低难度

- 增加标记物之间的距离。
- 减少标记物的数量。
- 放慢带球速度。

成功检查

- 保持平衡和身体控制。
- 在标记物周围穿梭时，让球紧跟着脚。

- 来回穿过标记物时，用脚的内侧和外侧迅速地切球。
- 保持头部抬起，视线尽可能地落在球场上。

给你的成功打分

0 ～ 12 分 =0 分

13 或 14 分 =1 分

15 ～ 17 分 =3 分

18 ～ 20 分 =5 分

你的分数 ＿＿＿＿

带球过人训练 2
使防守者失去平衡

在球场的边线或底线上放置两个间隔 10 码的标记物。训练搭档面对面站在边线或底线的两侧，垂直于标记物的中间位置。其中一个人（进攻者）持球，另一个人充当防守者。在防守者到达之前，进攻者试图带球从其中一个标记物的侧边通过。任何一方都不允许越过分隔他们的边线或底线。连续练习 30 秒。短暂休息后，轮换位置，继续重复刚才的练习。进攻者每次在防守者之前到达标记物并且让球处于控制之中则得 1 分。每人充当 10 次进攻者，谁的分数多谁赢得比赛。

增加难度
- 将标记物之间的距离增加到 15 码。
- 将每次练习的时间增加至 60 秒。

降低难度
- 缩短标记物之间的距离。
- 减少重复的次数。
- 放慢速度。

成功检查
- 保持平衡和身体控制。
- 让球保持紧跟脚前。

- 加入速度和方向的突然变化，使防守者失去平衡。
- 使用脚的内侧和外侧来控制球。
- 保持头部抬起，视线尽可能落在防守者身上。

给你的成功打分

0 ～ 3 分 =0 分

4 ～ 6 分 =3 分

7 ～ 10 分 =5 分

你的分数 ＿＿＿＿＿

带球过人训练 3
挑战消极的防守者

12 ～ 20 个球员进入球场的罚球区；两人一组，每组球员有一个球。在教练的命令下，所有球员都在罚球区内开始慢跑。有球的球员带球进攻，没有球的球员充当消极的防守者（半速防守）。带球者在整个罚球区内带球移动，并抓住每一个机会挑战防守者，熟练掌握利用身体和脚的假动作来带球并越过对手。带球者以接近比赛的速度（全速）带球。消极防守者仅以 50% 的速度跑动，而且不要抢走带球者的球。练习 5 分钟后，带球者、防守者交换球权，重复进行训练。

增加难度

- 缩小活动场地面积，减小带球空间。
- 允许防守者抢球。

降低难度

- 扩大活动场地面积，加大带球空间。
- 要求防守者完全不动。

成功检查

- 保持对球的严密控制。

- 保持头部抬起，了解周围的情况。
- 以比赛的速度突破防守者。
- 将假动作和方向的变化配合使用，以使防守者失去平衡。
- 加速越过防守者。

给你的成功打分

失去对球的控制 6 次或以上 =1 分
失去对球的控制 3 ~ 5 次 =3 分
失去对球的控制 0 ~ 2 次 =5 分
你的分数 _____

带球过人训练 4
端到端对抗

在一个 10 码 ×20 码的长方格中和对手竞争。两个人分别站在两侧的底线上；你的搭档持球。开始时，他将球踢给你，然后作为防守者快速向前移动。你接住并控制球；然后尝试带球越过对手（防守者）并穿过他的底线。在带球试图闯过防守者时，你必须位于 10 码宽的赛道内。如果带球成功闯过防守者及其底线并且仍然保持对球的控制，则得 1 分。每次闯关完成后，双方各自回到自己的底线并重复训练。接下来，轮到你的搭档充当带球者和防守者。继续进行训练，直到每个人都尝试对手达到 20 次。得分多者赢得比赛。

增加进攻者的难度

- 缩短场地的宽度，让带球者可以活动的空间变小。
- 加入第二个防守者，形成一对二的比赛。带球者必须成功闯过两个对手。

降低进攻者的难度

- 让防守者采取"螃蟹"姿势（靠手和脚支撑体重的坐姿），限制其活动能力。

- 增加场地的宽度，让带球者有更多的利用空间。

成功检查

- 以比赛的速度向防守者发起进攻。
- 使用欺骗性的身体佯攻使对手失去平衡，并使用一些带球招式，例如抬腿跨步和剪刀步。
- 突然变速变向。
- 加速越过防守者。

给你的成功打分

0 ~ 7 分 =0 分

8 ~ 11 分 =1 分

12 ~ 14 分 =3 分

15 分或以上 =5 分

你的分数 _____

带球过人训练 5
仅通过带球得分

　　组成两个人数相等的球队，每队 5 ~ 7 人。在面积大约为 50 码 ×35 码的场地上练习。除了计分方法，其他规则与正式的足球比赛规则一样。通过带球越过对手的底线而不是射门来赢得比分。没有守门员。整个底线长度视为球门线。只要一方球队的队员带球越过对方的底线，则该队得 1 分。训练进行 20 分钟并随时记录分数。得分高的球队赢得比赛。

增加攻方的难度

- 缩短场地的宽度，减少可以利用的空间。
- 加入两个中立球员，他们总是和防守球员一起参与比赛，形成多两个球员的人数优势。

降低攻方的难度

- 扩大场地的宽度，增加可以利用的空间。
- 加入两个中立球员，他们总是和进攻球员一起参与比赛，形成多两个球员的人数优势。

成功检查

- 在适合的场地空间和情况下使用带球技术。
- 保持对球的严密控制。
- 全速向防守者发起进攻。
- 运用突然的变速和变向使防守者失去平衡。
- 将球从防守者的身边带过去，并加速进入空旷场地。

给你的成功打分

每次成功闯关后，胜方的每位队员都获得 1 分，直到达到最高分数 6 分。

每次成功闯关后，负方的每位队员都获得 1 分，直到达到最高分数 3 分。

你的分数 _____

带球过人训练 6
战术带球

　　组成两个人数相等的球队，每队 5 ～ 8 人。使用标记物标记出一个 60 码 ×40 码的场地，而且两边的底线都有一个正规球门。沿着球场的边线将球场分为 3 个 20 码 ×40 码的区域。每队指定一个球员为守门员守住球门。从球场的中心发球开始比赛。将球踢进对方球门的球队每进球一次得 1 分，而且带球进攻者每次越过防守者进入对方的后场得 1 分。除了以下区域限制，其他规则和正式的足球比赛规则一样。

- 在距离己方球门最近的区域中（后场），球员只能使用一脚球或两脚球。
- 在中间区域（中场），球员可以带球进入场地的空阔处，但是不能带球绕过防守者。
- 在进攻区域（前场）必须通过带球来通过对手。在该区域内，球员必须通过带球突破无球的防守者才能将球传给队友或射门。

　　违反区域限制的处罚是将球交给对手。比赛进行 20 分钟。得分高的球队获胜。

增加攻方的难度

- 缩小场地的面积来减少可以利用的空间和时间。
- 加入一个中立球员，他总是和防守球员一起参与比赛，形成多一个球员的人数优势。

降低守方的难度

- 增加场地的面积，给带球者提供更多的施展空间。
- 在防守后场中，传球之前允许 3 次以内的触球。
- 加入两个中立球员，他们总是和进攻球员一起参与比赛，形成多两个球员的人数优势。

成功检查

- 一直保持对球的严密控制。

- 保持头部抬起，发现可以利用的选择。
- 运用突然变速和变向的技术让对手失去平衡。
- 在适当的位置及适当的区域上带球。

给你的成功打分

胜方每个队员得到 2 分，而且在进攻后场成功带球超越对手的球员再得 1 分。负方的所有队员都不得分，但是在进攻后场成功带球超越对手的球员得 1 分。

0 ～ 5 分 =1 分

6 ～ 10 分 =3 分

11 分或以上 =5 分

你的分数 _____

通过带球保持球权

你可能经常发现可带球的空间非常少，例如在遭到两个甚至三个对手施压时。在这种情形下，球员最迫切的是如何保持球的控制权而不是闯过对手。你可以通过将球带出是非之地来保持控制权，然后将球传给适合的队友。脚和身体的假动作与速度和方向的突然改变结合起来，使对手不知所措，创造可以利用的空间将球带出去。你必须随时都对球保持非常严密的控制（参见图1.2）。

图1.2 通过带球保持控制权

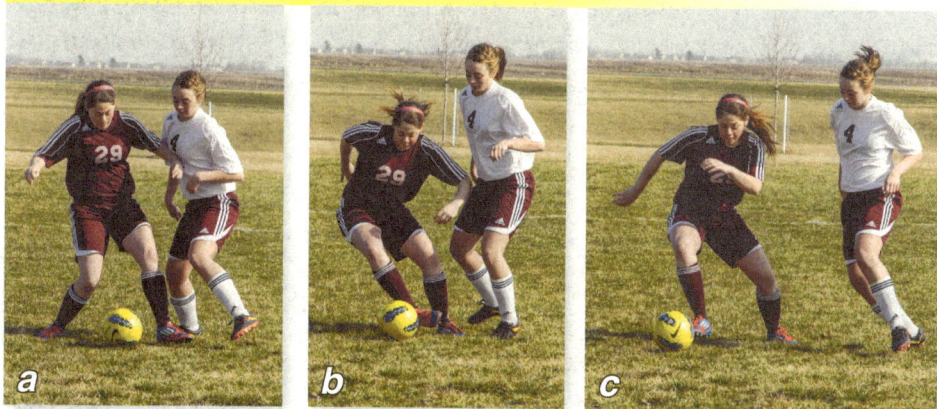

准备
1. 弯曲膝盖采取半蹲的姿势，使球处于严密控制之中。
2. 降低重心，双脚的距离放宽。
3. 保持平衡和身体控制。
4. 保持头部抬起，了解当前的周围情况。

执行
1. 对对手施加的压力进行反击。
2. 运用身体和脚的假动作让对手失去平衡。
3. 使用脚的适当部位控球。
4. 调整身体姿势，在对手和球之间形成安全距离。
5. 改变速度或方向，或者同时改变。

继续
1. 一直保持对球的严密控制。
2. 从对手施压的地方撤离。
3. 将球传给队友。

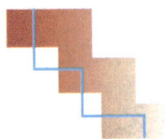

错误

球失去控制滚出去，而且滚向防守中的对手。

正确

在带球时，让球位于身体的下方，而且尽量靠近脚部。在这种姿势下你可以快速改变方向，而且球始终都在你的直接控制下。

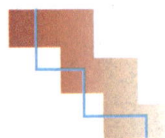

错误

没有意识到对手正在施加压力，将球暴露给对手。

正确

如果视线完全集中在球上而没有迅速观察周围的环境，就会发生这种失误。在带球时，尽量将头抬起来，而且试图让身体重心降低保持较大的控制区域，在球和对手之间形成间隔。保持对球场的观察和保持对球的严密控制同样重要。

带球控球训练 1
小圆圈

每个球员一个球。各自找一块直径大约为 1.2 米的圆形空地进行练习。用球连续练习一系列的脚底后滚、直角转弯、V 形钩等类似的动作。练习推球和拉球以及带球急转弯。训练目标是在快速地改变位置时能够自如地控球（例如通常使球处于严密控制下）。完成 5 次连续训练，每次时长 90 秒，两次训练之间休息 30 秒。在每个 90 秒的训练中没有失去控球权的得 1 分。

增加难度

- 每次触球时都变速和变向。
- 缩小训练场地。

降低难度

- 扩大训练场地。
- 放慢移动速度。
- 将每次训练缩短至 60 秒。

成功检查

- 保持对球的严密控制。
- 使用脚的不同部位控球。

- 保持膝盖弯曲和低重心。
- 将突然变速和变向结合起来。
- 练习身体和脚的假动作。

给你的成功打分

4 或 5 次失去控球权 =1 分

2 或 3 次失去控球权 =3 分

0 或 1 次失去控球权 =5 分

你的分数 ＿＿＿＿

带球控球训练 2
无对抗带球

　　在 20 码 ×20 码的区域内随便放置 15 ～ 20 个标记物表示静止的防守者。在这个无对抗区域中利用脚的不同部位控球，并快速地在假想防守者之间或周围移动。在你的带球招式中加入突然变向的动作。例如，利用右脚的脚背切球，让它绕着标记物快速改变方向；然后用左脚的外侧推球，加速进入空阔处。从慢速开始，然后逐渐增加到比赛速度。连续带球 5 分钟，然后休息 1 分钟，如此重复进行练习。记录在带球过程中所遇到的标记物数。

增加难度

- 缩短标记物之间的距离，缩小可以施展的空间。
- 每次接触球的同时变速变向方向。
- 增加带球速度。

降低难度

- 增加标记物之间的距离。
- 降低带球速度。

成功检查

- 保持对球的严密控制。

- 保持膝盖弯曲和降低重心。
- 将突然变速变向结合起来。
- 加入脚的假动作。

给你的成功打分

在 5 分钟内触碰到 11 个或以上的标记物 =1 分

在 5 分钟内触碰到 6 ～ 10 个标记物 =3 分

在 5 分钟内触碰到 0 ～ 5 个标记物 =5 分

你的分数 _____

带球控球训练 3
磁铁效应

　　使用标记物标记出一个 25 码 ×25 码的正方形区域。所有球员都站在该区域中，每人持有一个球。在教练的命令下开始在训练区域内随意带球，要一直保持对球的控制。每个球员要将自己想象成一块同极磁铁，彼此是相互排斥的。当你接近另一个带球者时，由于互斥作用要立即改变路线方向。连续训练 3 分钟。每次避开其他带球者得 1 分（即改变方向）。

增加难度

- 减小训练场地的面积和可以施展的空间。
- 以比赛速度带球。

降低难度

- 扩大训练场地的面积。
- 以半速带球。

成功检查

- 使用脚的各个部位控球。
- 迅速变速变向，避开其他带球者。
- 总是在球与附近的带球者之间保持一定的距离。

在 3 分钟的训练中得 20 ～ 25 分 =1 分

在 3 分钟的训练中得 26 ～ 39 分 =3 分

在 3 分钟的训练中得 40 分以上 =5 分

你的分数 _____

带球控球训练 4
交接

使用标记物标记出一个 25 码 ×30 码的方形场地。所有球员都进入场地，每两个球员用一个球。根据教练的命令，所有球员都在整个场地内随意移动。有球者带球，无球者以 3/4 的速度慢跑。带球者寻找机会直接带球冲向自由活动的球员，以"交接"的方式将球交换给后者。在交接球时，两个球员都应该使用"同侧脚"进行交接，即如果传球的人使用右脚传球，那么接球的人也用右脚接球。使用左脚同理。成功将球交接给队员的球员得 1 分。在规定的时间内尽可能多地交接球。

增加难度

- 减小可以施展的场地。
- 以比赛的速度带球和交接球。
- 加入试图阻碍交接的防守者。

降低难度

- 增大可以施展的场地。
- 以半速带球。

成功检查

- 将球直接带向无球的队员。
- 使用同脚交接球。
- 避免与队友发生碰撞。

在 5 分钟训练中得 20 ～ 25 分 =1 分

在 5 分钟训练中得 26 ～ 39 分 =3 分

在 5 分钟训练中得 40 分以上 =5 分

你的分数 _____

带球控球训练 5
避开挑战

　　使用标记物标记出一个 30 码 ×30 码的场地。选定两名无球的球员作为追逐者站在场地外。所有其他球员各持一个球站在场地之内。场地内的每个有球球员都将一件带颜色的训练背心塞在短裤的后面，让它悬挂下来。方形场地内的所有有球球员开始自由地带球。在教练的命令下，追逐者冲进场地内追逐带球者，并将训练背心从短裤上拉下来。带球者运用突然变向和变速或者同时改变两者来躲开追逐者。如果带球者的训练背心被拉出来，他立即就变成追逐者，开始拉其他带球者的训练背心。最初的追逐者将抢到的训练背心塞在自己的短裤后面，从而变成带球者。带球者必须总是保持对球的严密控制，不可以弃球躲避追逐者。带球者的训练背心被追逐者拉掉一次扣 1 分。连续训练 5 分钟。

增加带球者的难度

- 缩小训练场地。
- 增加追逐者。

降低带球者的难度

- 扩大训练场地，让带球者有更多施展空间。

成功检查

- 总是让球在严密控制下。
- 运用突然变向和变速的战术。

- 保持头部抬起，时刻关注场上情形和追逐者。
- 意识到防守者形成的压力并做出相应的反应。

给你的成功打分

背心被拉下 6 次或以上 =1 分
背心被拉下 3 ~ 5 次 =3 分
背心被拉下 2 次或以下 =5 分
你的分数 _____

带球控球训练 6
踢出圈外

　　由 8 ~ 10 名队员参与此项训练。除了 3 个球员，所有球员都位于球场的中圈，每个球员都有一个球。没有球的 3 个球员（防守者）站在中圈的外面。在教练的命令下，3 名防守者进入中圈，试图将带球者的球踢出圈外。带球者在对球保持严密控制的同时配合使用突然变向和变速，以保证球不被抢走并避开挑战者。如果球被踢出圈外，带球者应该快速将球捡回并返回到训练中。持续训练 3 分钟，然后更换 3 名新的球员作为防守者，重复训练过程。每训练 3 分钟更换防守者，直到所有球员都做过防守者为止。记录自己的球被踢出圈外的次数。

增加带球者的难度

- 缩小场地的面积。
- 增加额外的带球者，减少可以施展的空间。

降低带球者的难度

- 扩大场地的面积，让带球者有更多可以施展的空间。

成功检查

- 保持对球的严密控制。
- 在有挑战性的防守者中保护好球。

- 运用突然变向和变速的战术。
- 保持头部抬起，观察场地的情况。
- 保持平衡和身体控制。

给你的成功打分

球被踢出圈外 6 次或以上 =1 分

球被踢出圈外 3 ~ 5 次 =3 分

球被踢出圈外 0 ~ 2 次 =5 分

你的分数 _____

快速带球

在某些情况下，带球速度优先于严密控球，例如发现你在防守者后面处于突破情形，在这种情况下，你的主要目标是尽快接近球门。用脚背的外侧或者整个脚背将球推向场地开阔处，然后冲向球并再次向前推进（参见图 1.3 ）。

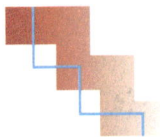

错误

使用不连贯的小步带球前进

正确

向前踢球，球离脚后，球在脚的前方。大步冲上去继续踢球。

不要像通过带球来获得严密控制那样每前进一步或两步就接触球。

图1.3 快速带球

准备

1. 保持头部抬起，时刻观察场地上的变化。
2. 保持直立的跑步姿势。
3. 推球向前，但要处于自己的控制范围之内。

执行

1. 用脚背外侧触球。
2. 将球向前推几步远，然后快速冲上去。
3. 沿着最直的路线冲向球门。

继续

1. 用流畅的大步伐跑动。
2. 加速跑向球，继续推球向前。

快速带球训练 1
快速带球接力

　　和两个队友一起合作。你和其中一名队友站在球门线上，而另一名队友面向你们，站在罚球区的边缘上（18 码线）。你持球，以尽可能快的速度将球带向罚球区的顶部界线，开始进行接力训练。将球交给站在发球区边缘上的队友。在该队友带球冲向球门线并把球交给那里的队友的过程中，你保持不动。刚接到球的队友带球冲向你这边，并把球交给你，从而完成一轮接力。继续进行接力，直到每人都带球 20 次。每次以全速带球到达 18 码线（罚球区界线）而且没有任何失误地将球交给队友，则得 1 分。如果在带球的过程中或者与队员交接时球跑出了控制范围，则算失误。

增加难度

- 将带球距离增加到 30 码。
- 增加重复次数。
- 加入额外的队友，从后面追逐带球者。

降低难度

- 缩短带球距离。
- 以半速带球。

成功检查

- 保持直立的跑步姿势。
- 每次接触球时使用脚背的外侧将

球推向前方几步远。

- 以最快的速度加速冲向球。
- 和队友交接球时放慢步伐。

给你的成功打分

带球 10 次以内没有失误 =0 分

带球 10 ~ 14 次没有失误 =1 分

带球 15 ~ 17 次没有失误 =3 分

带球 18 ~ 20 次没有失误 =5 分

你的分数 _____

快速带球训练 2
最先到达罚球区

　　球员两人一组站在球场的中圈内，其中一人持球。有球者将球推向其中一边的球门，并尝试以最快的速度带球进入该侧罚球区。另一个球员作为追逐者暂停 1 秒，然后试图追赶带球者，并在他带球到达罚球区之前将球踢掉。追逐者必须一直保持跑动，禁止从后面将球铲掉。带球者进入罚球区并保持对球的控制得 1 分。两个人返回到中线，交换角色，重复刚才的训练。继续进行训练，直到每个球员作为带球者训练 10 次。

增加难度

- 追逐者不需要暂停 1 秒就可以离开中圈。
- 要求带球者到达球门线才得分。

降低难度

- 缩短带球距离。
- 减少重复次数。
- 要求追逐者暂停 2 秒才能离开中圈。

成功检查

- 保持直立的带球姿势。
- 将球推向前面几步远的地方，并加速冲向它。
- 用脚背带外侧向前推球。
- 选择最笔直的路线冲向球门。
- 在带球时，调整身体的姿势，挡住防守者截球的路线。

给你的成功打分

0 ~ 4 分 =1 分
5 ~ 7 分 =3 分
8 ~ 10 分 =5 分
你的分数 _____

快速带球训练 3
进攻或防守

以 4 ~ 6 个球员为一队，组成两个人数相同的球队。使用标记物标记出一个 30 码×40 码的训练场地，由中线将其一分为二。每两个球员一个球，将球间隔均匀地摆放在中线上。两个球队分别位于两端的底线上，而且各队的球员间隔均匀地站在底线上。在教练的命令下，两队的球员冲向中线争夺球的控制权。抢到球的球员试图以带球的方式返回到己方的底线。没有抢到球的球员可以追逐带球者，在他们带球通过底线之前将球踢掉，防止带球者得分。带球通过己方底线的球员得 1 分。当所有的球都被带过底线或者被踢出球场时，该轮训练结束。一共进行 10 轮训练，每轮训练之间短暂休息。球员要记录自己的分数。

增加难度

- 增加球场长度。
- 额外增加两名防守者来追逐带球者。

降低难度

- 在中线上给每 3 个球员分配两个球，从而减少追逐者的数量。

成功检查

- 第一个抢到球。
- 快速转身并将球带回己方底线。
- 用脚推球并加速前进。
- 将身体挡在试图抢球的防守者和球之间。
- 按照最直的路线冲向己方底线。

给你的成功打分

将 0 ~ 2 个球带回越过底线 =1 分
将 3 ~ 5 个球带回越过底线 =2 分
将 6 个或更多的球带回越过底线 =3 分
你的分数 _____

快速带球训练 4
带球通过开放球门

使用标记物标记出一个 30 码 ×30 码的训练区域。将 8 ~ 10 个球员安排在一侧边线上，球员之间间隔 2 ~ 3 码，每人持有一个球。在对侧的边线上用锥桶或者光盘标记出一系列小球门，每个球门 2 码宽。球门的总数应该比持有球的球员的数量少 3 个。在教练的命令下，所有球员都以尽可能快的速度将球带向对面并从开放的球门通过。只要有带球者通过一个开放的球门，则该球门对其他任何带球者关闭。带球者每次带球通过开放的球门得 1 分。重复 20 次。球员要记录自己的得分。

增加难度

- 增加到达球门的距离。
- 增加追逐带球者的防守者。

降低难度

- 缩短到达球门的距离。
- 让球门的数量比球员的数量只少 2 个。

成功检查

- 第一个通过球门。

- 用脚推球并加速前进。
- 按照最直的路线冲向球门。

给你的成功打分

4 ~ 8 分 =1 分

9 ~ 12 分 =2 分

13 分及以上 =3 分

你的分数 _____

护球技术

总有一些时候难以通过快速带球来摆脱正在追赶的对手，或者很可能对手就在狭窄的空间内发起抢球挑战，而且带球者没有可以施展的空间带球离开。在这些情形下，你必须能够挡开对手的挑战，直到出现可以通过的缺口。你需要力量、平衡能力和适当的身体姿势来将球与对手隔离开来，这种技术称为护球（参见图 1.4）。

侧向移动到对手的旁边并采取稍微下蹲的姿势，膝盖弯曲且保持低重心。在该位置时，身体下部要放宽，以提供稳定的支撑，而且增加球与对手之间的距离。用脚控球使其离对手更远，并运用身体和脚的假动作以及突然变向来使防守者失去平衡，就像本章之前所介绍的一样，总是保持对球的严密控制。

图 1.4 护球

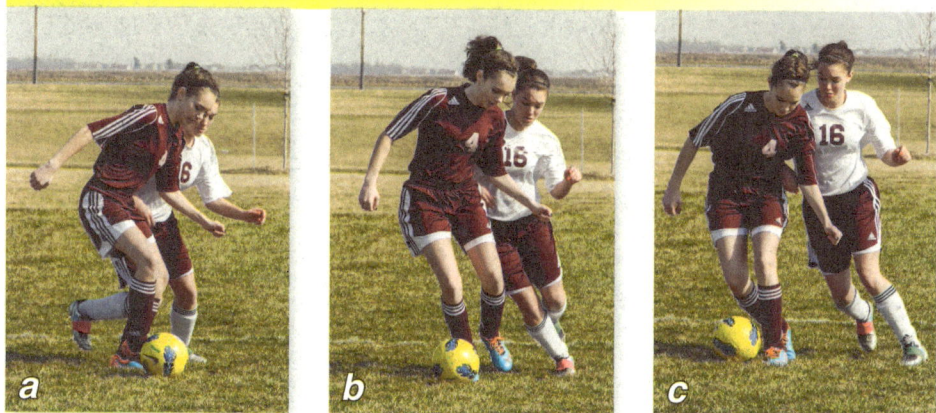

准备

1. 侧向移动到防守者的旁边。
2. 膝盖弯曲，采取半蹲姿势。
3. 双脚形成比宽大的支撑。
4. 将手臂靠近防守者，让自己变得更宽大。
5. 保持头部抬起，以便观察到最大的场地范围。

执行

1. 用脚控球，使其远离对手。
2. 用脚的外侧、内侧或脚底来操控球。
3. 保持宽大的身体下部支撑。
4. 向对手施加的压力反击。
5. 运用身体的假动作使对手失去平衡。

继续

1. 根据对手所施加的压力重新调整身体姿势。
2. 通过突然变方向来保持球和防守者之间的距离。
3. 将球传给附近的队友，解除压力。

错误

让球暴露在外，并被防守者踢掉。

正确

使球距离防守者尽可能远，但仍处于自己的控制范围之内。不断地调整位于球与防守者之间的身体姿势和位置，将球遮掩起来。

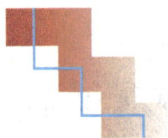

错误

因对手合规的肩膀冲撞而失去平衡，而且失去了球的控制权。

正确

站得过直以及双脚的距离过近都会导致平衡较差。保持半蹲的姿势且双脚的距离大约与肩同宽，让体重均匀地分布。恰当的身体平衡能够增强对球的控制能力。

护球技术 1
一对一控球

和队友一起合作，在 12 码 ×12 码的场地内进行训练。你作为进攻者，队友作为防守者。在场地内移动中护球，不让防守者抢到。防守者紧紧跟随，但仅施加被动的压力（50% 的压力），而且不是真正想夺取球的控制权，而是迫使进攻者根据压力快速调整姿势。一轮训练 1 分钟。每次球滚出场地或者脱离你的控制范围以致被对手踢走则扣 1 分。进行 5 轮训练，每轮持续 1 分钟，而且每轮之间短暂休息；然后变换角色再进行 5 轮训练。记录自己被罚的分数。

增加难度

- 缩小场地面积。
- 将每轮的训练延长至 90 秒。
- 允许防守者施加最大的压力来赢得球的控制权。

降低难度

- 扩大场地面积。
- 将每轮的训练缩短至 30 秒。

成功检查

- 将身体侧向移动到对手的一旁，使身体位于球和对手之间。
- 用脚控制球，使其离对手更远。
- 将突然变速与变向与身体假动作结合起来。
- 远离防守压力。

给你的成功打分

5 轮训练中 15 分或更多的罚分 =1 分
5 轮训练中 11 ~ 14 分的罚分 =3 分
5 轮训练中 0 ~ 10 分的罚分 =5 分
你的分数 _____

护球技术 2
躲避两位防守球员的包夹

形成 3 个人一组的小组。每个球员持有一个球。使用标记物标记出一个 25 码 × 25 码的训练场。将其中一个球员指定为"特定者",其他球员则为追逐者。"特定者"球员带球进入训练场。追逐者带着各自的球紧跟在"特定者"后,并且尝试超越并用他们的球接触"特定者"的球。"特定者"球员用突然变速变向以及身体姿势的变化护住球,使之远离追逐者。训练 90 秒。"特定者"球员的球每被其中一名追逐者的球接触一次则罚 1 分。一共训练 3 轮,每轮 90 秒,而且每轮指定不同的球员充当"特定者"。

增加难度

- 缩小训练场地的面积,限制可以利用的空间。
- 加入第三个追逐者。

降低难度

- 将每轮的训练时间缩短至60秒。
- 仅其中一个追逐者有球。

成功检查

- 总是保持对球的严密控制。

- 运用突然变速变向来甩掉追逐者。
- 用身体护球。
- 感知并远离压力。

给你的成功打分

每轮 6 分以上的罚分 =1 分

每轮 3 ~ 5 分罚分 =3 分

每轮 0 ~ 2 分罚分 =5 分

你的分数 _____

护球技术 3
群体对抗

使用标记物标记出一个 30 码 ×30 码的训练场。一共有 16 ~ 20 个球员,每人一个球,在场地内进行带球。在教练的命令下,这将成为"群体对抗"的训练。每个球员试图将其他球员的球踢出场,而与此同时必须保护好自己的球。球出界的球员将退出比赛。该训练的目的重点在于让球员恰当地运用护球和带球技术。训练一直进行下去,直到剩下最后一个持有球的球员。被淘汰的球员应该立即将球捡回来,并在场地外练习带球技术,直到训练结束。重复进行几场训练。

增加难度

- 缩小训练场地的面积,缩小可以

利用的空间。

- 加入额外不带球的追逐者。

降低难度

- 扩大训练场地面积。

成功检查

- 保持头部抬起，时刻关注对手。
- 感知压力并作出相应的反应。
- 用脚控制球远离对手。
- 将身体置于球和前来挑战的防守者之间。
- 运用带球技术来创造更多的施展空间和时间。

给你的成功打分

作为最后出局的 8 个球员之一 =
1 分

作为最后出局的 6 个球员之一 =2 分

作为最后出局的 4 个球员之一 =3 分

坚持到最后的球员 =5 分

你的分数 _____

抢球技术

如果对方球队拥有控球权，你的球队显然是不可能进球的。你可以通过拦截对方的传球或者抢球来为团队重新获得控球权。抢球时用到 3 种基本的技术：正面抢截、捅球和铲球。要想成功完成每种抢球技术，必须拥有良好的平衡和身体控制能力，适当的挑战时机，明智的判断，且要有信心。

在我 30 多年作为球员、教练和训练营指导员的生涯中，只见到少数球员展示出值得信任的抢球技术。这是因为这些重要的防守技术多少有点难，不过主要是因为球员的训练不足。不可否认的是，练习射门和带球技术很可能更有趣，但是在实际的比赛中，如果没有首先夺得控球权，则根本没有射门和带球的机会。

正面抢截

运用正面抢截（参见图 1.5）从直接朝着自己方向带球的对手获得球权。快速拉近与球的距离，并使双脚呈前后站立姿势，让其中一只脚稍微位于另一只脚的前方。采用稍微半蹲的姿势来降低身体重心并展开双臂。在这一姿势下可以获得很好的身体平衡，并且能够对带球者突然变速变向做出快速反应。利用脚的内侧触球来抢球。将抢球的那只脚向侧边伸，让脚趾稍微向上。在向前伸出时脚和脚踝要用力保持稳定，用脚的内侧有力地从球的中心推过去。

图 1.5 正面抢截

逼近

1. 快速拉近与带球者的距离。
2. 双脚成交错姿势站立，将身体重量平衡地分布在两只脚上。
3. 保持半蹲姿势和低重心。
4. 肩膀与带球者保持一定的角度。

执行

1. 将抢球的那只脚伸向侧边，脚趾稍微向上。
2. 抢球的那只脚的脚踝要保持牢稳。
3. 将脚的内侧从球的中心推过去。
4. 将重心前移。

继续

1. 通过接触点产生力量。
2. 赢得球权。
3. 开始反击。

一旦决定通过挑战来获得球权，就一定要全力以赴投入其中。在抢球时，必须针对的是球而不是对手。如果裁判判定你在接触球之前故意地接触对手，则会警告你犯规。

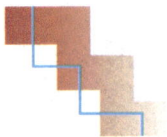

错误

对手的球突破你的拦截并超越你。

正确

保持身体紧凑，让膝盖弯曲，降低身体重心。通过腿部快速有力的动作来抢球。将整个身体重心前移穿过接触点。

捅球

当从侧边或稍后处接近带球者时，使用捅球技术（参见图 1.6）来使对手失去对球的控制。快速拉近与对手的距离，将腿和脚伸向球，用脚趾将球捅掉。确保针对球而不是对手。试图捅球时踢到对手是犯规的。

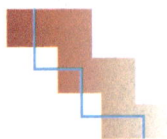

错误

鲁莽挑战，而且在触球之前身体接触带球者。

正确

总是保持对身体的良好控制。在接近带球者时，要看清楚球的位置。在适当的时机，伸出腿和脚将球捅掉。注意力集中在球上。

图1.6 捅球

逼近

1. 接近带球者。
2. 保持平衡和身体控制。
3. 将注意力集中在球上。

执行

1. 将近球腿和脚伸向球。
2. 弯曲平衡腿。
3. 用脚尖将球捅掉。
4. 在触球之前，避免与带球者发生身体接触。

继续

1. 保持平衡和身体控制。
2. 紧追捅出去的球，快速将球控制好。

铲球

从侧面接近带球者或者某些场合下从后面接近带球者时，通常使用铲球技术（参见图 1.7）来使对手失去对球的控制。身体的动作看起来类似于棒球运动员滑入垒中。在接近带球者后，倒地时侧边着地滑向球的稍前方。与此同时，快速将腿伸直并用脚背将球踢掉。在接触带球者之前必须脚先触球，这一点非常重要；否则裁判将吹哨判你犯规，并判给对方球队一个任意球。

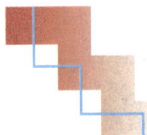

错误

在试图铲球时将对手绊倒。

正确

不要尝试从带球者的正后方进行铲球。在倒地侧滑到球的前方之前，要调整好方向，从左侧或右侧接近球。从侧边用脚勾球，将球踢开。

图 1.7 铲球

逼近

1. 从侧边或后面接近带球者。
2. 保持平衡和身体控制。
3. 接近球时放慢速度。

执行

1. 倒地，侧身滑动。
2. 将手臂置于两侧来保持平衡。
3. 将滑动的腿伸到球的前方，同时伸展脚部。
4. 从膝盖处弯曲另一条腿。
5. 快速将滑动的腿和脚伸到球上。
6. 用脚背触球。

图 1.7（续）

继续

1. 将球铲掉后立即起身。
2. 追球并将其控制起来。

钩式铲球

钩式铲球（参见图 1.8）由标准铲球技术稍微改变而来。钩式铲球通常用于从后面接近带球者时将对手的球铲掉。在接近带球者时，侧边着地滑行越过对手。将拦截球的那只脚（上面的脚）的脚踝锁死，并快速微微向下扫动。用上侧脚的脚背接触球。在球脱离带球者的脚时计算好抢球的恰当时机，避免接触球之前先绊倒带球者。在铲球完成后，快速站起来开始进行反击。

在大部分情况下标准铲球和钩式铲球都不是最佳的选择。仅当正面抢截无法奏效时才适合使用铲球技术，例如对手带球超越了你而且无望追赶上他，或者对手沿着边线带球超越了你，这时就可以躺倒将球铲出界外。因为你必须侧倒在地面才能铲球，如果铲球不成功则会被动失位需要较长时间才能回到位置中。

图 1.8 钩式铲球

抢球训练 1
正面抢截

　　两人一组，面对面距离 3 码，一人有球，在队友向你带球时练习正面抢截技术。拉近与球的距离，将拦截的那只脚放到侧边，然后用脚背踢开球。保持低重心，而且脚触球时要坚定。使用你的惯用脚进行 25 次正面抢截。每次正确地执行正面抢截技术得 1 分。

增加难度

- 增加重复次数。
- 试图抢截朝着你全速带球对手的球。

降低难度

- 在静止目标身上练习正面抢截。

成功检查

- 采取半蹲姿势，膝部弯曲。
- 保持平衡和身体控制。

- 保持拦截侧的腿稳定。
- 果断用力地进行拦截。
- 通过脚部触球点产生向前的推力。

给你的成功打分

少于 20 次正确执行 =0 分

21 ~ 24 次正确执行 =1 分

25 次正确执行 =3 分

你的分数 _____

抢球训练 2
阻止突破

　　使用标记物标记出一个 5 码 ×10 码的训练场地。你和搭档分别站在训练场的两端；搭档持球。在教练的命令下，搭档从 10 码远的对面向你带球。你向前移动，接近带球者，试图进行正面抢截或捅球。你可以根据带球者接近的角度用任意一只脚进行抢球。重复 20 次，然后和搭档交换角色并重复。每次成功抢球并阻止对手带球通过你的底线得 1 分。

增加防守者的难度

- 增加场地的宽度。

降低防守者的难度

- 缩短场地的宽度。
- 要求带球者以半速前进。

成功检查

- 采取半蹲姿势和低重心。
- 保持平衡和身体控制。
- 保持拦截的脚稳定。
- 接触球的中心。
- 在触球之前，避免接触对手。

给你的成功打分

0 ~ 8 分 =0 分

9 ~ 11 分 =1 分

12 ~ 15 分 =3 分

16 ~ 20 分 =5 分

你的分数 _____

抢球训练 3
方形大战

用光盘或者锥桶标记出一个 10 码 × 10 码的方形角落。将球员分为两队（A 队和 B 队），每队 3 个人。球队分别位于方形的两侧，两队的球员面对面各排成一列纵队。处于进攻角色的每个球员各有一个球。A 队将一个球员安置在方形中作为第一个防守者（没有球）面向 B 队。在教练的命令下，B 队的第一个球员开始试图带球穿过方形到达对方的底线。防守者必须通过抢球技术来阻止进攻者越过自己。如果进攻者成功穿过方形到达对方的底线，则防守团队被罚 1 分。如果被击败了，防守者则立即转过身来面对第二个来自 B 队的试图带球穿过方形的进攻者。如果防守者成功地抢到球，则得 1 分，并立即回到自己的纵队成为进攻者。B 队的一位球员立即站到方形中来，作为防守者面对 A 队的带球者。训练 10 分钟，并记录自己球队的得分。

增加防守者的难度

- 增加场地宽度。

降低防守者的难度

- 缩短场地宽度。

成功检查

- 采取半蹲姿势和低重心。
- 将带球者逼到方形的一侧（底线一侧）。
- 保持平衡和身体控制。
- 保持拦截的脚坚实稳定。

- 借向前的动力接触球的中心。
- 在接触球之前，避免接触对手。

给你的成功打分
（团队分数）

0 ~ 6 分 =0 分

7 ~ 10 分 =1 分

11 ~ 14 分 =3 分

15 分或以上 =5 分

你的分数 _____

抢球训练 4
铲球

和一名队员合作，在正规球场的一端训练。你站在罚球区的顶部界线上，面向底线，距离球门 18 码远。搭档（供球者）就站在你的身后，大约距离球门 20 码远，备一些足球。搭档向底线踢球，你立即冲上去追球并运用铲球技术阻止球越过底线；然后返回到原位并重复 10 次。每次成功完成铲球技术得 1 分。

增加难度

- 供球者带球走向底线，你试图铲球。

降低难度

- 缩短归位跑动的距离。

成功检查

- 将脚侧滑在球的前方。
- 将手臂置于两侧获得更好的平衡和身体控制。

- 使下面的腿快速就位，并用脚背触球。

给你的成功打分

0 ～ 3 分 =1 分

4 ～ 6 分 =2 分

7 ～ 10 分 =3 分

你的分数 _____

抢球训练 5
抢球大战

使用标记物标记出一个大约 30 码 ×30 码的训练场地。将球员分为人数相等的两个队（每队至少 6 人）。其中一队的球员作为防守者，并且先站在场地外；另一个队的球员作为进攻者。位于场地内的每个进攻者都有一个球。开始时，进攻者在场地内随意带球。在教练的命令下，防守者冲入场地内试图抢走带球者的球。防守者可以使用正面抢截或捅球技术。在该训练中禁止使用铲球技术，因为场地比较小。如果防守者成功地抢到球，则将它踢到场外并立即开始抢另一个带球者的球。防守者每将一个球踢出场外得 1 分。失去球的带球者应立即将球捡回来重新入场。连续训练 3 分钟，然后交换角色重复训练。防守者要各自记录好自己的分数。

增加防守者的难度

- 增加场地面积。

- 让防守者的人数少于带球者的人数。

降低防守者的难度

- 减少场地的面积。
- 让防守者的人数多于带球者的人数。

成功检查

- 快速拉近与球的距离。
- 确保平衡和身体控制。
- 保持低重心。

- 抢球坚定有力。
- 避免在触球之前接触带球者。

给你的成功打分

作为防守者得分为 0 ~ 4 分 =1 分
作为防守者得分为 5 分或以上 =3 分
你的分数 _____

成功小结

那些总是能够在带球中挑战和击败对手的球员对团队的进攻起到了非常重要的作用。尽管一些球员的带球能力天生就比其他球员出色，但是所有球员都可以通过训练培养出有效的带球技术。这是一门熟能生巧的技术，多练习即可。你只需要一个球和一块开阔的训练场地。需要牢记的是，带球是一种个人艺术，可以通过多种方式来表达。对着静止的锥桶、假想的防守者或者一起进行训练的真实队友训练你的动作。尤其要注意如何才能快速地改变方向和速度，自己的身体和脚的假动作效果如何，以及在对手的挑战下如何调整身体位置和姿势，挡在球和对手之间。通过查看训练中的图片和成功检查来评估你的总体表现，并获得能够帮助你进步的有用线索。

另外，发展个人防守技术也非常重要。在训练或真实的比赛场合中练习正面抢截、捅球和铲球技术。如果有可能，观看你在训练或真实比赛中的录像，评估你执行各种抢球技术的能力。

这个步骤中的每项训练都设定了分值，这样你可以评估自己表现和记录进步。将你的分数填写到下表中并计算总分。

带球过人训练

1. 带球通过障碍滑雪线路　　　得到 5 分中的 _____ 分
2. 使防守者失去平衡　　　　　得到 5 分中的 _____ 分
3. 挑战消极的防守者　　　　　得到 5 分中的 _____ 分
4. 端到端对抗　　　　　　　　得到 5 分中的 _____ 分
5. 仅通过带球得分　　　　　　得到 6 分中的 _____ 分
6. 战术带球　　　　　　　　　得到 5 分中的 _____ 分

带球控球训练

1. 小圆圈　　　　　　　　　　　得到 5 分中的 ＿＿＿ 分

2. 无对抗带球　　　　　　　　　得到 5 分中的 ＿＿＿ 分

3. 磁铁效应　　　　　　　　　　得到 5 分中的 ＿＿＿ 分

4. 交接　　　　　　　　　　　　得到 5 分中的 ＿＿＿ 分

5. 避开挑战　　　　　　　　　　得到 5 分中的 ＿＿＿ 分

6. 踢出圈外　　　　　　　　　　得到 5 分中的 ＿＿＿ 分

快速带球训练

1. 快速带球接力　　　　　　　　得到 5 分中的 ＿＿＿ 分

2. 最先到达罚球区　　　　　　　得到 5 分中的 ＿＿＿ 分

3. 进攻或防守　　　　　　　　　得到 3 分中的 ＿＿＿ 分

4. 带球通过开放球门　　　　　　得到 3 分中的 ＿＿＿ 分

护球技术

1. 一对一控球　　　　　　　　　得到 5 分中的 ＿＿＿ 分

2. 躲避两位防守球员的包夹　　　得到 5 分中的 ＿＿＿ 分

3. 群体对抗　　　　　　　　　　得到 5 分中的 ＿＿＿ 分

抢球训练

1. 正面抢截　　　　　　　　　　得到 3 分中的 ＿＿＿ 分

2. 阻止突破　　　　　　　　　　得到 5 分中的 ＿＿＿ 分

3. 方形大战　　　　　　　　　　得到 5 分中的 ＿＿＿ 分

4. 铲球　　　　　　　　　　　　得到 3 分中的 ＿＿＿ 分

5. 抢球大战　　　　　　　　　　得到 3 分中的 ＿＿＿ 分

总分　　　　　　　　　　　得到 111 分中的 ＿＿＿ 分

　　如果总分达到 90 分或更高，表明你已经做好准备迎接第 2 步的挑战了。总分在 65 ～ 89 分之间还算合格，只需要对第 1 步中的带球、护球和抢球进行额外的练习，就可以进入第 2 步了。如果总分在 64 分或以下，表明还没有充分掌握第 1 步中的技术，在进入第 2 步之前，需要对所有这些技术进行复习、练习和提升。

第2步
传接地滚球

控制权非常宝贵。球场上的每个球员都希望自己控制着球，因为没有球自己的球队就无法进球。但是事实是，球场上的 22 个球员只有一个球，谁能拥有球权取决于各种传球技术。

足球队只不过是一群各有所长、各司其职的球员的集合，认识到这点非常重要。尽管某位球员瞬间的超常发挥能够而且有时确实决定着比赛的结果，但是比赛的最终成功取决于球员之间的合作。即使最有天赋的球员也不能单独赢得比赛。要想让球队的表现达到最优的水平，球员必须将各自的特长完美地结合起来，形成一个能协调发挥作用的整体。传球和接球技术是非常重要的纽带，它能让 11 个单独的球员组织起来作为整体进行战斗，即有机整体的力量大于各个部分的力量之和。

要想在更高级别的比赛中取得成功，队员必须在有限的时间和空间、身体疲乏和对手形成的压力之下准确无误地传接球。传球和接球技术通常是紧密结合在一起的，因为它们是相互补充的。从理论上讲，每次被传出去的球都应该被队友接到并进行控制。精通传接球技术能够让队员保持球的控制权、决定比赛的节奏以及最终创造出射门机会。一流的专业球队，例如巴塞罗那队和曼联队，都清晰地展示出高超的传球和接球技术。请观摩他们的比赛视频！

成功进行传球配合的特点是精准的传球、恰当的步伐和恰好的时机。如果球员之间不能准确地传球，那么该球队就形成不了进球所需的传球配合。恰当的步伐和传球的速度与力量有关。传球的速度应该让接球的队员能够轻松地控制球，并为下一个动作做好准备。恰当的时机与踢球的时机有关。所传递的球应该到达队友的脚下，这样队友就不必大步移动。所传递的球过早或过晚到达队友的脚下通常都会导致丢球。

传球者一旦完成了他的工作，接下来的接力重任就交给了接球者。球员必须能够熟练地控制来自地面或空中的球。通常用脚的内侧或外侧来控制地滚球。在少数情况下，还可以利用脚底来接地滚球。无论是什么情况，接球的球员必须以柔软的动作接球。当球到达时向后缩回脚触球的部位，这样就能缓冲球的冲击力并将球牢牢控制在脚下。在接球时，不要让球完全停住。足球是以流畅性著称的比赛，在比赛期间将球完全刹住是非常罕见的。在大部分情况下，接到球后应该将球控制到你即将移动的方向上，或者让球进入远离对手的空地。

传地滚球

在一场足球比赛中，你可以观察到各种传球技术。有时球沿着地面滚动，而有时则飞在空中。在大部分情况下，球员们都喜欢使用地面传球，因为这种传球比较容易控制而且精准性更高。球员通过三种基本的传球技术在地面上传球——推传球、脚外侧传球和脚背传球。尽管在某些情况下还可以使用更为花哨的传球技术（例如欺骗性的脚跟传球，其中球员跨步到达球的前方并用脚后跟将球传给队友），但是这三种基本传球技术是最常用也是最有用的。采取什么方式传球取决于当前的情况以及球要滚动的距离。

最基本的传球技术是推传球，它应该也是你最先适应的传球技术（参见图 2.1）。推传技术用来传递目标距离为 5 ~ 10 码的球，对于近距离射门，也可以使用推传技术来让球从对方守门员的身边溜过，此时需要的是精准而不是力量。

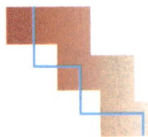

错误

球向上弹，离开地面。

正确

执行动作时身体向后倾，而且接触球的地方不要太过于靠近脚趾。将脚趾楔入球下将导致它弹起来飞入空中。用踢球的脚较大的内侧（即脚踝和脚趾之间的部分），沿球的水平中线击球。

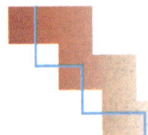

错误

精准性差。

正确

将支撑身体平衡那只脚放在球的侧边，而且指向目标方向。将髋部和肩部放平。接触球时头部保持稳定。朝着目标的方向向前径直踢过去。

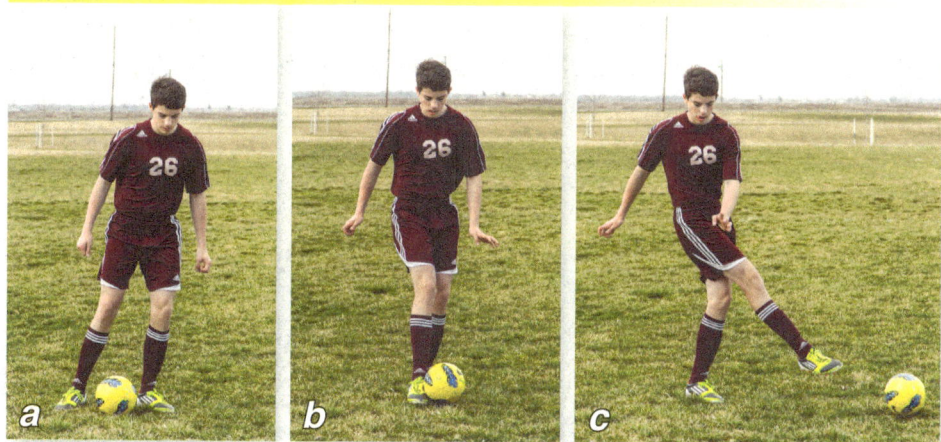

图 2.1　推传

接近

1. 正面对准目标。
2. 将支撑身体的那只脚放在球的侧边并指向目标。
3. 将肩部和髋部放平。
4. 将踢球的那只脚斜向一侧。
5. 将双臂放在侧边以保持平衡。
6. 头部保持稳定，视线落在球上。

执行

1. 调整身体姿势，对准目标。
2. 将击球的脚向前挥动。
3. 锁住脚跟并且让踢球的脚保持稳定。
4. 用脚的内侧接触球的中心。

继续

1. 将重心前移。
2. 在球的运行方向上产生力量。
3. 以短而平稳的动作击球。

接近球时，肩部放平，面向目标。将支撑身体那只脚（非踢球的脚）放在球的侧边，弯曲膝盖并让脚尖指向目标。将传球的脚与目标保持平行，脚趾稍微向上并远离身体的中线。用脚的内侧接触球的中心。锁定脚跟并让脚处于稳定的状态。以短而有力的踢球动作将球踢出去。

在比赛的过程中，球员很少处于暂停状态，无论暂停长短。因此，他们必须在带球跑动的同时能够准确地将球传出去。在这些情形下，脚外侧传球（参见图 2.2）通常是最佳的选择；它适合中短距离的传球。

练习用脚的外侧传球时，将站立支撑身体平衡那只脚置于球的侧边稍后的地方。将踢球的脚向后拉回，让脚伸展并稍微内旋。用脚背外侧以脚内侧踢球的动作接触球的内半侧。让踢球的脚处于稳定状态，并且张开双臂以保持平衡。短距离传球时，使用小腿（膝盖以下）做出快速的踢球动作。通过更加完整的随球动作来将球传到更远的距离。

图2.2 脚外侧传球

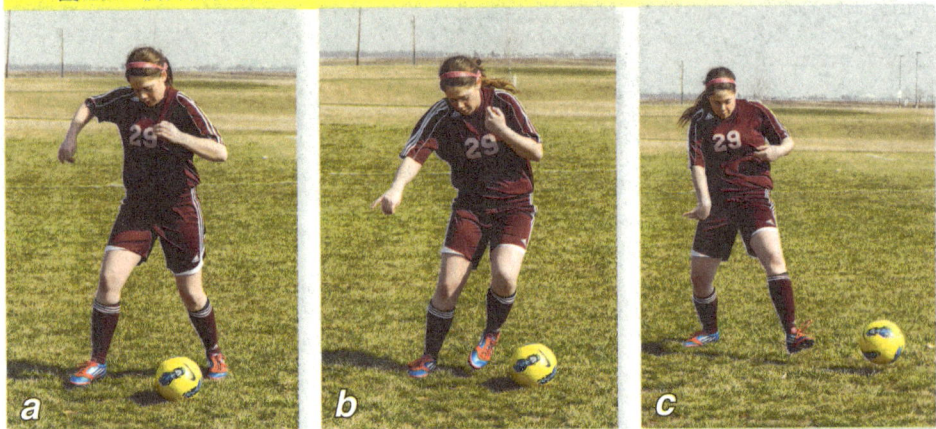

接近

1. 将支撑脚稍微放在球侧边偏后的地方。
2. 从膝盖处弯曲用于保持平衡的那条腿。
3. 将踢球的那条腿拉回到平衡腿的后面。
4. 将踢球的脚脚尖放低并且稍微内旋。
5. 头部保持稳定，视线落在球上。

执行

1. 让踢球那条腿的膝盖位于球的上方。
2. 从膝盖处用力快速向前踢小腿。
3. 让脚保持伸展，且处于稳定的状态。
4. 用脚背外侧接触球的内半侧。

继续

1. 将重心前移。
2. 运用脚内侧踢球的动作踢球。
3. 实施短而平顺的随球动作。

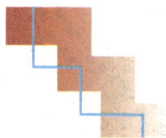

错误

球离开地面飞入空中。

正确

在触球的瞬间将踢球的那条腿的膝盖置于球的上方。将踢球的脚放低且保持内旋。踢球时向前倾。

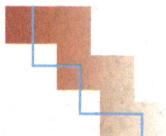

错误

传球缺乏速度。

正确

尽可能用脚的更大面积接触球的左侧或右侧的垂直中线。让踢球的脚保持稳定，并用短而有力的动作踢球。

脚背（鞋带下方的脚面）提供了一个坚硬平坦的表面，让你能够将球传递到更长的距离，不管是地面传球还是空中传球。通过地面传球的技术（参见图 2.3）如下所示：以小角度从后面接近球，将平衡脚（非踢球脚）斜在一侧，膝盖稍微弯曲并让脚尖指向目标。将踢球的腿拉回到后面，让脚伸展并处于稳定的状态。头部保持稳定，视线落在球上。在将脚背踢向球的过程中髋部和肩膀要与目标保持平行。在触球时踢球的脚的脚尖朝下。这里的踢球技巧非常类似于射门。

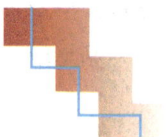

错误

球向上弹起飞入空中。

正确

如果将非击球的脚放在球的后面，就会发生这种错误。要想沿着地面传球，踢球时必须将平衡脚放在球的侧面。这样做能够使你将击球的那条腿的膝盖放在球的上方，而且让脚触球时充分伸展并指向地面。

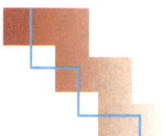

错误

精准性差。

正确

在击球时让肩膀和髋部与目标保持平行。让击球的脚保持稳定。用脚背宽大平坦的部位直接从球的中心踢过去。朝着目标方向使用完整的随球动作让球传到更远的距离。

图 2.3 脚背传球

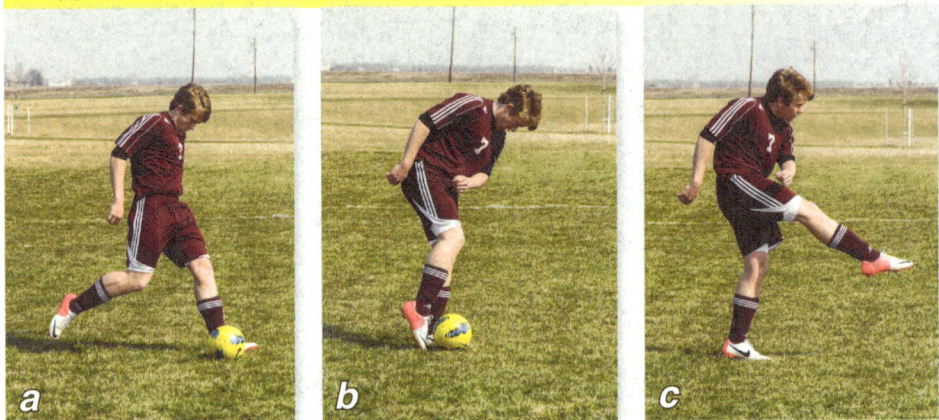

接近

1. 以小角度从后面接近球。
2. 将平衡脚放在球的内侧方，膝盖弯曲。
3. 让肩膀和髋部与目标保持平行。
4. 将击球的那条腿收回到后面，让脚伸展并保持稳定。
5. 击球的那条腿的膝盖位于球的上方。
6. 将双臂放在两侧，以保持身体平衡。

执行

1. 保持头部稳定，视线落在球上。
2. 将身体重心前移。
3. 开始击球动作。
4. 让击球的脚保持伸展和稳定。
5. 用脚背接触球的后部中心。

继续

1. 产生从球上经过的向前力量。
2. 将身体的重心放在平衡脚上，且落在球的上方。
3. 继续随球动作，将脚的高度抬升到腰部或者更高。

地面传球训练 1
推传回弹球

　　持一只球站在离墙或踢板 5 码远的地方。用脚内侧（推传）技术将球传到墙上，让其弹回到你的身边。当球向你滚动时，再将它传到墙上。这通常称为"一脚球"。重复 50 次连续的传球。如果可能的话，交替使用左脚和右脚。

增加难度

- 距离墙 10 码远。
- 增加重复的速度或数量，或两者同时增加。
- 使用非惯用脚练习所有的传球。

降低难度

- 缩短与墙之间的距离。
- 在传球之前将球停住（两脚球）。
- 使用惯用脚练习所有的传球。

成功检查

- 将非击球脚放在球的一侧并指向目标。

- 保持传球的脚稳定。
- 肩部和髋部与目标对直。
- 用脚的内侧表面接触球的水平中线。
- 将球朝着目标方向踢去。

给你的成功打分

无失误一脚传球少于 25 次 =0 分

无失误一脚传球 25 ～ 34 次 =1 分

无失误一脚传球 35 ～ 44 次 =3 分

无失误一脚传球 45 次或以上 =5 分

你的分数 _____

地面传球训练 2
快速射门

　　和两个队员一起练习。两个供球者（A 和 B）距离 16 码远，面对面站好，每人一个球。在每个供球者的正前方用标记物标记出一个 2 码宽的球门。你位于两个供球者的中间点。供球者 A 将球传给你，训练开始（你是中间者）；使用脚内侧传球技术将球通过球门传回给供球者 A。完成传球后，立即转过身来将来自供球者 B 的球以相同的方式传回给他。在和其中一个供球者交换位置之前，练习 40 次一脚推传。继续进行训练，直到每个队员都轮到过中间位置。

增加难度

- 将两个供球者之间的距离增加到 20 码。
- 增加重复的次数。
- 将球门的宽度缩小至 1 码。

降低难度

- 缩短两个供球者之间的距离至 12 码。
- 允许中间的球员接球和传球时两次触球（两脚球）。
- 将球门的宽度增加至 3 码。

成功检查

- 让肩部和髋部与目标平行。
- 球到达时上前迎接。
- 将传球脚牢稳地放在侧边。
- 接触球的水平中线。
- 随球踢向目标。

给你的成功打分

通过球门一脚传球少于 25 个 =0 分

通过球门一脚传球为 25 ~ 29 个 = 1 分

通过球门的一脚传球为 30 ~ 34 个 = 3 分

通过球门的一脚传球为 35 个或以上 =5 分

你的分数 _____

地面传球训练 3
两脚传球和跑场接力

每 4 ~ 6 个球员一组，组成两个小组。每组球员连成纵队，面对面距离 15 码远。纵队 1 的第一个球员将球传给纵队 2 的第一个球员，然后快速冲到纵队 2 的末端，以便支持球的后续传递。纵队 2 中的第一个球员向前移动一步或两步接球，第一脚球做好准备，接着以第二脚球将其传递给纵队 1 的下一位球员，然后立即冲到纵队 1 的末端支持球的后续传递。继续进行训练，直到每个球员都传了 30 个球。球员只能使用两脚球进行传递（两次触球）。

增加难度

- 增加传球距离至 20 码。
- 仅用非惯用脚传球。
- 增加重复的速度或数量，或两者同时增加。
- 只用一脚球传球。

降低难度

- 缩短传球距离。
- 允许通过三次触球来控传球。

成功检查

- 向前移动迎接球。
- 肩部和髋部与目标对直。
- 接触球的水平中线。
- 随球踢向目标。
- 向前快跑，支持传球。

给你的成功打分

准确地传递到对面纵队的球少于 15 个 =0 分

准确地传递到对面纵队的球为 15 ~ 19 个 =1 分

准确地传递到对面纵队的球为 20 ~ 24 个 =3 分

准确地传递到对面纵队的球为 25 个或以上 =5 分

你的分数 _____

地面传球训练 4
6 对 2 传球穿越

使用标记物标记出一个 12 码 ×15 码的训练场地。指定 6 个球员作为进攻者，2 个作为防守者。防守者位于场地内。进攻者散开围绕在方形场地的线内，一人持球。在场地内，6 个进攻球员试图不让 2 个防守者抢到球。进攻者可以用脚的内侧或外侧来传球，而且只能使用一脚球或两脚球。如果防守者断了球或者球滚出了界外，那么出现失误的进攻者将变成防守者，而对应的防守者变成进攻者。连续练习 15 分钟。记录下每个人的失误总数（失去控球权的总数）。

增加进攻者的难度

- 要求只用一脚球。
- 缩小场地面积。
- 加入第三个防守者。

降低进攻者的难度

- 扩大场地的面积。
- 仅用一个防守者。

成功检查

- 保持头部抬起，视线落在场地上。
- 肩部和髋部与目标对直。
- 让传球的脚保持稳定且姿势正确。
- 坚定地将球传向目标。
- 不断地重新调整身体姿势，让自己能够接到传来的球。

给你的成功打分

15 分钟内 9 次或更多失误 =1 分

15 分钟内 6 ~ 8 次失误 =3 分

15 分钟内 0 ~ 5 次失误 =5 分

你的分数 _____

地面传球训练 5
二过一配合回传

整个球队都能够参与到这种训练中。球员两个人一组站在球场的罚球区。每组球员一个球。所有球员都在罚球区内随机地慢跑；有球的球员带球。带球者寻找任何无球球员进行传接（撞墙）配合。带球者和预定的目标球员进行目光交流，而目标球员也通过目光进行确认，接住带球者传出的短而干脆的传球。然后，带球者立即快速向前冲并接住刚才接球的球员传过来的一脚球，将球控制起来，继续带球寻找其他没有球的球员进行配合回传。带球者的首次传球必须用脚的外侧，这是进行二过一回传的最佳触球部位。连续训练 5 分钟，然后球员们交换角色，继续训练 5 分钟。记录不精确传球的总数，例如混乱的二过一配合的传球。

增加难度

- 缩小场地的面积。
- 额外加入一名防守者，给带球者施加压力。

降低难度

- 扩大场地面积。
- 以半速训练。

成功检查

- 朝着目标的方向带球。

- 用脚的外侧传球。
- 快速向前冲，接住传回的球。

给你的成功打分

7 次或以上的不精准传球 =1 分

4 ～ 6 次不精准传球 =3 分

0 ～ 3 次不精准传球 =5 分

你的分数 _____

地面传球训练 6
通过多个球门进球得分

　　组成两个球队，每队 4 ～ 6 个球员。使用标记物标记出一个 40 码 ×40 码的训练场地。用一些锥桶或者小旗在场地内随意标记出 6 个小球门，每个球门宽 2 码。两个球队都可以通过所有 6 个球门得分，同时也要防守所有 6 个球门。要想得分，球员必须将球完全从球门传过去给球门另一侧的队友。传球者每次将球从球门传过去并被队友接住记分接不住不记分。球员可以从球门的任意一侧将球传过去，但是不能连续两次从相同的球门传过去。除了进球后不改变球的控制权以及忽略越位犯规，训练的规则和正规足球比赛的规则一样。必须用脚的外侧或内侧来将球从球门传过去。连续训练 15 分钟。球员需要记录自己的分数。

增加难度

- 缩小场地的面积。
- 将球门的宽度缩小至 1 码。
- 加入一个总是参与防守的中立球员，让防守者在数量上比进攻者要多。

降低难度

- 扩大球门。
- 增加球门数量。
- 加入一个总是参与进攻的中立球员，让进攻者在数量上比防守者多。

成功检查

- 和队友一起合作，保持控球权。
- 争取传球精准且速度合适。
- 进攻防守薄弱的球门。

给你的成功打分

0 或 1 分 =0 分

2 ～ 5 分 =2 分

6 分及以上 =4 分

你的分数 _____

地面传球训练 7
一脚将球传给自由队友

3 个球员（供球者）肩并肩站在一起，彼此相隔 2 码。第 4 个球员（目标者）在 7 码外面向供球者。供球者 1 和供球者 2 的脚上各有一个球；供球者 3 开始时没有球。供球者 1 将球传给目标者开始训练，后者用脚的内侧或外侧以一脚球（一次触球）将球传回给无球的供球者（供球者 3）。供球者 2 立刻将球传给目标者，后者又将球传回给当前无球的供球者 1。继续以最快的速度练习 40 次传球，然后其中一个供球者与目标者交换位置。重复进行练习，直到每个球员都做过一次目标者。每次一脚将球直接传给空闲者得 1 分。球员记录自己的分数。

增加难度

- 用 4 个供球者和 3 个球。
- 增加传球距离。

降低难度

- 仅用 2 个供球者和 1 个球。
- 缩短传球距离。
- 允许用两脚球将球传回。

成功检查

- 保持脚在移动（慢跑）。
- 肩部和髋部与目标对直。
- 击球的脚保持稳定。
- 向前迎球。
- 随球踢向目标。

给你的成功打分

24 分及以下 =1 分

25 ~ 29 分 =3 分

30 ~ 34 分 =5 分

35 ~ 40 分 =7 分

你的分数 _____

地面传球训练 8
移动目标

整个球队一起训练。使用标记物标记出一个大约 30 码 ×30 码的训练场地。指定 5 个球员作为追逐者，他们位于场外，每人一个球。剩下的球员（移动目标）没有球，位于场地内。在教练的命令下，追逐者带球进入训练场地中，并传球击中移动目标。要做的是用传递的球接触移动目标膝盖以下的部位。移动目标通过突然变速变向来躲避追逐者的击中（"毒球"）。任何被传过去的球触碰到的运动目标要立即将球停下来，并成为追逐者；原来的追逐者则成了移动目标。如果传球触碰到移动目标膝盖以下的部位，则追逐者得 1 分。连续训练 10 分钟。可以使用目前已讨论过的任何传球技术。追逐者要记录自己的总分。

增加追逐者的难度

- 扩大训练场地。
- 仅用非惯用脚传球。

降低追逐者的难度

- 缩小训练场地。

成功检查

- 选择合适的传球技术。

- 传球的脚要保持正确放置。
- 随球踢向目标。

给你的成功打分

0 ~ 2 分 =1 分

3 或 4 分 =3 分

5 分及以上 =5 分

你的分数 _____

地面传球训练 9
传球并移动到空白处

　　用 4 个标记物表示 30 码 × 30 码的训练场地的四个角。在方形训练场地的中心再放一个标记物。一共有 4 个球员参与，每个角落站一个球员；中间的标记留空不站人。其中一个球员持球。开始时，有球者将球传给其他任何一个角落的球员，然后快速冲到空白的标记处（未站人的标记）。接到球的球员立即将球传给其他球员，然后冲刺到未站有人的标记处。让训练继续进行，其中球员将球传给队友后冲刺到不断变换的空白标记处。每次准确地将球传给队友得 1 分，也就是队友在标记物 1 码范围内就能接到球。以接近比赛的速度进行练习。继续进行训练，直到每个球员传球 30 个以上。

增加难度

- 增加传球距离。
- 要求使用非惯用脚来传所有的球。
- 要求以一脚球来传所有的球。

降低难度

- 将传球距离缩短至 15 码。
- 以半速进行训练。
- 允许传球或接球时不规定触球次数。

成功检查

- 保持传球的脚稳定且放置得当。

- 肩部和髋部与目标对直。
- 随球踢向目标。
- 传球后冲刺到未被占领的标记处。

给你的成功打分

0 ~ 14 分 =1 分

15 ~ 19 分 =3 分

20 ~ 25 分 =5 分

你的分数 _____

地面传球训练 10
将球传给第三者

用 4 个标记物标记出一个正方形训练场地,其中每个标记物之间间隔 15 码。一共 5 个球员参与: 2 个球员站在第一个标记物处(仅一人有球),剩下的 3 个球员(没有球)分别占据一个标记物。开始时,有球的球员将球传给下一个标记物处(第二个)的球员;然后快速冲刺配合传球(接回传球)。接到球的球员以短距离的一脚球将球传回给原先的球员,而该球员接着将球传给下一个标记物处(第三个)的球员,然后跑到第二个标记物处。原先位于第二个标记物处的球员跑向接球的球员(第三个标记物处),并接到来自该球员的短距离一脚球,然后将球传给位于第四个标记物处的球员。继续依照该顺序进行训练,即每个球员将球传给位于下一个标记物处的球员,然后接回传的短距离一脚球,接着将球传给相对顺序中的下一个球员(第三个)。继续进行下去,直到每个球员都进行了 40 次传球。每次将球准确地传给相对顺序中的第三个球员得 1 分。

增加难度

- 增加传球距离。
- 要求所有传球都是一脚球。

降低难度

- 将传球的距离缩短至 10 码。
- 以半速进行训练。
- 允许接球和传球时多次接触球。

成功检查

- 保持传球的脚稳定且放置得当。
- 让肩部和髋部与目标对直。
- 继续完成朝目标踢的动作。
- 传球后快速冲到前面去接回传球。

给你的成功打分

20 ~ 25 次准确传球 =1 分

26 ~ 30 次准确传球 =3 分

31 次或以上准确传球 =5 分

你的分数 _____

接地滚球

如前所述，传球和接球技术就像一个硬币的两面，它们是紧密相关的，两者必须相互依靠才能产生价值。如果球员缺乏恰当的接球技术，那么球队就不能将各个传球配合环节串联起来，从而就难以创造进球机会。同样，如果传球技术不足，那么接球技术的作用就微乎其微。两者密切关联，相生相依。

通常用脚的内侧或外侧来接地滚球，而特定情况下也用脚底接。根据我的观察，脚底传球技术在室内足球中用得更多，因为室内足球的空间受到限制，球员在接球时总是面临对手的挑战。不过，在更大的室外球场中也可以使用该技术来将球从挑战者面前滚开，然后快速改变传球的方向。

用脚内侧接球

脚内侧接球（参见图 2.4），顾名思义，是使用脚的内侧表面来接球并对球进行控制。这一技术通常在未直接受到对手的压力的情况下使用。在球到达时上前迎接。向前伸出接球的那条腿，并将接球的脚放在侧边，其中脚尖向上且离开身体的中线。为了缓冲球的冲击力（也就是以柔软的动作接球），球到达时将脚向后缩回一些。完全将球踩死是非常罕见的。在大部分情况下，从接下来将要移动的方向或者在远离对手的空地接球和控球是有优势的。

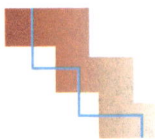

错误

球从脚弹开并脱离控制范围。

正确

接球时必须提供一个缓冲过程。要想缓冲球的冲击力，球到达时要将脚向后缩回一些，并将球控制到接下来将要移动的方向。

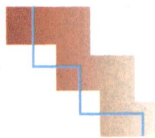

错误

球在脚下方滚动。

正确

如果接球的脚放置不对或者眼睛离开球，就可能发生这种情况。在球到达时，保持头部稳定并将注意力集中在接触部位。将接球的脚抬至距离地面大约 2.5 厘米，用脚的内侧表面接触球的水平中线（中心）。

图 2.4　用脚内侧接球

准备

1. 向球的方向移动（截球）。
2. 将接球腿伸出去迎球。
3. 将接球脚放在侧边。
4. 让接球脚保持稳定并锁住脚踝。
5. 保持头部稳定，视线落在球上。

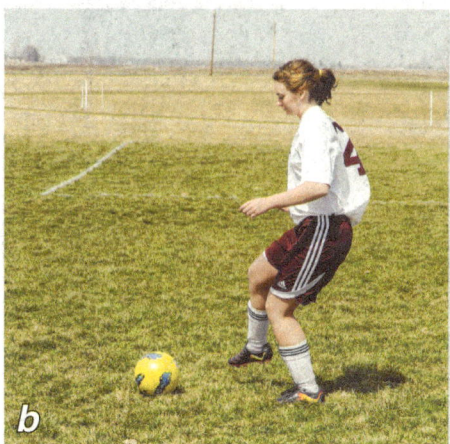

接球

1. 用脚的内侧面接球。
2. 将脚往后缩，缓冲球的冲击力。
3. 随球一起转开，进入远离附近对手的空地。

继续

1. 将球推向接下来要前进的方向。
2. 保持头部抬起，视线落在场地上。

用脚外侧接球

在比赛的过程中时不时会出现这种情况：接球时被对手紧紧地跟着。在这种情形下，脚内侧接球技术可能不是最佳的选择，因为防守球员可能会将脚插入，把球踢掉。你可以用脚的外侧接球，从而用身体隔在球和对手之间（参见图 2.5）。将身体移动到侧边，用离对手最远的脚接球。将接球的脚向内和向下转动，用脚背外侧接球。将球转移到远离对手的空地，这样就有多余的时间来传球或者带球离开，从而缓解对手施加的压力。

图 2.5 用脚外侧接球

准备

1. 向球的方向移动（截球）。
2. 将身体向侧边移动，挡在球和对手之间。
3. 保持半蹲的姿势，降低重心。
4. 用相对对手的远侧脚接球。
5. 保持头部的稳定，视线落在球上。
6. 对对手施加的压力做出反应。

接球

1. 将接球的脚向下伸并向内旋转。
2. 用脚背外侧接球。
3. 稍微向后缩回接球腿，缓冲球的冲击力。
4. 将球传到远离对手的空地。

继续

1. 根据需要重新调整身体的姿势，隔离对手，将球保护起来。
2. 保持头部抬起，目光落在场地和对手上。
3. 将球推向接下来要前进的方向。

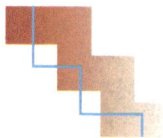

错误

接到球时未能将球护住，而且对手将脚插入，把球踢掉。

正确

将身体向侧边移动，挡在球和对手之间。用远侧脚控制球。根据对手的动作重新调整姿势。

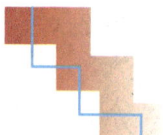

错误

防守者步入你的前方拦截传来的球。

正确

准备接球时总是向球的方向移动（截球）。最先接近球的球员通常会赢得球权。

用脚底接球

当对手从后面发起挑战时，还可以使用脚底来接球（参见图 2.6），这样就能有效控球。通过将身体向后靠来让球和对手之间保持最大的距离，伸出接球腿迎接球，并用脚底控球。让髋部和肩膀与球保持平行，向上勾接球脚，并用脚底将球牢牢地定在地面上。在该姿势下，可以用脚底向前或向侧边滚球，从而躲开对手的挑战。

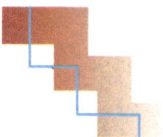

错误

用脚底接球时感到笨拙或者无法移动。

正确

支撑腿的膝盖保持弯曲，双臂伸出在身体两侧，以保持身体平衡。这能够保证身体重心较低，从而增强活动性。在这一姿势下，你将能够根据对手的动作做出更加快速的反应。

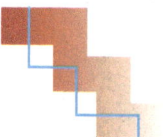

错误

防守者将球踢掉。

正确

将身体靠向挑战的对手，隔在球和对手之间。根据防守者施加的压力移动球。

图 2.6　用脚底接球

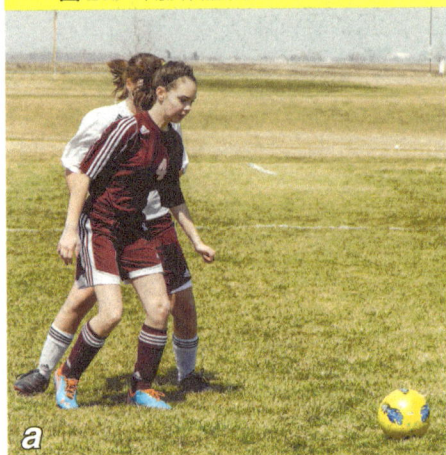

准备

1. 向球的方向移动（截球）。
2. 将双臂伸出在身体两侧，保持身体平衡。
3. 弯曲膝盖，降低并保持低重心。
4. 将接球腿伸向球。
5. 将接球脚向上弯曲。

接球

1. 球到时，身体靠向防守者。
2. 用脚底控球。
3. 让球和防守者之间保持距离。

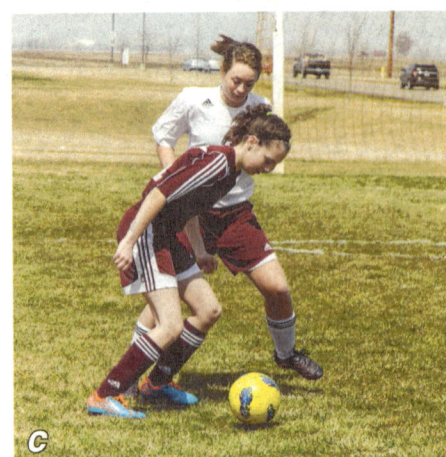

继续

1. 对对手施加的压力做出反应。
2. 用脚滚动球，对其进行控制。
3. 将球从对手的方向移开，缓解压力。

接地滚球训练 1
踢踏舞

两个搭档者面对面间隔 5 码站立，其中一人有球。在教练的命令下，两个球员沿着地面来回传球，在 1 分钟内尽可能多地传球。球员必须通过两次触球来控制和传回球（两脚球）。用脚的内侧或外侧来接球、准备和回传。每次触球超过两次罚 1 分。球员要记录自己的罚分。每轮 1 分钟，一共训练 5 轮，每轮之间短暂休息。

增加难度

- 将时长延长到 90 秒。
- 将传球距离增加到 10 码。

降低难度

- 允许通过 3 次触球来接球、控球和回传球。

成功检查

- 提前选择恰当的接球技术。
- 提供缓冲（稍微后缩接球部位）。

- 以流畅的动作接球。
- 第一次触球时将球准备好，第二次触球时进行传球。

给你的成功打分

5 轮中 7 分或更多罚分 =2 分

5 轮中 3 ~ 6 分罚分 =3 分

5 轮中 0 ~ 2 分罚分 =4 分

你的分数 _____

接地滚球训练 2
转向、带球和传球

整个球队一起进行训练。球员们位于标准球场的半侧中，每两人一个球。在教练的命令下，所有球员都开始在场地移动。有球的球员带球移动，在距无球的移动球员几码远时将球传给他。接球者第一次触球时必须向左或向右转动；然后朝该方向带球移动，在距离几码远的地方将球传给无球的球员。可以用脚的外侧或内侧来控制传过来的球。首次触球时球员必须向左或向右转；不能将球完全定死。随球传向不同的方向时，如果触球一次以上则罚 1 分。连续训练 10 分钟，球员要记录自己被罚的总分。

增加难度

- 加入几个防守者，向接球者挑战球权。

降低难度

- 接球、控球和转向的过程中可以触球 2 次或 3 次。
- 以半速训练。

成功检查

- 向球移动并接球。
- 以流畅的动作改变身体和球的方向。
- 当球到达时稍微向后缩回接球脚。
- 转向时保持对球的严密控制。

给你的成功打分

10 分或更多的罚分 =1 分

6 ～ 9 分罚分 =3 分

0 ～ 5 分罚分 =5 分

你的分数 _____

接地滚球训练 3
两次触球防范

　　使用标记物标记出一个 12 码 ×12 码的训练场地。四个球员组成一个进攻队，试图在场地内让球远离第五个球员（防守者）。进攻球员仅能通过两次触球来接球、控球和传球。球员根据情形选择最合适的接球技术。进攻球员由于失误每次将球权输给防守者罚 1 分。防守者断了球、球滚出场地外或者进攻者接球或传球时触球 2 次以上则算失误。出现失误的进攻者将转变成防守者，而成功的防守者转变为进攻者。连续训练 5 分钟。

增加进攻者的难度

- 将场地面积缩小至 8 码 ×8 码。
- 加入第二个防守者。

降低进攻者的难度

- 将训练场地扩大至 15 码 ×15 码，给进攻者更大的空间和更多的时间。
- 允许进攻者通过三次触球来传球和接球。
- 加入第五个进攻者。

成功检查

- 选择恰当的接球技术。

- 接球时提供缓冲。
- 控球进入远离防守者的空地。
- 保持运动的流畅性——不要将球停下。

给你的成功打分

在 5 分钟的训练中 10 次或更多失误 = 1 分

在 5 分钟的训练中 6 ～ 9 次失误 =3 分

在 5 分钟的训练中 0 ～ 5 次失误 =5 分

你的分数 _____

接地滚球训练 4
迎球，转身，反复训练

　　球员 1 和球员 2（接球者）背靠背站在间隔 15 码处且各有一球的球员 3 和球员 4（供球者）之间的中间点。接球者面向供球者移动迎球（截球）开始训练。供球者将球稳妥地传给迎接球的球员，而接球者第一次触球时将球接到并控制住，第二次触球时将球回传给供球者，然后转过身来迎向另一侧的供球者。重复练习。以最快的速度连续练习 90 秒，然后供球者和接球者交换位置并重复练习。迎球者必须通过两次触球来接球和传球。每个球员充当 4 次接球者。如果球员接球并将球传回给供球者的过程中触球多于 2 次，则罚 1 分。球员要记录自己的罚分。

增加接球者的难度
- 再加入一个供球者来增加传球的数量。
- 每轮的时间延长至 120 秒。

降低接球者的难度
- 接球和回传时允许 3 次触球。
- 以半速进行训练。

成功检查
- 果断地向供球者迎球。

- 总是保持平衡和身体控制。
- 第一次触球时准备好球。
- 总是将球保持在控制范围内。

给你的成功打分

在 4 轮 90 秒的训练中罚分为 8 分或更高 =1 分

罚分为 4 ~ 7 分 =3 分

罚分为 0 ~ 3 分 =5 分

你的分数 _____

接地滚球训练 5
一路接球

　　在一个 50 码 ×50 码的场地上训练。用标记物在场地上随意标记出 6 ~ 8 个 3 码宽的小球门。球员两个人一组，每组一个球。搭档者相互传接配合，尽可能多地将球从一个个的球门传过去。搭档者不能连续将球从相同的球门传过去。一个球员将球从球门传过去后，接到球的球员将带球走向另一个球门，而之前的球员快速冲到球门的对面去接下一次的传球。在将球带向另一个球门之前，球员只能通过两次触球来接球和控球。每次球从球门传过而球员未能用两次触球来接到球并进行控制时，则小组被罚 1 分。记录各自小组的罚分。继续进行训练，直到搭档尝试 30 次将球从小球门传过去。

增加难度

- 增加尝试传球通过球门的次数。
- 将球门的宽度缩短至 2 码。

降低难度

- 允许接球者接球和控球时触球 3 次。
- 减少尝试传球通过球门的次数。

成功检查

- 接球时提供缓冲。
- 第一次触球时将球准备好
- 总是将球保持在控制范围内。

给你的成功打分

5 分或更高罚分 =1 分

3 或 4 分罚分 =3 分

0 ~ 2 分罚分 =5 分

你的分数 _____

接地滚球训练 6
2 对 2（+2）

组织 3 组球员，每组 2 人。每组都穿不同颜色的背心以便区分。在 12 码 ×15 码的场地内进行练习。开始时指定一组球员作为防守者；其他两组联合起来形成包含 4 个球员的进攻队伍。进攻者试图在场地内让球远离防守者。每个进攻者可以通过 3 次及以内的触球接球并将球传给队友。得球的防守者丢了球、进攻者的球出界或者进攻者接球和传球时触球 3 次以上，都算失去球权。两个进攻小组中，因失误导致失去球权的那个小组将变成防守组，而原来的防守组将加入到进攻队伍中来。连续训练 10 分钟，每次失球时进行相应的防守进攻角色转换。接球和传球时触球 3 次以上的球员或者将球权落到防守者手中的球员罚 1 分。每个球员记录各自的罚分。

增加进攻者的难度

- 加入一个总是参与防守的中立球员，让攻方比守方多出 1 人而不是 2 人。
- 将场地面积缩小到 10 码 ×10 码，减少接传球可以利用的空间和时间。

降低进攻者的难度

- 加入 2 个总是参与进攻的中立球员，让攻方比守方多出 4 人。
- 允许进攻者在接球、控球和传球的过程中三次触球。
- 将训练场地面积增加到 15 码 × 20 码。

成功检查

- 球到时将接触球的部位稍微缩回。
- 接球后将球控制到远离防守者的空地。
- 保持头部抬起,观察到可选的传球方式。
- 将球快速在球员之间传递。

给你的成功打分

9 分或更高罚分 =1 分

5 ~ 8 分罚分 =3 分

0 ~ 4 分罚分 =5 分

你的分数 _____

成功小结

　　有效的传接球技术是球队比赛成功的基础,它们作为纽带将 10 个队员连成一个凝聚在一起的整体。精通第 2 步中的接传球技术后,你会获得更多的自信,并且变成了更出色的全能球员。随着你和队友配合的能力不断提升,足球运动也将变得越来越有趣。像一句古老的格言所说的那样:"熟能生巧"。开始时在最小的压力下练习掌握每项技术的正确操作方法。然后逐渐增加各种比赛压力,例如不断移动、空间受限、时间受限以及对手的挑战,让训练能够更加真实地模仿比赛中所面临的真实情形。

　　本步骤中的每项技术都设定有参考分数,帮助你评估自己的表现和记录自己的进步。填写你得到的分数并计算总分,以评估你的成功情况。

地面传球训练

1. 推传回弹球　　　　　　　　　　得到 5 分中的 _____ 分
2. 快速射门　　　　　　　　　　　得到 5 分中的 _____ 分
3. 两脚传球和跑场接力　　　　　　得到 5 分中的 _____ 分
4. 6 对 2 传球穿越　　　　　　　　得到 5 分中的 _____ 分
5. 二过一配合回传　　　　　　　　得到 5 分中的 _____ 分
6. 通过多个球门进球得分　　　　　得到 4 分中的 _____ 分
7. 一脚将球传给自由队友　　　　　得到 7 分中的 _____ 分
8. 移动目标　　　　　　　　　　　得到 5 分中的 _____ 分
9. 传球并移动到空白处　　　　　　得到 5 分中的 _____ 分
10. 将球传给第三者　　　　　　　　得到 5 分中的 _____ 分

接地滚球训练

1. 踢踏舞 　　　　　　　　　　得到 4 分中的 _____ 分

2. 转向、带球和传球 　　　　　得到 5 分中的 _____ 分

3. 两次触球防范 　　　　　　　得到 5 分中的 _____ 分

4. 迎球，转身，反复训练 　　　得到 5 分中的 _____ 分

5. 一路接球 　　　　　　　　　得到 5 分中的 _____ 分

6. 2 对 2（+2） 　　　　　　　得到 5 分中的 _____ 分

总分 　　　　　　　　　　　得到 80 分中的 _____ 分

　　总分达到 65 分或以上表明你充分掌握了传接球技术，可以顺利进入第 3 步了。总分在 45 ~ 64 分之间算是合格。针对自己觉得最困难的传接球技术多加训练，就可以进入第 3 步了。总分在 44 分或以下表明各方面的传接球技术还不到位。在进入第 3 步之前，需要对第 2 步中的所有技术进行回顾和练习。

第 *3* 步
传接空中球

在 大部分情况下，沿着地面传球有一定的优势。地滚球比空中球更加容易控制，而且传球的准确率更高。不过，有些时候空中传球却是最佳的选择。例如，给位于危险进攻区域的队友传球时，对手挡在球经过的路径上；或者决定将球从对手的头顶上方传到对手的后卫线空地，让己方的球员跑过去接球。现代的防守越来越有组织而且很难攻破，从侧翼通过空中传球在团队进攻中越来越重要，因为这种长距离飞过来的斜传球能够快速改变进攻点。最后，在罕见的情况下，如果对方的守门员跑出球门线过于靠前的位置，进攻者甚至还可以通过吊球得分（将球挑起从守门员头上飞过）。

要想充分利用这些机会，你必须具备通过空中不同距离传球的能力。最常使用的两项基本技术是*挑传（吊传）*或称*蹭传*和*脚背飞传*。选择什么技术主要取决于传球的距离以及球要以多快的速度腾空而起避开防守者。同样，你必须能够娴熟地接住并控制从天而降的球。第3步的目的是培养接传空中球的能力和信心。

练习空中传球

要想将球踢到空中，身体要先向后倾，然后将脚从球的下三分之一部分踢过去。重要的是确保球能够到达足够的高度，避免被你和目标之间的防守者截住。基本的吊传技术通常用于中短程空中传球。脚背飞传技术非常适合远距离传球，它能够将进攻点从球场的一端转移到另一端。

挑传

用挑传技术将球挑起，使之从拦截者的头顶上飞过去落在队友脚边。这种情形在比赛的常规跑动中时有发生，或者出现在对手组成人墙防守任意球时。不管是哪种情况，正确踢出的挑传都使你能够利用防守球员后面的空地。

踢吊传球时（参见图 3.1），从球的后面以微小的角度接近球。将支撑脚（非踢球的脚）放在球的旁边。将踢球的腿向后收，让脚伸展并保持稳定。在将踢球脚的脚背塞入（楔入）球下时，让肩部和髋部与目标保持平直。使用短而有力的踢球动作让球瞬间达到传球高度，其中踢球的随球动作要尽可能短。将脚从球的下面楔入还会让球发生后旋，从而更易控制。

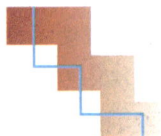

错误

传球未能达到足够的高度，无法从阻拦在球路上对于的头顶顺利通过。

正确

踢球腿使用短而有力的瞬间动作让球立即升起来。将脚背楔入到球下，使球从对手的头顶上飞过。

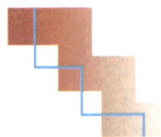

错误

球没有传到既定目标上。

正确

肩部和髋部与目标保持对直。保持踢球脚的稳定，并用脚背的内侧触球。以短促的随球动作将球踢向目标。

图 3.1 挑传

接近

1. 从球的后面以小角度接近球。
2. 将支撑脚放在球旁边，膝盖弯曲。
3. 将踢球腿向后收，让脚伸展并保持稳定。
4. 将手臂伸出在身体两侧保持平衡。
5. 保持头部稳定，视线落在球上。

执行

1. 将踢球腿的膝盖放在球的上方。
2. 身体稍微向前倾，髋部和肩膀与目标对直。
3. 将脚背的内侧从球的下方楔入。
4. 保持踢球脚与球接触时伸展且稳定。
5. 使用短而有力的踢球动作。

继续

1. 在冲击点上使用向前的冲力。
2. 将踢球腿快速伸直。
3. 让球稍微后旋。
4. 使用最小的随球动作。

脚背飞传

使用脚背将球踢到更远的距离。此处的踢球动作在某种程度上类似于脚背传地滚球，不同的是与触球时稍微向后倾，而且踢球腿使用更长的随球动作。

要进行脚背飞传（参见图 3.2），以较小的角度从球的后面接近球。将支撑脚置于球侧边稍后处。将支撑脚置于球后使踢球腿能够施加更大幅度的随球动作，而且让你能够在踢球时稍微向后倾。使用这种姿势可以让球飞起来并传送到更远的距离。将脚背从球的下三分之一部分踢过时，要伸展踢球脚并使之保持稳定。使用完整的随球动作。

图 3.2 脚背飞传

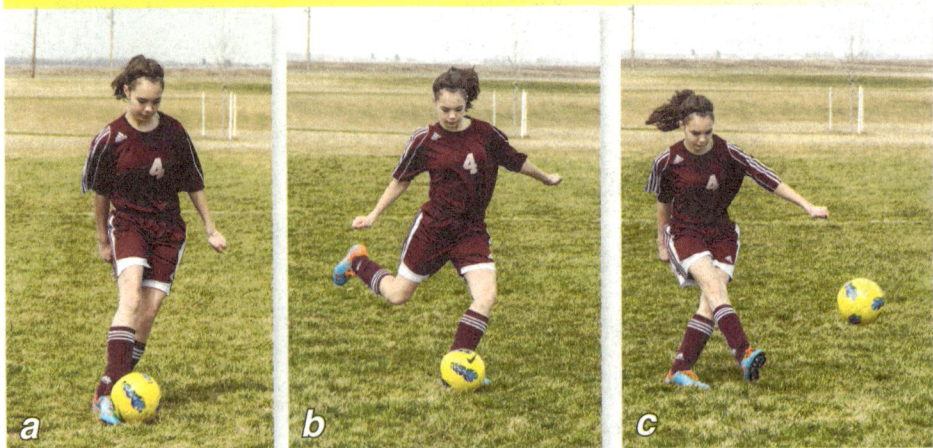

接近

1. 以小角度从后面接近球。
2. 将支撑脚置于球侧边稍后的地方。
3. 将踢球腿向后收。
4. 伸展踢球脚并使之保持稳定。
5. 将手臂伸出在两侧保持身体平衡。
6. 保持头部稳定，视线落在球上。

执行

1. 将踢球腿的膝盖置于球稍微靠后的地方。
2. 身体向后倾，肩膀与目标对直。
3. 将踢球脚的脚背从球的下三分之一部分楔入。
4. 整个过程踢球脚要保持稳定。

继续

1. 将踢球腿快速伸直。
2. 驱动力从支撑脚的前方穿过踢在球上。
3. 双臂向前移动。
4. 踢球腿的随球动作达要到腰部或更高。

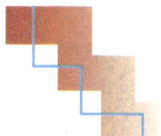

错误

空中传球没有到达目标就落地。

正确

踢球脚触球时要保持稳定，而且踢球腿要使用完整的随球动作。从接触点产生向前的力量。

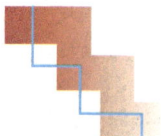

错误

传球不准确，偏离了目标。

正确

肩部和臀部与目标对直。身体向后倾并用整个脚背接触球的下三分之一部分。保持踢球脚稳定。踢球腿的随球动作应该产生指向目标的动力。

空中传球练习 1
挑球和接球

　　面向距离 5 码远的搭档（供球者）。供球者让球慢慢滚向你。你通过将球吊到供球者的胸部把球还给他。供球者用双手接住球并重复前述步骤。一共重复 40 次，每只脚吊传 20 个球；然后交换角色。每次准确地将球吊到供球者的胸部位置得 1 分。记录自己的得分。

增加难度

- 将距离缩短至 4 码，让球更快达到足够的高度。
- 加快供球的速度。

降低难度

- 挑静止的球。

成功检查

- 将肩部和髋部与目标对直。
- 将脚背楔入球下。

- 保持踢球脚伸展且稳定。
- 使用最小的随球动作。

给你的成功打分

9 分及以下 =0 分

10 ～ 19 分 =2 分

20 ～ 29 分 =3 分

30 ～ 34 分 =4 分

35 ～ 40 分 =5 分

你的分数 ＿＿＿＿

空中传球练习 2
地面传过去，空中吊回来

　　与一个队友搭档。你作为供球者站在正规球门（无网）中间前方 10 码远处。你的搭档位于球门另一侧 10 码远处而且面向你。在开始时，你作为供球者将球通过球门滚过去给搭档，而他则通过吊球越过 2.4 米高的球门横梁将球返回给你。踢球者可以使用他的惯用脚来吊球。在球落地时对其进行控制，并重复该步骤。踢球者每次将滚过来的球吊到供球者 1 码范围内得 1 分。重复练习 30 次；然后交换角色并重复练习。

增加难度

- 每方距离球门 7 码远，让吊球更快地达到足够的高度并从横梁上方越过。
- 使用非惯用脚来吊球。

降低难度

- 在将球从横梁上吊过去前先把球停住。
- 使用更矮的球门（1.8 米高）。

成功检查

- 让肩部和髋部与目标对直。
- 保持头部稳定，视线落在球上。
- 将脚背楔入球下。
- 使用短而有力的腿部动作。

给你的成功打分

0 ~ 14 分 =0 分

15 ~ 19 分 =1 分

20 ~ 24 分 =3 分

25 ~ 30 分 =5 分

你的分数 _____

空中传球练习 3
越过头顶吊球

　　两个人面对面站立，距离 20 码远。第三个球员（供球者）持有一个球站在两者的中间。开始时，供球者先以缓慢的速度将球滚给你。向前移动一两步并将球从供球者的头顶上吊过去，使球落在 20 码远的另一个球员的脚下。每次吊球后球员们轮换位置：你跟随着球来到对面的底线位置，供球者来到你原先的位置，而另一头接到吊球的球员带球来到供球者的位置（中间位置）。继续进行训练，直到每个球员进行了 30 次吊传。每次将球穿越中间球员的头顶上方并落在接球者 1 码范围内得 1 分。球员可以使用惯用脚来吊球。

增加难度

- 增加球的滚动速度（供球速度）。
- 要求球员使用非惯用脚吊球。

降低难度

- 缩短传球距离。
- 允许球员将静止的球吊过中间球员的头顶。

成功检查

- 让肩部和髋部与目标平行。
- 将脚背楔入球下。

- 使用短而有力的踢球动作。
- 随球踢向目标。

给你的成功打分

0 ～ 14 分 =0 分
15 ～ 19 分 =1 分
20 ～ 24 分 =3 分
25 ～ 30 分 =5 分
你的分数 _____

空中传球练习 4
仅接空中传球

组织两个人数相同的球队，每队 6 ～ 8 个球员而且有一名守门员。使用彩色的训练背心来区分两个球队。在一个 75 码 ×50 码的训练场地上训练。在训练场地的每一端用标记物标记出一个 8 码 ×8 码的球门区。每个球门区内站一名守门员。从场地的中心开球开始训练。每个球队防守自己的球门区，如果将球从空中踢到对方的球门区且适合守门员在空中接球，则得 1 分。尽管守门员可以移到球门区外用脚控制球，但是他们不允许离开球门区用手接球。从空中接到的球必须立即传给队员，然后继续进行。进攻球队每次将球射入对方球门而且对方的守门员可以在空中接球，则得 1 分。除了得分方法不一样，适用正规的足球比赛规则。得分最高的球队胜出。

增加难度

- 缩小球门。

降低难度

- 增大球门。
- 允许守门员在球弹地一次后将球抓住。

成功检查

- 快速转换进攻点（球的位置），创造通向球门的传球路径。

- 让肩部和髋部与目标平行。
- 将脚背从球的下三分之一部分楔入。
- 沿着目标的方向使用完全的随球动作。

给你的成功打分

负方球员 =3 分
胜方球员 =5 分
你的分数 _____

空中传球练习 5
短 - 短 - 长组合模式

组成 4 人一组的球队，每队 1 个球。球员们在 30 码 ×50 码的场地内相互传球。必须以短 - 短 - 长的组合模式传球。例如，球员必须先进行两次连续的短距离地面传球（5 ~ 10 码），然后以一个长距离的空中传球将球传给距离最远的球员。接着迅速进行另一个短 - 短 - 长传球。短传必须沿着地面进行；长传必须通过空中进行。以比赛的速度进行训练，尽管没有对手给传球者施加压力。如果传球者的空中传球未能落在预定目标 5 码的范围内，则每个失误的球罚 1 分。连续训练 10 分钟，并记录自己的罚分。

增加难度

- 限制球员的触球次数（例如最多两次或三次触球）。

降低难度

- 要求空中传球落在预定目标 10 码范围内。

成功检查

- 将肩部和髋部与目标对直。

- 将脚背从球下三分之一部分楔入。
- 使用指向目标的完整随球动作。

给你的成功打分

10 分或更高罚分 =0 分

6 ~ 9 分罚分 =3 分

0 ~ 5 分罚分 =5 分

你的分数 _____

空中传球练习 6
转换进攻点

组成一个 6 人球队，并标记出一个 30 码 ×30 码的训练场地。方形场地的每个角落布置一个球员（A、B、C 和 D），而剩下的两个球员安排在场地的中间（E 和 F）。其中一个角落的球员有一个球，然后开始训练。角落 A 的球员 A 传空中球给角落 B 的球员 B，而 B 位于 A 的对角线上。球员 B 将球传给中间的球员 E，而球员 E 转过身来以滚动的方式将球传给角落 D 的球员 D。球员 D 以吊球的形式将球传给对角线上的角落 C 的球员 C。球员 C 将球传给中间的球员 F，而球员 F 转过身来将球传给角落 A 的球员。重复该模式，球员根据传球转换在方形中的位置。球员每次将球吊到对角线角落并适合对方空中接球得 1 分。10 分钟后得分最多的球员赢得比赛。

增加难度

- 要求球员用非惯用脚吊球。

降低难度

- 要求空中传球落在预定目标 5 码

范围内。

- 允许球员先将球停住再进行长距离空中传球。

成功检查

- 让肩部和髋部与目标平行。
- 将脚背从球的下三分之一部分楔入。

- 朝着目标方向使用完整的随球动作。

给你的成功打分

5 分及以下 =0 分

6 ~ 10 分 =3 分

11 分及以上 =5 分

你的分数 _____

接空中来球

通常球员用 4 个身体部位来接住并控制空中来球——脚背、大腿、胸部和头部。选择用什么部位接球取决于球的飞行轨迹和附近对手的位置。在任何情况下都必须能够熟练地接到并控制空中来球，而且如果附近有对手，接球的同时要对球进行保护。与接地面球一样，第一次触球非常关键。如果第一次触球不理想，会使自己立即处于不利的地位，而完美的第一次触球则会让你获得相对于对手的明显优势。

用脚背接球

你可以用脚背（鞋带下面的部位）来接从空中降落的球（参见图 3.3）。判断落球位置，然后快速移动到该位置。让肩部和髋部与球保持平行，并将接球脚抬起离地大约 30.5 厘米。与此同时，伸出接球的脚并使之与地面保持平行。当球到达时，向下收脚。这个动作会缓冲落到脚背上的球带来的冲击力并将球落在脚上。

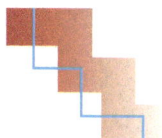

错误

球弹起来并脱离控制。

正确

这种错误很可能是球到达时你将脚抬起来导致的。提前抬起接球脚，并使之与地面保持平行，在触球的瞬间向下收脚。这个动作会对球起到缓冲作用，使其落在你的控制范围内。

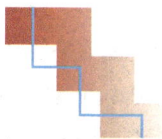

错误

球向上滚回你的身体上。

正确

这种错误很可能是接球的脚向后且姿势摆放不对导致的，而且身体可能向后倾斜。伸出接球脚，让它在球到达时与地面保持平行。用整个脚背接球，头朝下，目光落在球上，上半身保持笔直。

图 3.3 用脚背接球

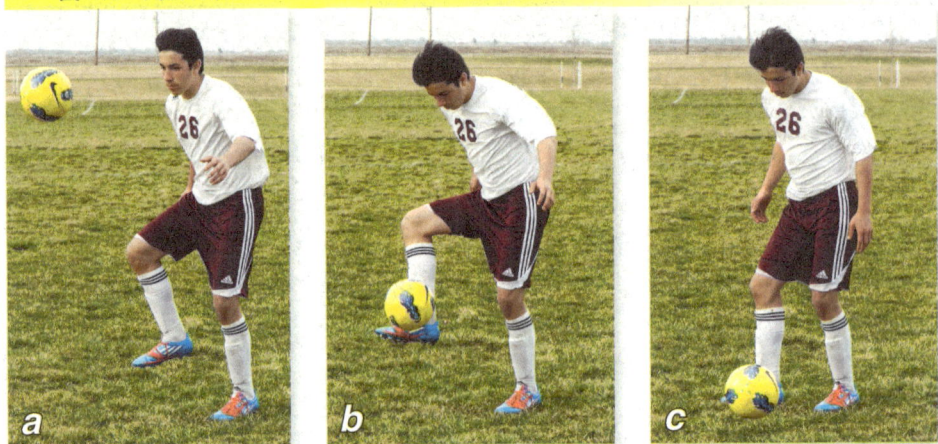

准备

1. 移动到接球的位置。
2. 抬起接球脚，离地面 15.2 ～ 30.5 厘米。
3. 接球脚与地面保持平行且稳定。
4. 弯曲支撑腿的膝盖。
5. 将双臂伸出到身体两侧保持平衡。
6. 保持头部稳定，视线落在球上。

接球

1. 用脚背扁平处接球。
2. 球到达时向下收接球脚。
3. 让球落在地面上。

继续

1. 保持对球的严密控制。
2. 将球推向空地。
3. 将头抬起，目光落在球场上。

用大腿接球

大腿的中部还可以用来接住并控制从空中落球，或者大概从齐腰处正面飞来的球（参见图 3.4）。球员要判断球的飞行轨迹同时移动拦截。如果被对手跟得很紧，那么在球到达时将身体挡在球和对手之间。抬起接球腿，使大腿在球到达前与地面保持平行。从膝盖处弯曲支撑腿，而且双臂伸出在身体两侧保持平衡。用大腿中部最大面积处接球。为了减缓冲击力，球到达时向下收腿。这个动作能够让球落在你的控制范围内。

图3.4　用大腿接球

准备

1. 移动到球飞过来的轨迹位置上拦截球。
2. 抬起接球腿，让大腿大致与地面保持平行。
3. 从膝盖处弯曲支撑腿。
4. 将双臂伸出在两侧保持身体平衡。
5. 看准球。

接球

1. 用大腿的中部接球。
2. 向下收大腿。
3. 让球落在自己的控制范围内。

继续

1. 将球控制到远离对手的空地上。
2. 保持头部抬起，更好地观察球场。

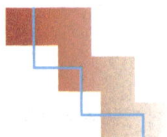

错误

球从大腿向上弹起。

正确

抬起接球腿，在球到达前摆处于合适的接球位置。在触球瞬间向下收腿。

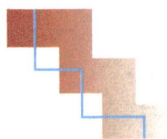

错误

球从大腿落到地面上时被对手抢走。

正确

在球到达时调整身体的姿势给球提供保护。第一次接触球时应该将球引导到远离对手的空地。

用胸部接球

胸部上侧为控制从空中传来的球提供了极好的表面。根据情况可以采用两种接球技术：一是控制从地面向上弹起的球，二是控制从空中落下的球。无论是哪种情况，都要调整身体姿势，将身体挡在球和对手之间。

接直接从空中落下的球时，从腰部将上半身向后弯形成弓形，用胸部的中上部接球，可以是中心稍微偏左或偏右的地方（参见图 3.5）。当球到达时，上身稍微向后倾斜，以减缓冲击。在球即将接触胸部前，旋转躯干将球引导向远离对手的空地上。

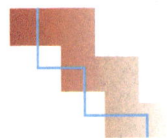

错误

球从胸部弹走并脱离控制范围。

正确

用胸部中线稍微偏左或偏右的表面接球，因为那里柔软的肌肉组织起到更好的缓冲作用。当球接触胸部的瞬间，上半身向后稍微倾斜躯干。

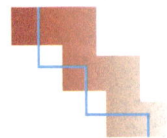

错误

球从胸部掠过并从肩膀处飞出。

正确

这种错误可能是上半身偏离竖直方向太远导致的。当球到达时，上半身稍微向后倾斜，但不要太过。

图 3.5 用胸部接空中来球

准备

1. 进入位置接正在飞来的球。
2. 从腰部将上半身向后弯形成弓形。
3. 双膝盖稍微弯曲，将重心落在脚趾上。
4. 保持头部稳定，视线落在球上。

接球

1. 用胸部上侧区域接球。
2. 当球到达时，身体稍微后倾减缓球的冲击。
3. 旋转躯干将球控制到远离对手的空间。
4. 将双臂伸出在两侧以保持身体平衡。

继续

1. 调整身体姿势，将球保护起来，使其远离对手。
2. 保持头部抬起，更好地观察球场。
3. 将球推向空地，并加速跟上。

尽管大部分中学和大学的球员都采用和男性球员一样的技巧，但女性球员通常被允许将双臂交叉垫在胸前让球落在双臂上。

用胸部控制高高弹起的球需要用到稍微不同的技巧。向球的方向移动，以便它从地面弹起时能够逮个正着。通过腰部向前倾斜，躯干大约处于45°角，双臂伸出在侧边（参见图3.6）。当球从地面弹起时，让球接触胸部。该动作将把球重新引导回到地面的控制范围内。

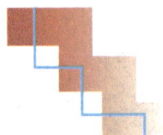

错误

球从胸部弹向侧边，并脱离你的控制范围。

正确

确保躯干向前倾并位于球从地面弹起时的上方。在该姿势下，球将被弹回到脚下，处于你的控制下。

图 3.6 用胸部接从地面弹起的球

用额头接球

通常情况下，你可以用头部将球传给队友、射门，或者将位于球门中间和前方的球顶开。在少数情况下，还可以用额头的扁平表面来控制从空中落下的球（参见图3.7）。这项技术很难掌握。成功运用该技术要求适当的技巧和精确的起跳时间。

快速移动到球将要落下的地方。双脚腾空跳起。要在球到达前早些离开地面。调整额头的姿势，使其稍微偏离垂直方向，目光落在球上，让球接触额头扁平的地方。如果时间判断准确并且正确跳起，那么球到达时身体就会开始下降落到地面上。为了进一步减缓冲击力，在球接触额头时头部稍微后收。球应该从额头上弹起跌落到脚的前方附近，在你的控制范围内。

图3.7 用额头接球

准备

1. 移动到球落下的轨迹上。
2. 弯曲膝盖让身体重心落在脚趾上。
3. 向身体两侧的后方伸双臂。
4. 注意力集中在球上。

接球

1. 在球到达前向上跳跃。
2. 让肩部和髋部与球保持平行。
3. 额头稍微后仰，下巴向内收拢。
4. 保持眼睛睁开，嘴巴闭合。
5. 在跳跃的最高点上触球。
6. 用额头的扁平部分接球。

继续

1. 触球后头部稍微后收。
2. 让球跌落在地面的可控制范围内。
3. 将球推向接下来将要移动的方向。

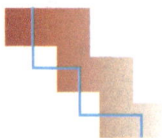

错误

球从额头向上弹开并脱离控制范围。

正确

这很可能是身体太过僵硬；或者起跳太迟，球接触额头时身体仍然向上移动引起的。精确的时间判断决定了成败。提前离开地面，这样在球到达时，身体就开始下降了。为了进一步缓解冲击力，在球接触额头的瞬间头部稍微向后收。

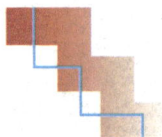

错误

球从额头的侧边掠过。

正确

让球接触额头的扁平区域。让颈部和头部保持稳定，而且目光总是落在球上。

接空中球训练 1
单人空中耍球

由 3 个球员组成一个小组。球员位于一个 15 码 ×15 码的训练场地中，用脚背、大腿、胸部和头部来控制空中来球。球员试图通过触球尽可能让球保持在空中。新手球员将球抛入空中开始训练；经验丰富的球员要用脚将球挑起进入空中。计算在空中连续接触球的次数。进行 10 次训练。将其中最高的触球次数作为你的最好成绩。

增加难度

- 要求依次使用不同的身体部位触球（例如，从脚背到大腿再到头部，然后再回到大腿和脚背）。
- 要求球员保持球在空中的同时慢跑。

降低难度

- 训练时不移动身体。

成功检查

- 提前选择合适的接球部位。
- 稍微后收接球部位以缓解冲击。
- 保持球在你的控制范围内。

给你的成功打分

0 ～ 14 次连续接触球 =1 分

15 ～ 19 次连续接触球 =3 分

20 次或更多的触球次数 =5 分

你的分数 _____

接空中球训练 2
通过接力跑动接球和返回球

　　组成两个球队（A 队和 B 队），每队 3 人。两队各形成纵队相距 5 码面对面站立。B 队先开球。B 队的首位球员先通过空中将球抛给 A 队的首位球员，然后快速冲到 A 队的末端。A 队中接球的球员通过两次触球来接住并控制空中来球，并通过抛球的方式将球返回给 B 队的第二位球员（下一位）。A 队的球员完成抛球后，快速冲到 B 队的末端。球员每次让球落地罚 1 分。继续进行训练，直到每个球员接到 20 个抛球。球员记录各自的罚分。

增加难度

- 增加两队之间的距离。
- 要求球员以踢而不抛的方式将球返回。
- 要求球队在抛球和接球时在整个场地内移动。

降低难度

- 允许通过三次触球来控制和返回球。

成功检查

- 提前选择接球的部位。

- 接球时提供缓冲。
- 通过两次触球来接球和控制球。
- 通过下一次触球将球返回给对面的球队（以抛球的方式返回）。

给你的成功打分

11 分或更高罚分 =3 分

7 ~ 10 分罚分 =4 分

0 ~ 6 分罚分 =5 分

你的分数 _____

接空中球训练 3
接球，转身，反复训练

　　两个球员（供球者 A 和 B）每人一个球，面对面站在相距 10 码远的地方。第三个球员站在两个供球者的中间位置上。供球者 A 通过将球抛给中间的球员开始练习。中间的球员在第一次触球时控制空中来球，而第二次触球时以踢球的方式将球返回给供球者。可以用脚背、大腿、胸部或者头部来控制球。中间的球员立即转身接供球者 B 抛来的球，并重复前述步骤。在中间的球员一共接到 50 次抛球后，球员之间交换位置并重复训练。继续进行训练，直到每个球员都轮到过一次中间位置。球员每次仅通过两次触球来接球并将球返回给供球者得 1 分。球员记录各自的分数。

增加难度

- 增加高度、距离和供球速度。
- 加入第三个供球者。

降低难度

- 允许通过三次触球来接球和返回给供球者。

成功检查

- 将身体对准球。
- 提前准备好接球的部位。
- 当球到达时，稍微向后收接球

部位。

- 将球返回到供球者的胸部。

给你的成功打分

0 ～ 20 分 =0 分

21 ～ 34 分 =1 分

35 ～ 44 分 =3 分

45 ～ 50 分 =5 分

你的分数 ＿＿＿＿

接空中球训练 4
抛球，缓冲，接球

组织两个人数相同的球队，每队 4 ~ 6 人，在大约 30 码 ×40 码的场地内进行练习。给其中一个球队一只球，开始训练。有球的球队试图避开无球的球队。有一个限制：队员们必须通过抛球而不是踢球来互相传球。接球的球员必须通过脚背、大腿、胸部或头部来控制从空中过来的球，然后在球落地前用双手接住球。仅允许球员通过两次触球来控制球：第一次触球时接球并将其控制住，第二次触球时用手将其接住。在接球抛给队友前，球员最多可以控球移动五步。如果对手拦截了传球或者在球落地前接球的球员未能通过两次触球来控制住球，则算失去球的控制权。在球落地前，防守者不可触球，但是可以用手拦截传球。每个球员每次毫无失误地接球和控球得 1 分（球不允许触地）；如果两次触球未能接到球并将其控制住，则罚 1 分。球员的比分会不断变动，用所得的分数减去被扣的分数就是最终分数。训练 15 分钟。

增加难度

- 要求所有传球的距离都在 10 码或更远。
- 要求球员用指定的身体部位控制球（例如，仅用大腿或头部）。

降低难度

- 加入两个中立球员，他们总是参与到控球的一方。

成功检查

- 身体对准来球。
- 提前选择接球的部位。
- 当球到达时，稍微向后收接球的部位。

给你的成功打分

0 ~ 5 分 =1 分

6 ~ 9 分 =3 分

10 分及以上 =5 分

你的分数 ＿＿＿＿

接空中球训练 5
排球练法

在正规的排球场或者大小相当的场地上练习。组织两个球队，每队 4 ~ 6 人。两队分别位于球场的两侧。其中一个球队开球开始训练。开球的球员必须在底线后面以吊球的方式将静止的球从球网的上方传过去。接球的球队必须直接从空中控球或者在球弹起一次后控球。该规则适用于所有训练，而不限于回球。如果球在接球一方的球场上弹跳两次，或者如果接球一方回球时未能过网，那么发球一方得 1 分，并继续发球。接球的球员通过三次触球来控球并将球越过球网返回给对方或者将球传给队友再由队友传过网。然而，一旦从空中接到球，那么必须在它落地前将其从球网的上方返回。如果发球或者回球未能过网或者落在场外、球在地面上弹跳超过 1 次或者球员用手臂或手传球或控制球，则算失误。

如果发球方出现失误，则失去发球权。如果接球方出现失误，则发球方得 1 分。首先到达 30 分的球队赢得比赛。

增加难度

- 要求供球者吊起在地面上滚动的球。
- 在将球从网上方返回前不允许在地面弹跳。
- 允许球员仅通过两次触球来接球并将其返回。

降低难度

- 允许发球者用手发球。
- 在球从网上方返回前允许在地面弹跳 2 次。

成功检查

- 身体对准落球。
- 提前准备好接球的部位。
- 稍微向后收接球部位缓解球的冲击。

给你的成功打分

负方球员 =3 分

胜方球员 =5 分

你的分数 ＿＿＿＿

成功小结

　　要想成功地传接空中球，需要将正确的技术和对自己能力的信心结合起来。只需要通过数小时的专项训练，你就可以掌握这些重要的技术。成功没有捷径，你必须乐于投入时间和精力才能成为一个优秀球员。

　　新手应该在没有压力的环境下练习空中传接球。在没有对手试图断球的无压力状态下认真地练习正确的技术。随着水平的不断提高以及对自己能力越来越有信心，慢慢开始适应越来越接近比赛环境的训练。最后，可以通过在训练中加入对手来施加压力。你的最终目标是能够在比赛环境中运用各种基本的传接球技术。

　　本步骤中的每项技术都设定有参考分数，帮助你评估自己的表现和记录自己的进步。在下面的表中填写你得到的分数并计算总分，评估你的总体能力水平。

空中传球训练

1. 挑球和接球　　　　　　　　　　　　得到 5 分中的 ＿＿＿＿ 分

2. 地面传过去，空中吊回来　　　　　　得到 5 分中的 ＿＿＿＿ 分

3. 越过头顶吊球　　　　　　　　　　　得到 5 分中的 ＿＿＿＿ 分

4. 仅接空中传球　　　　　　　　　　　得到 5 分中的 ＿＿＿＿ 分

5. 短－短－长组合模式　　　　　　　　得到 5 分中的 ＿＿＿＿ 分

6. 转换进攻点　　　　　　　　　　　　得到 5 分中的 ＿＿＿＿ 分

接空中球训练

1. 单人空中耍球　　　　　　　　　　　得到 5 分中的 ＿＿＿＿ 分

2. 通过接力跑动接球和返回球　　　　　得到 5 分中的 ＿＿＿＿ 分

3. 接球，转身，反复训练　　　　　　　得到 5 分中的 ＿＿＿＿ 分

4. 抛球，缓冲，接球　　　　　　　　　得到 5 分中的 ＿＿＿＿ 分

5. 排球练法　　　　　　　　　　　　　得到 5 分中的 ＿＿＿＿ 分

总分　　　　　　　　　　　　　　　得到 55 分中的 ＿＿＿＿ 分

　　如果在满分为 55 分的训练中得到 48 分或更高，表明你已经掌握了这些技术并且可以进入第 4 步了。如果得分在 35 ～ 47 分之间，则算合格，在复习和练习空中传接球技术后就可以进入下一步了。分数在 34 分或以下表明你还没有充分掌握第 3 步中的技术，在进入第 4 步前，需要多次复习和操练第 3 步中的技术。

第 *4* 步

主导空中比赛

毫无疑问，足球运动员不仅用头脑来制定决策并思考比赛战略，还用头来控制球。用头顶球（头球）是足球运动独有的特色。尽管小球员（10岁以下）不必重点训练头球技术，但也需要掌握正确的技法。随着小球员不断成长并进入比赛氛围更加激烈的环境中，精通头球技术对进攻和防守都极为重要。有三种最常用的头球技术，每种都有其使用场合，而且各自的目的也稍有不同。

跳起顶球技术是最常用的头球技术，通常用来传球、进球，以及将球从球门区顶开等防守目的。运用跳起顶球技术时，双脚离地向上跃起，从腰部向后弯成弓形，然后快速向前弹回，用额头扁平的部位触球。

鱼跃顶球是非常刺激精彩的技术，仅用于特定的场合，例如将从球门前方低空横穿过的球顶入球门，从而实现绝佳的进球，或者将低空球从球门区顶开。运用鱼跃顶球技术时，身体与地面平行向前跃出，头部向后倾且颈部保持稳定。用额头扁平部位接触球。将手臂向下伸出以免跌倒在地。运用鱼跃顶球技术时必须进行准确的判断。如果被一群球员围住，则不适合使用该技术，因为对手（甚至队友）可能会将球踢走，并且可能会无意踢中你的头部。最新的研究突出强调了脑震荡的危险性及其后果，因此球员运用适当的头球技术比以往任何时候都更重要，这样才能最大限度降低头部受伤的风险。

头球摆渡在稍微改变球的飞行路线的同时，让球能够沿着原来的方向继续前进。这种技术通常在进攻场合中使用，使空中的球偏向快速冲刺的队友。运用头球摆渡技术时，必须在球的飞行路线上对其进行拦截，额头要向后倾，让球从额头的顶部或侧边弹走。该动作会突然改变球的飞行轨迹，让对手不知所措，从而创造进球机会。

一些球队会比较依赖头球技术，例如，挪威和爱尔兰的国家足球队，而英国球队依赖程度稍微低些，它们传统上依靠前锋的能力来获得进攻优势并赢球。从战术的角度来看，这些球队喜欢长传，即后卫通过空中球直接传给前锋。然后，中场队员向前冲，接目标前锋用头摆渡空中的足球。相反，许多南美和中美洲国家的球队，以及欧洲的西班牙和葡萄牙这样顶尖的球队，它们传统上喜欢短传控球，大多数时候球都是在地面上的。

但是，不管球队采用什么样的踢球战术，比赛期间球总是不可避免地时不时出现在空中。在许多情况下，球门球、角球、任意球、空中传球、掷界外球和防守性解围都必须用头直接对付空中的球。要想成为全面的足球运动员，必须通过训练精通各种头球技术。

跳起顶球

在进行跳起顶球时，肩膀与球保持平行面向球（参见图 4.1）。判断球的飞行情况，稍微弯曲膝盖，做好准备向上跳起在空中迎接球。采用双脚离地垂直向上跳起。身体悬空时，从腰部开始向后形成弓形，让下巴向胸部收拢。颈部和躯干要保持稳定。当球到达时，将躯干快速向前移动，并在跳起达到最高点时用额头扁平的部位触球。

判断起跳时机很可能是跳起顶球过程中最困难的因素。新手通常会过早或过晚起跳。如果起跳晚了，那么当球到达时仍然会向上运动。如果起跳早了，那么就会降落过早，导致球从头顶飞过。关键是要在准确的时间起跳，然后在空中停留片刻，躯干和头部快速前倾，充满力量和自信地迎接飞来的球。

你必须撞击球，而不是简单地等待球撞在头上并弹开。在试图进球时，从球的上半部分向球门撞过去。这种招式还可用来将球传到队友的脚下。

相反，防守队员要解除危险，必须接触球的下半部分，让它向又高又远的地方飞去，通常是飞向球场的侧翼，从而远离危险区域。无论在什么情况下，在球接触额头的瞬间要保持眼睛睁开，嘴巴闭合。张开嘴巴顶球可能会招致伤害，因为如果对手刚好跳起来抢球并与你发生碰撞，则可能让你意外咬伤舌头。

图 4.1　跳起顶球

准备

1. 肩膀平直，面向飞来的球。
2. 弯曲膝盖使重心落在脚趾上。
3. 将双臂收回到身后准备跳起。
4. 注意力集中在球上。

执行

1. 双脚腾空跳起。
2. 与此同时抬起双臂获得向上的力量。
3. 使躯干后弯成弓形，下巴收拢。
4. 保持颈部和躯干稳定。
5. 躯干快速前倾迎球。
6. 用额头的扁平部位触球。
7. 保持眼睛睁开，嘴巴闭合。

继续

1. 额头迎球撞去。
2. 将手臂伸出在身体两侧保持平衡。
3. 降落到地面。

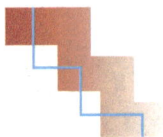

错误

头球缺乏力量。

正确

用头撞击球。提前跳起并保持从腰部起的后弯成弓形姿势，直到最后一刻躯干快速前倾。保持头部和颈部稳定。准确的起跳时间和正确的技术至关重要。

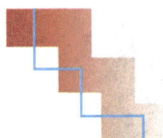

错误

球撞到脸部或鼻子，并从头上弹开。

正确

保持眼睛睁开，额头触球时注意力在球上。不要被附近的对手分神。

跳起顶球训练 1
连续顶球

头球的第一步就是让头部舒服地适应顶球。组织 3 或 4 个人一组的小队；每队站在 10 码 × 10 码的方形区域内。开始时，将一个球从头部的高度向上抛给其中一个队友。队友尽量通过最多次的顶球不让球落地，而且只能用头顶球。记录球落地前大家一起顶球的次数。一共训练 10 轮，以最高分那轮作为有效分数。

增加难度

- 要求两次触球顶球（第一次触球接球，第二次触球将球返回）。
- 在和队友配合顶球的同时在整个训练场地上慢跑。

降低难度

- 自己将球顶起在空中（自己一人连续顶球）。

成功检查

- 弯曲膝盖保持平衡和身体控制。

- 头向后倾斜。
- 用额头上部触球。
- 将双臂伸出在两侧以保持身体平衡。

给你的成功打分

0 ～ 19 个连续头球 =1 分

20 ～ 29 个连续头球 =3 分

30 个或更多的连续头球 =5 分

你的分数 _____

跳起顶球训练 2
跳起顶球技术

让搭档将球保持在头的上前方大约 12 英寸处，你则面对面站在搭档的前面。向前踏步，垂直向上跳起且让躯干向后弯曲成弓形，当球接触额头时从腰部起快速向前倾上半身。将跳起顶球技术的各项要素结合起来。重复 30 次；然后和搭档交换角色。

增加难度

- 增加重复的次数。
- 提高速度。
- 要求搭档持球时慢慢向后退。

降低难度

- 减少重复的次数。

成功检查

- 向上直跳。
- 躯干向后弯曲成弓形。
- 下巴收拢，颈部保持稳定。

- 保持眼睛睁开，嘴巴闭合。
- 躯干快速前倾。
- 用额头触球。

给你的成功打分

0 ~ 14 次正确跳起顶球 =0 分

15 ~ 19 次正确跳起顶球 =1 分

20 ~ 24 次正确跳起顶球 =3 分

25 ~ 30 次正确跳起顶球 =5 分

你的分数 _____

跳起顶球训练 3
将球顶回给对方

在 5 码远的地方面向队友（供球者）。供球者将球抛到你的头部上方 12 ~ 18 英寸处。双脚离地跳起将球顶回给供球者。在跳跃达到最高点时用额头触球并将球顶向供球者的胸部方向。进行 30 次跳起顶球；然后和搭档交换角色重复训练。

增加难度

- 增加与供球者之间的距离。
- 在 1 分钟内尽可能多地重复训练的次数。
- 通过两个供球者从不同的方向抛球。

降低难度

- 缩短与供球者之间的距离。
- 放慢重复速度。
- 减少重复次数。

成功检查

- 双脚离地跳起。
- 躯干向后弯成弓形。
- 保持眼睛睁开，嘴巴闭合。
- 上躯体快速前倾迎球。

给你的成功打分

0 ~ 14 次将球顶到供球者的胸部 =0 分

15 ~ 19 次将球顶到供球者的胸部 =1 分

20 ~ 24 次将球顶到供球者的胸部 =3 分

25 ~ 30 次将球顶到供球者的胸部 =5 分

你的分数 _____

跳起顶球训练 4
跳跃、顶球重复训练

两个球员（供球者），每人一个球，面对面站在相距 8 码远的地方。第三个球员站在两个供球者之间的中点上。供球者轮流将球向上抛给中间的球员，而他则跳起用头将球顶回给抛球者。每次顶球后，中间的球员立即 180° 转身，然后跳起用头顶另一个方向的供球者抛来的球。中间的球员连续进行 40 次跳起顶球。每次将球顶回给供球者让他能够直接从空中接到球，则中间的球员得 1 分。每个球员轮流作为中间的球员。

增加难度

- 将供球者之间的距离增加至 12 码。
- 增加重复次数。
- 提高速度。

降低难度

- 不用跳起直接顶球。
- 减少重复次数。

成功检查

- 肩部与目标保持对直。

- 双脚离地跳起。
- 躯干快速前倾。
- 用额头触球。
- 保持头部和颈部稳定。

给你的成功打分

0 ~ 19 分 =0 分

20 ~ 27 分 =1 分

28 ~ 34 分 =3 分

35 ~ 40 分 =5 分

你的分数 _____

跳起顶球训练 5
抛球、顶球和接球

三个队友形成一个三角形，彼此距离大约 10 码远。球员 A 有一个球。开始时，球员 A 将球抛给球员 B，而球员 B 跳起用头将球顶给球员 C。球员 C 接住球后将它抛给球员 A，而球员 A 则跳起用头将球顶给球员 B，接下来球员 B 接住球后将它抛给球员 C。继续进行抛—顶—接，直到每个球员都进行了 30 个跳起顶球。每次将球顶给队员而球未落地得 1 分。

增加难度

- 将球员之间的距离增加至 12 码。
- 在训练时三个球员在整个场地中慢跑。

降低难度

- 将球员之间的距离缩短至 6 码。
- 不跳起顶球。

成功检查

- 双脚离地跳起。
- 肩膀与目标对直。
- 用额头触球。
- 保持眼睛睁开，嘴巴闭合。

给你的成功打分

0～14 次将抛来的球直接顶给队友 =0 分

15～19 次将抛来的球直接顶给队友 =1 分

20～24 次将抛来的球直接顶给队友 =3 分

25～30 次将抛来的球直接顶给队友 =5 分

你的分数 ＿＿＿＿

跳起顶球训练 6
从前到后再从后到前的顶球接力

　　组成人数相等的包含 4～6 人的球队。每个球队排成纵队并排站在一起，每队之间间隔 3 码远。每个队选一个球员作为供球者，然后站在 3 码远的地方持球面向该队的第一个球员。听到"开始"的命令后，供球者向上将球抛给自己纵队的首位球员。该球员跳起将球顶回给供球者，然后蹲下。供球者立即将球抛给纵队的第二个球员，该球员同样跳起将球顶回然后蹲下。供球者继续将球抛给纵队的下一个球员，直至到达该队的最后一个球员。此时球队的其他人都将球顶回了并处于下蹲姿势。纵队的最后球员连续两次将抛过来的球顶回给供球者。接下来，纵队的倒数第二个球员立即站起来，并跳起将球顶回给供球者；接着轮到倒数第三个球员站起来顶球，依次向前进行。接力训练继续进行，从前到后再从后到前，直到所有队员都重新站起来，球又回到供球者的手里。

　　未能直接将球顶回给供球者并让供球者在空中接住球算失误，每次失误罚 1 分。供球者在最短的时间内将球从前到后再从后到前抛给所有球员的球队获胜。指定另一个球员作为供球者，重复训练。首先完成 5 轮的球队获胜。

增加难度

- 每个球队加入更多的球员。
- 每个纵队连续重复两次。

降低难度

- 不要求球员跳起。

成功检查

- 肩膀放平跳起。
- 躯干向后弯成弓形。
- 保持颈部稳定，下巴收拢。

- 眼睛睁开，嘴巴闭合。
- 从腰部起快速向前伸展。
- 用额头触球。

给你的成功打分

3 分或更高罚分 =0 分

1 或 2 分罚分 =2 分

0 分罚分 =4 分

你的分数 ＿＿＿＿

跳起顶球训练 7
端对端头球

　　使用标记物标记出两个 5 码宽的球门，彼此间隔 15 码。你和搭档各带一个球来到不同的球门。你将球抛起让它落在场地中间附近。搭档向前移动试图用头顶球，让球越过你进入球门。交替轮流进行，试图通过跳起顶入球门。每次尝试顶球后各自回到自己的球门上。每次进球得 2 分，每次将球顶到球门但被救下得 1 分。每人进行 30 次头球练习。分数最高的球员赢得比赛。

增加难度

- 将球门的宽度缩小至 3 码。

降低难度

- 将球门的宽度增加至 7 码。
- 不要求球员跳起顶球。

成功检查

- 让肩膀与球对直。
- 垂直向上跳。
- 躯干快速前倾。

- 用额头触球。
- 将球向下顶向球门线。

给你的成功打分

0 ~ 19 分 =0 分

20 ~ 29 分 =2 分

30 ~ 44 分 =4 分

45 ~ 60 分 =6 分

你的分数 _____

跳起顶球训练 8
防守性解围

　　四个球员比赛防守头球（将球顶高落到远处）。一个中立供球者将球抛起。使用标记物标记出两条相距大约 15 码远的平行线。平行线之间的中间区域站一个球员；平行线两端区域各站一个球员；供球者站在场地的侧边抛球。开始时，供球者向位于其中一端的球员抛高球，而该球员试图跳起用头顶球（解围），让球从中间区域上空飞过落在对面的底端区域上。球员轮换区域并重复。继续进行训练，直到每个球员一共顶球 30 次。顶起的球完全越过中间区域并让对面底端区域的球员能够接到得 1 分。得分最高的球员获胜。

增加难度

- 将中间区域的宽度增加至 20 码。
- 增加重复次数。

降低难度

- 将中间区域的宽度缩小至 10 码。

成功检查

- 让肩膀与球门对直。
- 双脚离地跳起。
- 用额头的上部触球。
- 躯干用力前倾。
- 尽力将球顶高顶远。

跳起顶球训练 9
仅通过头球进球（有中立球员）

组织两个球队，每队 3 ~ 5 人。另外指定两个球员作为中立球员；他们总是参与到控球一方。在一个 25 码 × 35 码的训练场地中进行练习，场地的两边底线上各有一个小球门（4 码宽）。其中一个队先开球。通过抛球和接球而不是踢球来传球。球员通过用头将队友抛来的球顶入对方的球门得分。在将球传给队友前，球员最多可以持球移动 5 步。中立球员加入进攻球队中，形成多 2 人的优势。不需要守门员。

场上的球员可以用双手来拦截对手的传球和阻挡头球射门。如果对方持球移动超过 5 步而没有将球传给队友，对手进球得分后，防守球员拦截住传球，对手的球落地，或者对方球队的球员在球出界前最后触摸到球，那么则将球权判给防守方。球员不可以抱住对手抢球。训练 15 分钟。得分高的球队赢得比赛。

增加难度

- 缩小球门宽度。
- 需要守门员参与。

降低难度

- 增加球门宽度。
- 加入 4 个中立球员。

成功检查

- 让肩膀与球对直。

- 双脚离地跳起。
- 用额头触球。
- 将球向下顶向球门线方向。

给你的成功打分

负方队员 =0 分
胜方队员 =1 分
你的分数 _____

鱼跃顶球

鱼跃顶球技术用于齐腰高或更低的、平行于地面飞过来的球。这种情形可能发生在球直接朝你飞过来，但是鱼跃顶球往往用来顶从侧翼飞向球门前方的球。防守者使用该技术来将球从球门中间前方的危险区域解围，而进攻者运用鱼跃顶球来实现精彩的进球。准备用头顶球时，如果可能的话肩膀要与来球对齐，并采取稍微下蹲的姿势（参见图 4.2）。向球的方向移动并判断球的飞行轨迹，然后保持与地面平行前跃迎球。头向后倾且眼睛睁开，嘴巴闭合，颈部要保持稳定。用位于眉毛上方额头的扁平部位触球。向下伸展双臂，以免跌倒。

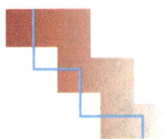

错误

头球缺乏力量或准确性，或两者都缺乏。

正确

缺乏力量或准确性意味着要么前跃的时机不对，要么在触球时头和颈部未能保持稳定。头向后倾，颈部保持稳定，并用额头扁平的部位触球。

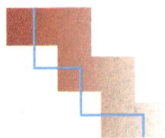

错误

球接触头后向上弹飞了。

正确

如果球向上弹飞了，这意味着要么球接触到了额头过高的位置，要么就是球到达时，你的头向下偏。保持目光落在球上而且头部和颈部保持稳定，用眉毛上方的额头中间部位触球。

图 4.2 鱼跃顶球

准备

1. 如果可能的话，让肩膀与过来的球对齐。
2. 弯曲膝盖，让身体重心落在前脚掌上。
3. 将双臂收回到身体侧边。
4. 目光落在球上。

执行

1. 向前移动拦截球。
2. 身体与地面平行，向前一跃。
3. 头向后倾，颈部保持稳定。
4. 双臂朝下向前伸展。
5. 保持眼睛睁开，嘴巴闭合。
6. 用额头触球。

继续

1. 通过接触点保持向前冲力。
2. 用双臂缓冲落地的冲力。
3. 立即站起来。

鱼跃顶球训练 1
基本鱼跃顶球

在表面柔软的场地上训练这一技术，如果在室内要用体操垫。与相距 10 码远的供球者面对面站立。供球者向你抛大约齐腰高的球。稍微弯曲膝盖，平行于地面向前跃，并用额头扁平部位触球。向下伸展双臂防止摔倒。你将球顶回给供球者且供球者朝任何方向移动不超过 1 步就可以接到球得 1 分。每次头球后，立即站起来准备再次顶球。连续顶 10 个球；然后和供球者交换角色。

增加难度

- 增加重复的次数。
- 改变抛球的角度。

降低难度

- 以四肢落地的姿势而不是站立前跃开始顶球。
- 缩短与供球者的距离。
- 减少重复次数。

成功检查

- 平行于地面向前跃。

- 头向后倾，颈部保持稳定。
- 保持眼睛睁开，嘴巴闭合。
- 用额头的扁平部位触球。

给你的成功打分

0 ～ 4 分 =0 分
5 ～ 7 分 =1 分
8 ～ 10 分 =3 分
你的分数 ＿＿＿＿

鱼跃顶球训练 2
用鱼跃顶球的方式进球

在 10 码 ×15 码的训练场地内和两个队员一起练习。场地的两端各用两面小旗标记出一个宽 4 码的球门。其中一个球员站在球门中作为守门员。另一个球员作为供球者，站在场地的侧边大约离底线 6 码远。你站在球门正前方 10 码处。训练开始时，供球者以齐腰高的高度将球从球门前方抛过去，模拟横穿球门前方的球。判断球的飞行路线并尝试用鱼跃顶球技术进球得分。每次进球得 2 分，将球顶向球门但是被守门员救下得 1 分。每次尝试头球射门后球员们轮换位置。继续进行训练，直到每个球员进行了 20 个鱼跃顶球。

增加难度

- 缩小球门宽度。

- 增加重复次数。

降低难度

- 增加球门的宽度至 6 码。
- 不用守门员。

成功检查

- 平行于地面向前跃。
- 头向后倾，颈部保持稳定。
- 向下伸展双臂防止摔倒。
- 用额头触球。

给你的成功打分

0 ~ 14 分 =0 分

15 ~ 19 分 =1 分

20 ~ 29 分 =3 分

30 ~ 40 分 =5 分

你的分数 _____

鱼跃顶球训练 3
团队比赛鱼跃顶球

组织两个人数相同的球队，每队 4 ~ 6 人。球队各自形成纵队并排站在标准大小的球门的正前方 15 码处。球门安排一个中立守门员，球门的两侧 5 码各安排一个供球者。供球者轮流将球抛向球门的正前方。两个队的球员轮流尝试以鱼跃顶球技术进球。守门员试图救下所有射门。头球进球得 2 分，头球来到球门前但是被守门员救下得 1 分。首先达到 50 分的球队获胜。

增加难度

- 将球门宽度缩短至 6 码。

降低难度

- 增加球门宽度至 10 码。

成功检查

- 平行于地面向前跃。
- 头向后倾，颈部保持稳定。

- 用额头触球。
- 伸展双臂缓冲身体跌落。

给你的成功打分

负方队员 =3 分

胜方队员 =5 分

你的分数 _____

鱼跃顶球训练 4
仅用鱼跃顶球

一共由 3 个球员参与该训练。第一个球员（供球者）站在标准球门 10 码远的地方。第二个球员（进攻者）面向球门站在罚球区的顶部边缘上。第三个球员作为守门员站在球门中。供球者向球门横梁的方向吊球，让球落在罚球区内。进攻者向前冲并尝试用鱼跃顶球技术射门。确保罚球区中的地面柔软而且没有石块、尖锐物体或其他危险物。顶到球门但被守门员救下的球得 1 分；头球顶入球门得 2 分。进攻者进行 20 次鱼跃顶球，然后依次轮换位置重复训练。球员记录各自的分数。（注意：该训练最适合年龄较大、经验较多的球员。）

增加难度

- 缩小球门的宽度。

降低难度

- 不要守门员。

成功检查

- 平行于地面向前跃。
- 头向后倾，颈部保持稳定。
- 用额头触球。
- 保持眼睛睁开，嘴巴闭合。
- 用双臂防止摔倒。

给你的成功打分

0 ~ 11 分 =0 分

12 ~ 19 分 =1 分

20 ~ 29 分 =3 分

30 ~ 40 分 =5 分

你的分数 _____

鱼跃顶球训练 5
多球门进球比赛

在一个边长为 40 码的方形场地训练。用标记物标记出 6 个小球门，每个 3 码宽，随机分布在场地内。组织两个人数相等的球队，用彩色的训练背心来区分不同球队的队员。给其中一个队一只球开始比赛。不要守门员。球队可以通过所有 6 个球门的任意一侧进球，同时必须防守所有球门。通过抛球和接球而不是踢球来在队员之间传球和接球。拥有球权一方的球员最多只能持球活动 4 步，然后就要将球传给队友。如果球员持球活动达到 5 步或以上、球落在地面上或者防守者拦截了传球，则将球权判给对方。所有球门都必须用鱼跃顶球来进球，因此抛球必须准确，而且最后的传球高度必须适合鱼跃顶球技术。训练 20 分钟。每进一个球得 1 分团队分。

增加难度

- 缩小球门的宽度。

降低难度

- 增加球门的宽度。

成功检查

- 平行于地面向前跃。
- 头向后倾，颈部保持稳定。
- 用额头触球。
- 保持眼睛睁开，嘴巴闭合。
- 用双臂防止摔倒。

给你的成功打分

负方队员 =3 分

胜方队员 =5 分

你的分数 _____

头球摆渡

可以在球场的任何位置使用头球摆渡，但更多被进攻球员尝试用来改变球的飞行方向，让球落在防守者包围下的空缺处。该技术和其他头球技术多少有些不同，因为它的目的仅仅是为了改变球原来的飞行轨迹，而不是用力和精准地将球顶到特定方向。运用头球摆渡（参见图 4.3）时，向球过来的方向移动，让球在经过时碰在额头上弹开。球突然改变飞行轨迹可能会导致对手错判球的飞行路线，从而在防守者之间造成混乱。

图 4.3 头球摆渡

准备

1. 移动到来球方向进行拦截。
2. 头向后倾，颈部保持稳定。
3. 保持眼睛睁开，嘴巴闭合。

执行

1. 向上跳起（如果需要的话），对准球飞过来的方向。
2. 将双臂伸出在两侧以保持身体平衡。
3. 摆动头的角度将球顶向想要的方向。
4. 允许球从额头擦过弹开。

图 4.3（续）

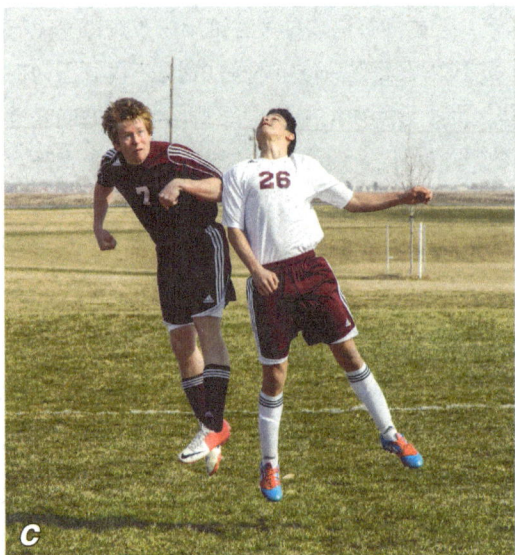

继续

1. 在来球方向额头轻轻弹开。
2. 降落到地面。

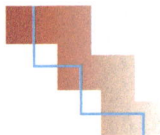

错误

未能改变球的飞行轨迹。

正确

确保足够的触球面积来改变其方向。向球的方向移动，额头向后倾，让球从额头的上部擦过。

头球摆渡训练 1
端对端头球摆渡

　　两个球员（供球者 A 和供球者 B）相距 20 码面对面站立。供球者 A 开始时有一个球。第三个球员（球员 C）站在两个供球者的中间位置。供球者 A 向球员 C 抛一个大约一人高的球，后者向球移动并将球摆渡（偏弹）给供球者 B。供球者 B 接到球并按该顺序在另一侧重复执行。球员 C 一共进行 30 个头球摆渡，然后球员之间轮换位置。继续进行训练，直到每个球员进行了 30 个头球摆渡。每次将球顶给对面的供球者得 1 分。（注意：供球者准确抛球对该训练的顺畅进行至关重要。）

增加难度

- 增加抛球距离和速度。

降低难度

- 缩短抛球距离。
- 不要求球员跳起顶球。

成功检查

- 头向后倾。
- 保持眼睛展开嘴巴闭合。
- 让球从额头的上部擦过。

给你的成功打分

0 ~ 9 分 =0 分

10 ~ 17 分 =1 分

18 ~ 24 分 =3 分

25 ~ 30 分 =5 分

你的分数 _____

头球摆渡训练 2
头球摆渡到开放的球门

在标准大小的场地的一端练习。在场地的底线上布置两个相距小 15 码的球门（3 ~ 4 码宽）。一个供球者来到距离底线 40 码远的地方。第二个球员（顶球者）站在罚球点上，背对着球门。供球者从空中将球踢给罚球点上的球员。顶球者移动拦截来球，并将它摆渡到其中一个小球门里。在重复 30 次后，球员交换角色并重复练习内容。每次将球摆渡到开放的球门得 1 分，最高分数为 30 分。（注意：需要准确地供球来让该训练有效地进行下去，因此该训练适合较高水平的球员。）

增加难度

- 缩小球门的宽度至 2 码。

降低难度

- 顶球者更靠近球门。
- 供球者用手抛球。

成功检查

- 向球移动。
- 头向后倾，颈部保持稳定。

- 允许球从额头的上部擦过。
- 向你想要球飞向的方向快速摆动头部。

给你的成功打分

0 ~ 9 分 =0 分

10 ~ 19 分 =2 分

20 ~ 30 分 =4 分

你的分数 _____

成功小结

要想在更高级别的比赛中取得成功，你必须熟练掌握各种头球技术。重点练习以下关键点。

跳起顶球时，在跳起的最高点触球。提前跳起，在最后一刻前保持向后弯的弓形姿势，然后躯干快速前倾，用额头触球。保持头部和颈部稳定。

鱼跃顶球时，前跃迎球时身体完全伸展并与地面保持平行。头向后倾，颈部保持稳定，而且用额头触球。使用双臂和双手进行倒地缓冲。

头球摆渡时，让球从额头的上部擦过，而不是用头将它按原方向顶回去。因为你很难想象出自己是否正确顶球，因此在执行各种头球技术时让教练或队友在一旁观察或者用录像机录下来。供球者可以评估你的表现，如有必要，还可以提供有用的反馈。

第 4 步中的每项技术都设定有参考分数，帮助你评估自己的表现和记录自己的进步。在下面的表中填写你得到的分数并计算总分，评估你的总体能力水平。

跳起顶球训练

1. 连续顶球　　　　　　　　　　　　得到 5 分中的 _____ 分

2. 跳起顶球技术　　　　　　　　　　得到 5 分中的 _____ 分

3. 将球顶回给对方　　　　　　　　　得到 5 分中的 _____ 分

4. 跳跃、顶球重复训练　　　　　　　得到 5 分中的 _____ 分

5. 抛球、顶球和接球　　　　　　　　得到 5 分中的 _____ 分

6. 从前到后再从后到前的顶球接力　　得到 4 分中的 _____ 分

7. 端对端头球　　　　　　　　　　　得到 6 分中的 _____ 分

8. 防守性解围　　　　　　　　　　　得到 5 分中的 _____ 分

9. 仅通过头球进球（有中立球员）　　得到 1 分中的 _____ 分

鱼跃顶球训练

1. 基础鱼跃顶球　　　　　　　　　　得到 3 分中的 _____ 分

2. 用鱼跃顶球的方式进球　　　　　　得到 5 分中的 _____ 分

3. 团队比赛鱼跃顶球　　　　　　　　得到 5 分中的 _____ 分

4. 仅用鱼跃顶球　　　　　　　　　　得到 5 分中的 _____ 分

5. 多球门进球比赛　　　　　　　　　得到 5 分中的 _____ 分

头球摆渡训练

1. 端对端头球摆渡　　　　　　　　　得到 5 分中的 _____ 分

2. 头球摆渡到开放的球门　　　　　　得到 4 分中的 _____ 分

总分　　　　　　　　　　　　　　得到 73 分中的 _____ 分

总分达到 55 分或更高表明你已经熟练掌握头球技术，而且可以顺利进入第 5 步了。总分在 40 ~ 54 之间算是合格了。只要再复练一次每种头球技术就可以进入下一步了。总分在 39 分或以下表明你还没有充分掌握第 4 步中的头球技术。在进入第 5 步前，你需要复习课本内容，而且每项技术还要多练习几次。

第 *5* 步
射门完成进攻

射门得分仍然是足球比赛中最艰巨的任务。因此，总是能够将球射入对方球门中的球员，也就是所谓的"比赛结局改写者"，通常是球队稀有而珍贵的宝贝。在足球世界中，最为著名的球员毫无疑问是足球界中的精英，他能够一脚定乾坤，决定比赛的结果。其中著名的球员就是巴西的球王贝利，在他辉煌的职业生涯中一共进球超过 1200 个。尽管贝利已经退役超过 30 年，全世界的足球运动员仍然敬仰他，并认可他在足球历史中的地位。同我在本章中所提及的一样，现在活跃在国际足球坛上的神射手包括马里奥·戈麦斯、莱昂内尔·梅西和罗宾·范佩西等，他们作为前锋分别带领各自的团队冲锋进球。在女足方面，有来自巴西国家队的玛塔（连续 5 次荣获 FIFA 世界足球小姐），以及美国女子国家队的顶级前锋艾比·瓦姆巴克。这些运动员和其他少数队员一起组成了世界一流的射门精英团队，而且他们的努力付出也得到了丰厚的回报。

伟大的射手拥有稀有和特别的天赋——寻找和完成射门机会的能力，而其他人对此通常是把握不住的。他们的成功取决于几个因素。要想将射门机会转变成现实，有力射门和精确的脚法是至关重要的。身体上的优势例如速度、敏捷和力量无疑会锦上添花。但是，精神上的优势，例如准确的预判以及在压力之下保持镇定同样非常重要——在适当的时机出现在适当的位置上，轻轻接住回弹的球或者改变球门前球的飞行方向。当然有点运气是好事，但是从长远看射门得分并不是行大运。有一句谚语说得好，"机会偏爱有准备的人。"最关键的是要有充分的准备。

你可以在训练中练习各种模拟实际比赛场景的射门技术，做到有备而来，这样才能充分利用进球机会。

脚背技术用来踢静止或滚动的球。全凌空、半凌空和侧凌空技术用于踢弹起的球或从空中落下的球。弧线球射门让球的飞行轨迹发生改变，而且在开任意球和角球时非常有效，但是踢滚地球也同样很有效。

脚背射门

在大部分情况下，足球运动员使用脚背技术来踢滚地球或静止球。踢球的方法类似于用脚背传球，唯一不同的是踢球那条腿的随球动作更长，以在射门时产生更大的速度。

从球的后面以较小的角度接近球（参见图 5.1）。将支撑脚放在球的旁边，膝盖稍微弯曲。保持头部稳定，目光落在球上。将踢球腿向后收，脚保持伸展且稳定。此时，踢球腿的膝盖应该在球的正上方。突然将腿伸直，然后用整个脚背（鞋带处）接触球的中心。踢球时，保持踢球脚稳定且指向下方。这能确保触球瞬间膝盖位于球的上方，而且能够让射门的轨迹保持较低。在实施随球动作时，将肩部和臀部与目标对直，并使用完整的随球动作产生最大的射门力量。

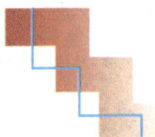

错误

球向上飞越过球门横梁。

正确

踢球时身体向后倾斜就会导致这情形。将支撑脚放在球的侧边而不是后边。在这个位置上，身体稍微前倾，将踢球腿的膝盖直接放在球的上方。当脚背接触球的中心时，保持踢球脚完全伸展而且指向下方。通过接触点产生向前的动力。

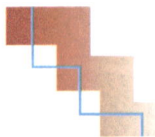

错误

射门缺乏力量和速度。

正确

无力的射门通常是由于踢球腿的随球动作不当造成的，未能在触球时将重心前移，或者踢球脚未能保持稳健。将脚向球踢过去时，要产生向前的动力。在实施随球动作期间，踢球腿应该向前上方踢到腰部或更高的位置。

图 5.1 脚背射门

准备

1. 以较小的角度从后面接近球。
2. 将支撑脚置于球的旁边，身体前倾。
3. 弯曲支撑腿并将手臂伸在两侧保持身体平衡。
4. 将踢球腿向后收，脚要伸展。
5. 保持头部稳定，视线落在球上。

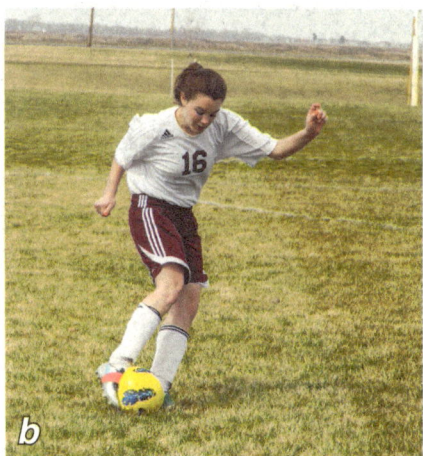

执行

1. 将支撑脚对准目标。
2. 将肩部和髋部与目标对直。
3. 快速将踢球腿伸直。
4. 保持踢球脚指向下方，呈斜线从球穿过。
5. 用脚背接触球的中心。
6. 始终保持踢球脚稳定。

继续

1. 让动力向前从接触点穿过。
2. 脚后跟可以离开地面。
3. 朝着目标方向继续完成后续踢球动作。

脚背射门训练 1
击中目标

　　面向站在 10 码远的队友（供球者）。供球者朝着你的方向滚过来一个慢球。使用脚背技术将球直接射回给供球者（不让球停下来）。练习射门 40 次，交替使用左脚和右脚。每次射门后如果供球者向两侧移动就能接到球，则你得 1 分。

增加难度

- 增加与供球者之间的距离。
- 增加供球的速度。

降低难度

- 缩短与供球者之间的距离。
- 使用惯用脚完成所有射门。
- 将静止的球踢给供球者。

成功检查

- 让肩部和髋部与目标对直。
- 将踢球腿的膝盖置于球的上方。

- 伸展踢球脚并使之保持稳定。
- 保持头部稳定。
- 随球踢向目标。

给你的成功打分

0 ~ 25 分 =1 分

26 ~ 34 分 =3 分

35 ~ 40 分 =5 分

你的分数 ＿＿＿＿＿

脚背射门训练 2
射门穿过球门中心

　　放置两个距离 8 码远的标记物，当作标准宽度的球门。和一个队友搭档训练。你来到距离球门 25 码远的地方。搭档（目标）在这个球门后方 5 码远处且面向你。带球前进数码远，然后尝试使用脚背技术将球从球门射过去（射向目标）。搭档立即接到球，然后将球返回给你。连续训练 30 次射门，交替使用左脚和右脚，然后和搭档交换角色。所有射门都必须在至少 20 码处射出。每次射门从球门经过而且低于搭档的头部高度则得 1 分。

增加难度

- 将射门距离增加至 30 码。
- 缩小球门的宽度。

降低难度

- 将射门距离缩短至 15 码。
- 加大球门的宽度。
- 利用静止球射门。

成功检查

- 将肩部和髋部与目标对直。
- 将踢球腿的膝盖置于球的上方。
- 保持踢球脚向下伸展，并保持稳定。
- 随球踢向目标。

0 ~ 19 分 = 1 分

20 ~ 24 分 = 3 分

25 ~ 30 分 = 5 分

你的分数 _____

脚背射门训练 3
和目标球员配合射门

和两个队友一起合作，站在标准球场的一端。其中一名队员作为守门员。另一名队员（目标球员）位于罚球区的顶部，背向着球门。你站在距离球门 30 码远，面向目标球员给他供球。开始训练时，带球向前几码远，然后将球稳妥地传到目标球员的脚下，他正在向你这边接球。他使球向侧边偏离 1 米左右，刚好在罚球区顶部的外面。传球后，立即向前冲并使用脚背将球射向球门（不要控球）。守门员试图救下所有射门球。快速冲回到原先的位置，然后重复 10 次射门。每次射门被守门员救下得 1 分，如果未被救下得 2 分。所有射门都必须在 18 码或更远距离处完成。连续射门 10 次后，和队员交换位置重复训练。继续进行训练，直到每个球员都充当射手一次。

增加难度

- 增加射门距离。
- 增加重复的次数。

降低难度

- 将射门距离缩短至 15 码。
- 允许通过两次触球进行射门。

成功检查

- 让肩部和髋部与目标对直。
- 将踢球腿的膝盖置于球的上方。

- 踢球脚向下伸展，并保持稳定。
- 保持头部稳定，视线落在球上。
- 随球踢向目标。

0 ~ 8 分 = 1 分

9 ~ 13 分 = 3 分

14 ~ 20 分 = 5 分

你的分数 _____

脚背射门训练 4
在压力下射门

　　和两名队员一起在标准场地的标准球门上进行训练。一名队员作为守门员。另一名队员（供球者）站在距离球门25码远处，共有12个球。你站在供球者的正前方，背对着球门，面向供球者。训练开始时，供球者将球从你的身边滚过，进入罚球区几码。转身快速冲向球，使用脚背技术射门，然后快速冲回到原来的位置。供球者再将一个球从你的另一侧滚过去。同样地，转身快速冲向球，然后射门。你必须立即射门，不要停球或控球。供球者将球交替传到你的左右两侧。继续进行训练，直到球用光；然后和供球者交互位置，并重复。（守门员还是做守门员。）每次射门进球得2分，每次射门被守门员救下得1分。作为射手练习两轮，总共射门24次。

增加难度

- 增加射门距离。
- 增加射门数量，让身体更疲劳。

降低难度

- 减小射门距离。
- 降低重复速度。
- 允许射门者通过两次触球来控球和射门。

成功检查

- 转身快速冲向球。

- 让肩部和髋部与目标对直。
- 将踢球腿的膝盖置于球的上方。
- 伸展踢球脚并使之保持稳定。
- 保持头部稳定。
- 随球踢向目标。

给你的成功打分

0 ～ 21 分 =1 分
22 ～ 32 分 =3 分
33 ～ 48 分 =5 分
你的分数 _____

脚背射门训练 5
两次触球射门

　　在标准球场的一端进行训练。供球者在这球门的一侧供球，而守门员位于球门中。你站在球门中间正前方25码处。开始训练时，供球者将球踢给你，可以是空中球也可以是地面球。你向来球移动，在第一次触球时将球控制住并准备好，然后在第二次触球时将球射向球门。所有射门都必须仅限于两次触球，而且射门的距离必须离球门至少15码。每次射门后，立刻返回到原来的位置，然后按该顺序重复射门10个。守门员尝试救下所有射门的球。每次将球射到球门得1分，将球射入球门得2分。记录射门所得的总分。完成10次射门后，和供球者交换位置重复训练。守门员还是做守门员。每个球员射门两轮，一共射门20次。

增加难度

- 加入一个防守球员，从底线冲出挑战射门者。
- 将球门宽度缩小到 6 码。
- 增加射门的数量。

降低难度

- 通过 3 次触球进行控制、准备和射门。
- 利距离球门 15 码远的静止球射门。

成功检查

- 向前移动接球。

- 第一次触球时将球推向球门。
- 第二次触球时将球踢向球门。
- 肩部和髋部与目标对直。
- 将踢球腿的膝盖置于球的上方。
- 伸展踢球脚并使之保持稳定。

给你的成功打分

0 ~ 21 分 =1 分

22 ~ 29 分 =3 分

30 ~ 40 分 =5 分

你的分数 _____

脚背射门训练 6
带球射门

　　组织两个球队，每队 3 ~ 5 人。球队并排站成两个纵队，面向球门且距离球门 25 码远。一个中立守门员位于球门中。每个纵队的第一个球员以全速轮流向前带球，并在距离球门至少 15 码时射门。每次射门后，射门者快速取回球并返回队尾。继续进行训练，直到每个球员尝试射门 15 次。每次射门到球门得 1 分，将球射入球门得 2 分。球员们记录各自的总分。（注意：轮换两三个守门员，因为要接的球太多。）

增加难度

- 增加射门距离。
- 有防守者追逐带球者。
- 增加重复次数。

降低难度

- 降低带球速度。
- 缩短射门距离。
- 减少重复次数。

成功检查

- 以全速带球冲向球门。
- 让肩部和髋部与目标对直。

- 将踢球腿的膝盖置于球的上方。
- 保持踢球脚指向下方且保持稳定。
- 以完整的随球动作将球踢向目标。

给你的成功打分

0 ~ 14 分 =1 分

15 ~ 21 分 =3 分

22 ~ 30 分 =5 分

你的分数 _____

脚背射门训练 7
2 对 2 射门比赛

在标准的足球场地的一端进行训练。一共 6 个球员；其中一个是守门员，一个是供球者。剩余的球员分为两队，每队两人。两个球队都在 18 码 ×44 码的罚球区内。供球者站在罚球区弧线的顶部，持有 12 个球，然后通过将球滚入罚球区开始训练。两个球队争夺球权。抢到球的球队尝试射门得分，另一个球队则进行防守。如果一个球员抢断了球，那么这个球员所在的球队立即开始进攻，并尝试射门得分。守门员是中立的，尝试救下所有球。守门员救球后，不管是将球踢出去还是球进门得分了，供球者立即滚入另一个球。不停地进行训练，直到所有球都用完。得分高的球队赢得比赛。一共进行 5 轮比赛。每进一球得 1 分。

增加难度

- 使用标记物标记出更小的球门。
- 加入一个总是参与的球员，创造多一个球员的防守优势。
- 要求所有射门都必须是触球即射，没有控球和停留。

降低难度

- 使用标记物标记出更大的球门。
- 加入一个总是参与的球员，形成多一个球员的进攻优势。

成功检查

- 和队友一起合作创造射门机会。
- 捕捉到射门机会并进行射门。
- 坚持精准优于力量的原则。

给你的成功打分

每轮比赛平均进球 1 个 =1 分

每轮比赛平均进球 2 个或更多 =3 分

你的分数 _____

脚背射门训练 8
世界杯进球比赛

组织 4 ~ 6 个球队，每队两个球员。所有球队都位于罚球区内。每个球队选择代表一个国家，例如美国、英国、德国或西班牙等。一个中立守门员守门。一个供球者站在球门的侧面供球。比赛开始时，供球者向罚球区的外侧边缘抛两个球。所有球队都争夺球权。夺得球权的球队尝试向标准大小的球门射门。所有其他球队进行防守。越位规则忽略。丢失球权的一方立即转入防守；获得球权的一方立即转变为进攻方。每次球被救下或进球后，供球者通过向罚球区的外侧边缘抛一个球到比赛中。总是保持比赛中一直都有两个球。

突破守门员防守并射门得分的球队进入下一轮比赛。进球后，队员们高呼自己球队的名称，然后快速跑到球门的后面等待下一轮比赛。当仅剩下一个球队未进球时，该轮比赛结束。而未进的球队将从"世界杯赛"淘汰出去。剩下的球队继续进入下一轮比赛，而比赛的方式和上一轮比赛一样。

进行多轮比赛，直到仅剩下一支球队——"世界杯"冠军得主。被淘汰出局的球队在球门后面练习球技，直到比赛重新开始。一个进行 5 场比赛。

增加进球难度

- 通过增加球队来减少可以利用的时间和空间。
- 每个球门安排两个守门员。

降低进球难度

- 增加球门宽度。

成功检查

- 只要有一点机会就转身射门。
- 将肩部和髋部与目标对直。

- 保持踢球脚指向下方且保持稳定。
- 射门低而有力。

给你的成功打分

赢得 0 或 1 次"世界杯"比赛 =1 分
赢得 2 或 3 次"世界杯"比赛 =2 分
赢得 4 或 5 次"世界杯"比赛 =3 分
你的分数 _____

脚背射门训练 9
空门球

在有标准球门的标准场地的一侧进行训练。组织两个人数相等的球队。1 队的球员位于其中一根球门柱旁边；2 队的球员位于另一根球门柱旁边。在球门中央前方 18 码处放置一个标记物。每个球队都从该标记物附近供球。

开始时，来自 1 队的一个球员位于球门中。来自排成纵队的 2 队的第一个球员从球门柱冲出，来到标记物附近距离球门 18 码远，然后转身面向球门。此刻，2 队的第二个球员向罚球点踢一个滚地球，让队友完成一次性射门（没有控球动作）。该队员射门后立即冲到球门线充当守门员。1 队尝试以相同的方式射门得分。如果射门者在射门后没有及时到达球门，那么对方的射门者则得到一个"空门"的射门机会（这就是该项训练的名称由来）。设定两个球队的比赛时间长度或者进球数量。每次进球得 1 分。得分高的球队赢得比赛。一个进行 3 轮比赛。

注意：供球者可以用不同的方式供球（滚地球、弹起球或者斜传球等），这取决于射门时的关注点。

增加进球难度

- 所有射门都必须在 18 码或更远处开始。

降低进球难度

- 使用标记物标记增加球门的宽度。

成功检查

- 肩部和髋部与目标对直。
- 踢球脚指向下方，并且保持稳定。

- 以完整的随球动作射门。
- 射门要低且有力。

给你的成功打分

赢得 0 或 1 轮（球队）=1 分
赢得 2 轮（球队）=3 分
赢得 3 轮（球队）=5 分
你的分数 _____

脚背射门训练 10
有边线和底线目标的 4 对 4 比赛

在一个 60 码长、50 码宽的场地上进行训练。场地有一条中线，而且两条底线上各有一个标准球门。组织两个球队，每队 8 个人。每侧球门各有一个中立守门员。

开始时，每个球队在场地中安排 4 个球员来与另一队的 4 个球员比赛。每个球队都防守己方的球门，并且可以在对方的球门射门得分。每个球队剩余的 4 个球员安排在对方的那半场地上作为目标——每条边线各有一个目标，而且在对方的球门两侧底线上各有一个目标。边线目标仅限于通过两次触球来接球和传球；底线目标仅限于一次触球传球。目标不可以进入场地中，但是可以接来自场内的队友的传球并将球传回。

在场地中控制球的四人球队可以相互传球或者将球传给目标球员，而后者可以将球回传给他们，或者将球踢入球门区尝试进球。和目标球员一起形成了 8 对 4 的局面，控球的一方获得多 4 个球员的优势，尽管目标不可以进入场地内。首先进两个球的球队获得该轮比赛的胜利；然后，目标球员和场地内的球员交换位置，准备进入下一轮比赛。首先赢得 3 轮比赛的球队获胜。

增加进球难度

- 所有进球都必须是第一次射门。
- 所有目标球员都只能一次触球。

降低进球难度

- 目标球员可以进入场地中，为进

攻球队创造多 4 个球员的优势。

成功检查

- 和队友一起合作创造进球机会。
- 通过将球传给目标突破对方的防守。

- 射门时身体与球门对直。
- 保持踢球脚低且稳定。
- 朝着球门使用完整的随球动作。

赢得 2 轮（球队）=3 分

赢得 3 轮（球队）=5 分

你的分数 _____

给你的成功打分

赢得 1 轮（球队）=1 分

凌空射门

在现实中一定会出现这样的情形，在射门前没有时间将球控制到地面。在这种情形下最佳的选择是凌空射门。成功地实施凌空射门需要准确的时间判断和适当的身体动作。如果能够正确地实施凌空射门，就可以实现极高的球速。在作为球员和教练的漫长职业生涯中，我所见过的最精彩射门就是凌空射门。

全凌空射门

使用全凌空技术射击弹起的球或从空中落下的球。接近球时肩膀与目标对直（参见图 5.2）。稍微弯曲支撑腿，尽量保持平衡和身体控制。将踢球腿向后收，其中脚伸展并保持稳定。头部保持稳定，目光落在球上。当球降落时，将踢球腿快速伸直，并用整个脚背接触球的中心。让球尽可能接近地面时再出击。在触球的瞬间，踢球腿的膝盖应该刚好位于球的上方，而且踢球脚应该指向下方。腿部快速伸直时，运用短而有力的踢球动作而不是扫球动作。

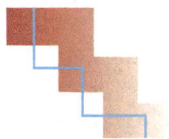

错误
球向上飞，越过了球门横梁。

正确
这是常见的错误，发生于身体后倾，伸脚去够球时。判断击球的时间将决定一切。在用脚背击球前，让球尽可能下落接近地面。踢球脚应该指向下方，而且在触球瞬间膝盖要位于球的上方。

图 5.2　全凌空射门

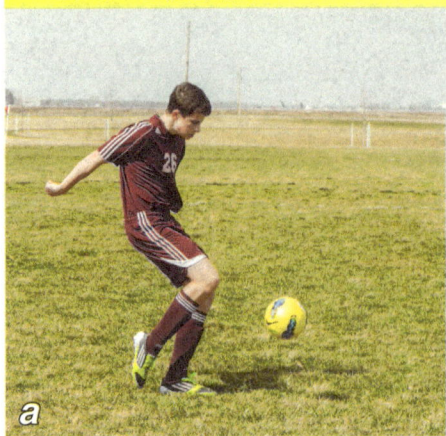

准备

1. 移动到落球位置。
2. 接近球时，肩膀与球对直。
3. 从膝盖处弯曲支撑腿。
4. 向后收踢球腿，脚要伸展。
5. 双臂伸出在两侧以保持平衡。
6. 保持头部稳定，而且注意力集中在球上。

执行

1. 髋部与目标对直。
2. 将踢球腿的膝盖置于球的上方。
3. 保持踢球脚稳定且脚尖朝下。
4. 用脚背接触球的中心。

继续

1. 将击球腿快速伸直。
2. 产生朝向目标的力量。

半凌空射门

半凌空技术在许多方面上类似于全凌空技术。主要的区别是：在球刚接触地面的瞬间踢球而不是在空中进行踢球。预先判断球将要落下的地方；然后移动到那个位置（参见图5.3）。将踢球腿向后收，让脚伸展并保持稳定。在将踢球腿快速伸直时，让肩部和髋部与目标对直。在球触地的瞬间，用整个脚背踢球的中心。在触球的瞬间踢球腿的膝盖应该位于球的上方，而且脚尖应该朝下并保持稳定。踢球腿使用短而有力的快速踢球动作。

图5.3 半凌空射门

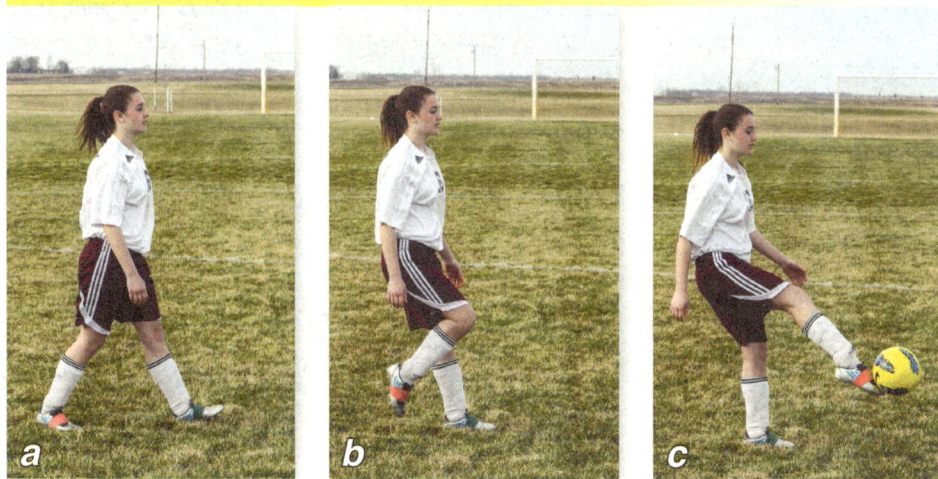

准备

1. 预判球将要落下的位置，并移动到那个位置。
2. 从膝盖处弯曲支撑腿。
3. 向后收踢球腿，而且脚伸展并保持稳定。
4. 将双臂伸出在两侧以保持平衡。
5. 保持头部稳定，目光落在球上。

执行

1. 将肩部和髋部与目标对直。
2. 将踢球腿的膝盖置于球的上方。
3. 快速将踢球腿伸直。
4. 伸展踢球脚并使之保持稳定。
5. 在球触地的瞬间从球的中心踢过去。

继续

1. 随球踢向目标。
2. 从球的接触点产生击球力量。

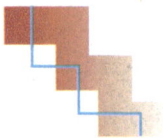

错误

球偏向目标的左边或右边。

正确

准确的时间判断和恰当的技术施展至关重要。当球开始从地面向上回弹时为时已晚。判断落球位置并提前进入该位置，然后在球刚好触地的瞬间踢球。在触球的瞬间身体与目标对直。

错误

球向上飞越过球门横梁。

正确

如果身体在脚触球时向后倾，就会发生这种错误。判断好执行踢球动作的时间，在踢球时让膝盖位于球的上方。踢球脚在触球的瞬间应该脚尖朝下。

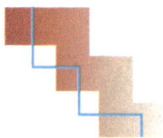

侧凌空射门

踢弹在或落在身边的球或者改变从球门区穿过的落地球的方向时，可运用侧凌空技术。在球到达时面向它（参见图 5.4）。当球到达时，将身体转向侧边，以便让主导肩膀（前侧肩膀）指向你想要球飞向的方向。将踢球腿在侧边抬起，让它几乎与地面平行。向后收踢球脚，并从膝盖处弯曲大腿。头部保持稳定，目光落在球上。快速地将踢球腿伸直，用脚背接触球的上半部分。转动身体指向目标。踢球腿应该在稍微下倾的平面上运动。

如果在触球时用踢球腿扫球，而不是快速有力地伸直小腿，射门就会缺乏力量。让腿保持翘起姿势直到最后一刻；然后快速将它伸直，以短的爆发力将踢球脚从球的上半部分踢过去。

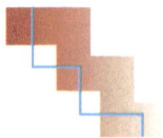

错误

球向上飞越球门横梁。

正确

踢球时，踢球腿的膝盖必须和球处于同一个平面，或者稍微位于球的上方。踢球腿应该沿着一个朝下的平面运动，并从球的上半部分穿过。

错误

射门偏离球门太远。

正确

在踢球时身体转向目标。在完成随球动作时，身体应该与目标对直。

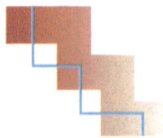

图 5.4 侧凌空射门

准备

1. 面向来球。
2. 将踢球腿抬在一侧，平行于地面。
3. 向后收踢球脚，膝盖弯曲。
4. 将体重平衡在支撑腿上。
5. 将手臂向身体两侧伸展并保持平衡。
6. 保持头部稳定。

执行

1. 调整平衡脚位置对准来球。
2. 前侧肩膀对准目标。
3. 快速伸直踢球腿。
4. 用脚背接触球的上半部分。

继续

1. 继续旋转身体。
2. 踢球动作稍微下倾。
3. 在射门的方向上产生向前的动力。
4. 踢球脚放落在地面上。

凌空射门训练 1
凌空射门给搭档

　　面对 6 码远的搭档。双手将球握在齐腰高的位置。松手让球落下，向前踏步，并以全凌空射门技术将球射向搭档的胸部。搭档接住球，并以相同的方式将球射回。每个人连续训练 30 个全凌空射门，但要交替使用左脚和右脚。每个人连续训练 30 个半凌空射门，每次射门进后交替使用左脚和右脚。每次搭档刚好能够在空中接到球得 1 分。球员记录各自的分数。

增加难度

- 将距离增加至 10 码。

- 以凌空和半凌空踢搭档抛过来的球。

- 以凌空射门的方式将球踢回给搭档，同时在场地内慢跑。

降低难度

- 将距离缩短至 5 码。

成功检查

- 让肩部和髋部与目标对直。
- 保持头部稳定，视线落在球上。
- 让脚伸展脚尖朝下，并且保持稳定。

- 用整个脚背接触球的竖直中线。
- 击球短而有力。

给你的成功打分

0 ~ 39 分 =1 分

40 ~ 49 分 =3 分

50 ~ 60 分 =5 分

你的分数 _____

凌空射门训练 2
围绕小旗凌空射门

在有标准球门的场地的一端进行训练，和两个队友（供球者）合作。在球门的中央前方 10 码处插一面旗（或类似的标记物）。你站在标记物处；每个球门柱站一个供球者，而且每人一个球。开始时，一个供球者向球门前方抛球，让它落在球门前方大约 5 码处。你快速向前冲，凌空射入开放的球门。然后快速冲回到小旗处，并以相同的方式处理另一个供球者抛来的球。继续进行训练，一共完成 20 个完全凌空射门，每次射门后轮换左脚和右脚。凌空射门进球得 1 分。球员记录各自的分数。

增加难度

- 增加射门距离至 10 码。
- 增加重复的次数。

降低难度

- 在射门前允许球弹起一次。

成功检查

- 让肩部和髋部与目标对直。
- 保持头部稳定，视线落在球上。
- 保持脚向下伸展，且保持稳定。

- 用整个脚背接触球的竖直中线。
- 击球短而有力。

给你的成功打分

0 ~ 10 分 =1 分

11 ~ 15 分 =3 分

16 ~ 20 分 =5 分

你的分数 _____

凌空射门训练 3
抛球凌空射门

持球站在标准球门中央前方 20 码处。球门中有一个守门员。向空中抛起球，让它落在你的前方 3 ~ 4 码处。向前移动，让球弹起一次，然后对准球门进行全凌空射门。先进行 20 个全凌空射门，然后再进行 20 个半凌空射门，一共踢 40 个凌空射门。每次凌空射门后轮换左脚和右脚。无论是否被守门员救下，每次凌空射门进球得 1 分，而没有射入球门范围的球，不计分。

增加难度
- 增加射门距离。
- 对供球者抛过来的球进行凌空射门。
- 仅使用非惯用脚凌空射门。

降低难度
- 缩短射门的距离。
- 增加球门的宽度。
- 直接朝手中掉下的球进行凌空射门。

成功检查
- 让肩部和髋部与目标对直。
- 保持头部稳定。
- 让球下降至距离地面仅几英寸高。
- 踢球脚朝下且保持稳定。
- 用脚背接触球的竖直中线。
- 使用短而有力的随球动作。

给你的成功打分

0 ~ 19 分 =1 分
20 ~ 34 分 =3 分
35 ~ 40 分 =5 分
你的分数 _____

凌空射门训练 4
侧凌空射门

你站在标准球门中央前方 6 ~ 8 码处。一个供球者持球站在侧翼 20 ~ 25 码处。供球者向你横抛或高抛球让你进行侧凌空射门。不需要守门员。在左右侧各训练 20 个侧凌空射门。每次侧凌空射门进球得 1 分。

增加难度
- 增加射门距离至 15 码。

降低难度
- 自己抛球进行侧凌空射门。

成功检查
- 面向供球者。
- 抬起并翘起踢球腿，脚要伸展并保持稳定。
- 当球到达时，旋转支撑脚。
- 将主导肩膀转向球门。
- 沿着向下的平面从球的上半部或者中部踢过去。

给你的成功打分

0 ~ 19 分 =1 分
20 ~ 29 分 =3 分
30 ~ 40 分 =5 分
你的分数 _____

凌空射门训练 5
仅通过凌空射门得分

组织两个人数相同的球队，每队 4 ～ 6 人。使用标记物标记出一个 40 码 ×60 码的长方形训练场地。在两端的中央设置一个标准大小的球门。不要守门员。每个球队防守一个球门，并且可以在对方的球门射门得分。通过抛球和接球在队友之间传球，而不是通过踢球传球。每个球员持球不能超过四步就必须将球传给队友。如果防守球员截断了传球，或者进攻球员最后一次触球后球出界了，或者球落到地面上，或者球员持球活动超过四步，或者是进球后，那么将更换球权。

通过直接将队友从空中抛来的球凌空射入对方的球门得分。禁止球员给自己抛球凌空射门。尽管没有指定守门员，所有球员都可以用手接球以及拦截通向球门的传球和射门。训练 15 分钟。射门进球最多的球队赢得比赛。

注意：成功执行全凌空射门需要准确的时间判断和正确的技术动作，因此该训练不适合比较年轻的球员。

增加难度

- 加入守门员。

降低难度

- 允许球员对手中的球进行凌空射门。

成功检查

- 让肩部和髋部与目标对直。
- 让球尽可能落近地面。
- 在触球瞬间使膝盖位于球的上方。

- 伸展踢球脚并使之保持稳定。
- 踢球短而有力。

给你的成功打分

负方队员 =0 分

胜方队员 =1 分

你的分数 _____

弧线球射门

有时通往球门的最直接路径并不是最好的路径。对角球和任意球而言尤为如此，此时你可能试图让球绕过球员组成的人墙。通过使球旋转起来，可以让球在飞行的过程中呈弧线坠落。用右脚脚背的内侧踢球的外半部分，球就会从右向左转弯。用左脚脚背的内侧踢球的外半部分，球就会从左向右弯。这样的弧线球射门通常称为内弧线球，能够创造进球机会。

要想让球呈弧线飞行，以较小的角度从后面接近球（参见图 5.5）。将支撑脚放在球的旁边或稍后方。保持头部稳定，目光落在球上。将踢球腿向后收，脚要伸展且保持稳定。

在踢球时，身体稍微向后倾并离开球。在使用脚背的内侧触球时，运用由外而内的随球动作。

可以使用脚背的外侧表面来让球反向旋转。使用右脚脚背的外侧接触球的内半部分，让射出去的球从左向右偏。使用左脚脚背的外侧接触球的内半部分，让射出去的球从右向左偏。这样的射门通常称为外弧线球。踢球腿使用由内向外的随球动作。在触球时，将踢球脚斜向下。完整的随球动作将产生更大的力量和弧度。

图 5.5 弧线球射门

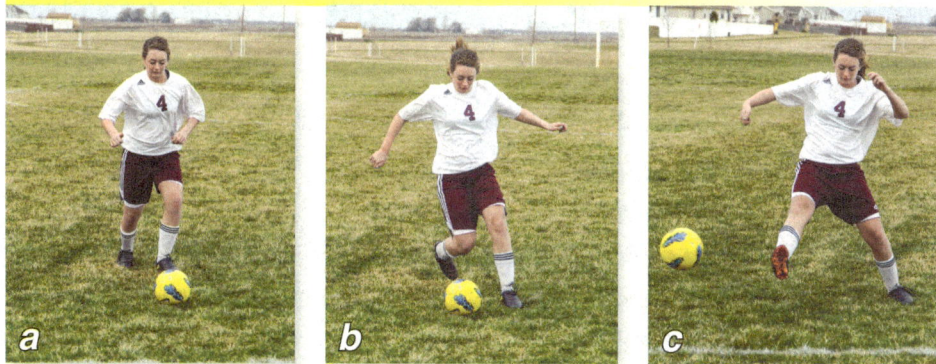

准备

1. 以微小的角度从后面接近球。
2. 将支撑脚放在球的旁边或者稍微位于球的后面。
3. 向后收踢球腿，脚要伸展并且保持稳定。
4. 将手臂伸出在两侧保持身体平衡。
5. 保持头部稳定，目光落在球上。

执行

1. 身体稍微后倾并离开球。
2. 使用脚背的内侧或外侧接触球的竖直中线的左边或右边。
3. 踢球脚朝下且保持稳定。

继续

1. 从球接触点产生动力。
2. 用脚背外侧射门使用由内而外的踢球动作。
3. 用脚背内侧射门而使用由外而内的踢球动作。
4. 脚随球抬高至腰部或以上。

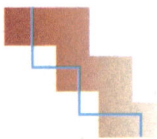

错误

球在飞行中没有走弧线。

正确

除非给球施加足够的速度和旋转，否则它在飞行过程中不会呈偏转。接触球的竖直中线的左边或右边，而不是直接接触球的中央部位。踢球时，身体向后倾离开球。使用脚背外侧射门时，运用由内向外的踢球动作；使用脚背的内侧射门时，运用由外而内的踢球动作。

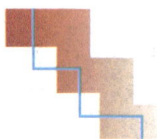

错误

射门缺乏力量。

正确

无力的射门通常是由以下几个原因之一造成的：踢球脚触球时太靠近外部边缘；触球时击球不坚决；或者随球动作不足。接触球中心偏左侧或右侧，而不是球的外部边缘。让尽可能多的脚背面积触球，以产生足够的旋转。踢球脚要伸展并且保持稳定。完整的随球配合正确的踢球动作让球产生足够的速度和旋转，从而呈弧线飞行。

弧线球射门训练 1
目标练习

用遮蔽胶带在墙上或者练习板上粘出一个 4 码 ×4 码的目标。用旋转弧球将球射向 20 码或更远的目标。使用惯用脚射击 30 次。如果球以弧线飞行并击中方形目标内部，则得 1 分。

增加难度

- 将方形目标缩小至 3 码 ×3 码。

降低难度

- 缩短射门距离。
- 将方形目标扩大至 5 码 ×5 码。

成功检查

- 以微小的角度从后面接近球。
- 髋部与目标保持对直。
- 保持踢球脚向下伸展，并且保持稳定。

- 接触球的竖直中线的左边或右边。
- 给球施加足够的速度和旋转。

给你的成功打分

4 分及以下 =0 分

5 ~ 8 分 =2 分

9 ~ 14 分 =3 分

15 ~ 19 分 =4 分

20 ~ 30 分 =5 分

你的分数 _____

弧线球射门训练 2
从设定位置射门

在罚球区紧邻外部的不同位置上放 12 个足球。在标准的球门中安排一个守门员。通过直接任意球练习射门。尝试用脚背的内侧或外侧形成弧线球射门。在射门 12 次后，将球重新安放在不同的位置，然后重复训练，一共完成 24 个任意球。每次射门时球呈弧形飞行得 1 分，呈弧形飞行进入球门中得 2 分。守门员捡球，并将射入球门中的球返回。

增加难度

- 从更远的距离射门。
- 使用更小的球门。
- 在球的前方 10 码处放一块可移动训练墙。

降低难度

- 从 15 码远射门。

成功检查

- 以微小的角度从后面接近球。

- 让肩部和髋部与目标保持对直。
- 身体稍微向后倾斜离开球。
- 踢球脚伸展、坚实。
- 使用完整的随球动作。

给你的成功打分

0 ~ 24 分 =1 分

25 ~ 34 分 =3 分

35 ~ 48 分 =5 分

你的分数 _____

弧线球射门训练 3
在跑动中射弧线球

这项训练需要 7 个球员和一个中立守门员。在一个 50 码 ×50 码的训练场地内进行训练。在该场地内部标记出一个 25 码 ×25 码的方形场地。在此方形场地内放置两个锥桶或旗子标记出一个 8 码宽的球门。中立守门员站在球门中试图救下所有射门的球。剩余的球员分为两个队，每队 3 个人。

两个球队在比较大的场地内进行 3 对 3 比赛。开始时，其中一方持球，另一方防守。队员通过将球射入任意一端的球门得分，但球的高度要低于守门员的身高。守门员必须根据球的位置重新调整位置（位于球门的那一侧）。球员不能进入 25 码 ×25 码的方形场地内。所有射门都必须在 25 码 ×25 码的方形场地进行，而且必须通过脚背的内侧或外侧使之呈弧形飞行。出界球通过界外抛球返回场地中。如果防守方获得球权，则立即转变成进攻方，尝试射门。在救下球后，守门员将球抛向场地的角落，让两个球队争夺球权。训练 15 分钟。球员记录各自的弧线球射门总数。（注意：此项训练更加适合年纪较大、经验丰富的球员。）

增加进攻球队的难度

- 缩小球门的宽度。
- 限制球员必须在 3 次或更少触球内传球或射门。
- 加入总是参与防守的中立球员，形成多一个球员的优势。

降低进攻球队的难度

- 加宽球门。
- 加入总是参与进攻的中立球员，形成多一个球员的优势。

成功检查

- 将肩部和髋部与目标对直。

- 保持头部稳定，而且触球时踢球脚要保持稳定。
- 给球施加旋转和速度。
- 利用每次射门机会。

给你的成功打分

4 个或更少命中球门 =1 分

5 ~ 9 个或更少命中球门 =2 分

10 个或更多命中球门 =3 分

你的分数 _____

成功小结

培养精确有力的射门能力是成为射门高手的第一步。在低压力的训练环境中总是可以射出准确而有力的球时，就可以进入更接近比赛的场合去面对来自各方面的压力了，包括有限的时间和空间、身体疲劳以及对手不依不饶的挑战。如有必要，可以根据你的技术水平更改第 5 步中的训练内容。

第 5 步中的每项技术都设定有参考分数，帮助你评估自己的表现和记录自己的进步。在下表中填写你得到的分数并计算总分，大致评估你的总体成功情况。

脚背射门训练

1. 击中目标   得到 5 分中的 _____ 分

2. 射门穿过球门中心   得到 5 分中的 _____ 分

3. 和目标球员配合射门   得到 5 分中的 _____ 分

4. 在压力下射门   得到 5 分中的 _____ 分

5. 两次触球射门   得到 5 分中的 _____ 分

6. 带球射门   得到 5 分中的 _____ 分

7. 2 对 2 射门比赛   得到 3 分中的 _____ 分

8. 世界杯进球比赛   得到 3 分中的 _____ 分

9. 空门球   得到 5 分中的 _____ 分

10. 有边线和底线目标的 4 对 4 比赛   得到 5 分中的 _____ 分

凌空射门训练

1. 凌空射门给搭档   得到 5 分中的 _____ 分
2. 围绕小旗凌空射门   得到 5 分中的 _____ 分
3. 抛球凌空射门   得到 5 分中的 _____ 分
4. 侧凌空射门   得到 5 分中的 _____ 分
5. 仅通过凌空射门得分   得到 1 分中的 _____ 分

弧线球射门训练

1. 目标练习   得到 5 分中的 _____ 分
2. 从设定位置射门   得到 5 分中的 _____ 分
3. 在跑动中射弧线球   得到 3 分中的 _____ 分

总分   得到 80 分中的 _____ 分

　　总分达到 63 分或更高表明你已经熟练掌握射门技术，可以进入第 6 步了。总分在 45 ～ 62 之间算是合格。对每种射门技术进行再次复练就可以进入第 6 步了。如果总分低于 45 分，就需要额外的练习，改进射门技术。复习第 5 步中的所有内容，练习各种射门技术，然后至少再进行每项训练一次，提升总体成绩后再进入第 6 步。

第6步
守门

守门是极为艰巨且要求十分苛刻的任务，只有特定类型的球员才能担任守门员的角色。在球门附近完成的动作通常快速迅猛，而且频繁发生身体接触。胆量是守门员必备的重要素质之一，因为守门员在比赛期间将会面临大量的身体挑战。作为守门员，你可能需要向冲过来的对手的脚下扑去，护住滚动中的球，或者需要勇敢地用身体挡住近在咫尺的射门。总而言之，守门员要不惜一切代价将球挡在球门之外。由于判断上的一个失误就可能会导致球队失败，因此思想上的坚强即使不比身体上的坚强更重要，两者也是不分伯仲的。你必须在比赛中的关键时刻准备好瞬间做出决定，然后必须能够应付随之而来的结果，不管是好结果还是坏结果。如果判断出现了失误，这在每个守门员身上都会发生，那么不要让它影响到你的信心或注意力。你必须将所犯的失误抛在脑后，立即全身心投入战斗中。永远不要让前面发生的事情影响后面的比赛。

因为守门员所用的技术和场上球员不同，因此要用不同的比赛装备。大部分守门员戴的是专用手套，既可以帮助接住速度飞快的球，又可以减缓其产生的强大冲击力。守门员运动衫的肘部通常有一块软垫，因为在很多情况下守门员必须扑救射过来的球，而守门员的短裤通常有一层薄薄的填充物，可以为臀部和髋关节提供保护。

除了比赛装备，为了能够保持高水平的发挥，顶尖守门员通常具备过硬的心理素质、出色的身体条件以及果断的决策能力，并且有能力将这三者有机结合起来。大多数精英守门员（尽管不是全部）通常都身高腿长，而且拥有良好的弹跳能力。他们能守住来自各个方向以及不同距离的大力射门。在必要时，他们能够纵身一跃救下空中劲射，或者勇敢地扑向冲过来的对手脚下以阻断对手的突破。出色的敏捷性、平衡能力和身体控制能力让守门员能够对球门前方瞬息万变的险情做出快速反应。有力的双腿和躯干使他们能够一跃接住进入球门口的球，而且在必要时，挡开势在必得的顽强挑战者。

除了要精通基础的手、头技术，现代守门员还必须熟练掌握用脚接球、准备和传球，因为防守者在重压下通常会将球回传给守门员。随着回传规则的执行，队友故意将球回传给守门员时，守门员必须用脚处理球，不能用手。

尽管现代守门员所分担的任务越来越多，但是他们仍然被认为是球场上特殊的球员。守门员的主要任务是守住7.3米宽、2.4米高的球门，

而守门员作为球场上的最后一道防线，任何进攻者都必须突破这关才能进球。重要的守门技术包括基本的守门员站姿（通常指开始，即预备姿势）；接低球（地面球）、中等高度球、胸部球和高球的能力；扑球技术；以及通过滚球、掷球、踢反弹球和踢长球将球传给队友的能力。

开始，即预备姿势

作为守门员，你必须总是保持良好的身体平衡和控制。在标准的守门员姿势中，开始时的所有动作统称为开始或预备姿势（参见图6.1）。每当对手持球并在射门距离内，守门员就必须做好预备姿势。双脚大致与肩齐宽，肩膀放平并面向球。保持头部和躯干直立，膝盖稍微弯曲。身体的重心向球的方向前倾，让后脚跟稍微离开地面。双手放在大约齐腰高的位置，手掌向前且手指分开。头部保持稳定，且注意力在球上。在预备姿势下，你就可以快速地向各个方向移动，接住或救下对手的来球。

图6.1 预备姿势

准备

1. 站在球门线前（离开球门线）。
2. 身体面向球。
3. 保持头部稳定，目光落在球上。
4. 肩部和髋部与球对直。
5. 躯干保持直立。
6. 保持重心向前，落在前脚掌。
7. 保持双手齐腰高，手掌向前，手指张开。
8. 稍微弯曲膝盖以获得最大的平衡。
9. 在射门调整好身体姿势。
10. 根据球的位置重新调整姿势和位置。

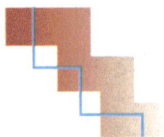

错误

不能快速地向侧边移动将球救下。

正确

在射门前调整好身体姿势，确保获得最大的平衡和身体控制。

接地滚球

稳定性是顶尖守门员的共有特点。因此，虽然常规的救球训练没有偶尔的漂亮救球重要，但也非常重要。如果姿势正确，大部分救球应该都是按惯常操作，除非队友未能在你的前方提供良好的防守。根据射门的性质，可以采用 3 种技术来接地滚球。你必须熟练掌握每种技术。

站立"舀球"救球

如果球直接滚向守门员，就用舀球技术来接球。这种技术通常称为*站立救球*（参见图 6.2）。快速向侧边挪动脚步，来到位于球和球门之间的位置。（注意：向侧边挪动时不要交叉腿。）到达就绪位置时，双腿站直，两脚之间间隔数厘米。当球到达时，从腰部开始向前弯曲上半身，下伸双臂，手掌向前合拢呈碗状。前臂彼此平行，指尖几乎接触到地面。让球沿着腕部向上滚动到前臂，然后将球抱紧在胸部并恢复直立位置。不要试图将滚动的球直接抓在手里。

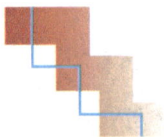

错误

球从手上弹起落在对手冲过来的路线上。

正确

不要试图用手直接抓住滚动的球。而是让球沿着腕部和前臂向上滚动，在恢复站立位置的过程中将球抱紧在胸部。

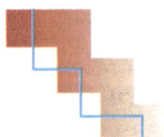

错误

球从双腿之间滚入球门。

正确

如果可能的话，总是让身体位于球的后方，而且两脚之间的距离仅数厘米。如果球意外从双手间滑下，它将从腿上弹起，而不是穿过你进入球门中。

图6.2 站立"舀球"救球

准备

1. 让双脚和身体在球和球门之间处于预备姿势。
2. 注意力集中在球上。
3. 从腰部向前弯曲上半身。
4. 向下伸双臂。
5. 手掌向前形成碗状。

执行

1. 让球沿着腕部滚动到前臂。
2. 保持双腿站直，双脚间隔少许。
3. 受到球冲击时身体稍微向后收。
4. 弯曲双臂将球抱住。

继续

1. 用前臂将球抱紧在胸部前。
2. 恢复到站立位置。
3. 将球传给队友。

侧跪救球

滚动到守门员侧边的球通常称为*侧边球*，一般使用*侧跪技术救球*。这种射门超出了站立救球的范围，但是还用不着扑球救球。侧跪救球技术还可以用来阻拦弹起、蹦跳的球或有一定速度的近距离射门。

运用侧跪救球（参见图6.3）技术时，在球门前方向侧边挪动脚步。前脚向移动的方向伸出，弯曲膝盖。跟随腿跪在地面上，而且与球门线保持平行。为了防止球从双腿之间穿过去，前脚的脚跟和跟随腿的膝盖之间仅留下 10 厘米左右的开放空间。在侧跪姿势下，向前弯曲上半身，让肩膀与到来的球对直。让球沿着腕部和前臂向上滚动，然后把它抱紧在胸部。

图6.3 侧跪救球

准备

1. 在预备姿势中肩部和髋部放平。
2. 让双脚的距离与肩同宽。
3. 保持双手齐腰高，手掌向前。
4. 注意力集中在球上。

执行

1. 向侧边挪动拦截来球。
2. 跟随腿跪在地面上，与球门线保持平行。
3. 从腰部起前倾上半身。
4. 保持肩膀向前倾且与球对直。
5. 保持手掌向前，手指张开。
6. 让球沿着腕部向前臂滚动。

图 6.3（续）

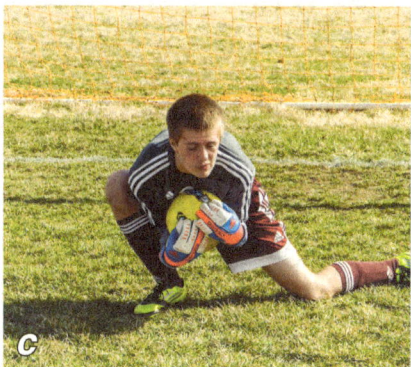

继续

1. 用前臂将球抱紧在胸部。
2. 恢复直立位置。
3. 将球发给队友。

错误

球从手上弹起落在球门的前方区域。

正确

如果试图用手直接抓住球，而不是让它沿着腕部向前臂滚动，就可能发生这种情况。双臂使用舀球的动作，在恢复直立姿势前将球抱紧在胸部。

向前扑球

对于直接飞向守门员的又低又快的射门，或者从地面蹦跳到守门员前面的球，传统的站立救球不适合。在湿滑的球场上比赛尤为如此（也就是球碰到死水或者湿草时会加快速度）。为了应付这种速度更快的射门并防止球回弹，要使用向前扑球技术（参见图 6.4）来接球。

肩部放平，面向来球。从腰部开始向前弯曲上半身，弯曲膝盖，朝前向球扑去，扑倒在地面上。伸出前臂，手掌向上将手伸入球的下方。让球接触手腕和前臂而不是手。向前倒下时将球抱在前臂和胸部之间。向后伸展并稍微张开双腿以获得平衡和支撑。

错误

球从双臂之间滑过并穿过双腿进入球门。

正确

如果注意力不集中而且使用技术不当，即便是经验丰富的守门员也可能发生这样的错误。要想避免这种错误，在向前扑时将前臂合并在一起放在球的下方。保持手臂伸展而且相互平行，接球时前臂之间分开少许。将球舀起并抱紧在胸部和前臂之间。

图 6.4 向前扑球

准备

1. 以基本的预备姿势开始。

2. 让肩部和髋部与球对直。

3. 自腰部往上稍微向前弯曲上半身，且膝盖弯曲。

4. 注意力集中在球上。

执行

1. 向前扑倒在地面上。

2. 手臂前伸置于球下，手掌朝上。

3. 让球接触手腕和前臂。

继续

1. 向前倒下，让前臂落地。

2. 将球抱住在前臂和胸部之间。

3. 向后伸腿并稍微张开。

4. 立即爬起来将球发给队友。

接地滚球训练 1
舀球救球

两个供球者（A 和 B）面对面相距 20 码站立，每人一个球。你位于两个供球者的中间。开始训练时，供球者 A 以中等的速度将球滚向你。你用舀球救球技术接球并将球抛回给供球者 A。然后立即转身接来自供球者 B 的地滚球。继续训练，直到运用舀球救球技术接了 30 个球。接住球而且没有弹起得 1 分。

增加难度

- 增加供球速度。
- 增加重复次数。

降低难度

- 舀起慢速滚过来的球。

成功检查

- 从腰部向前弯曲上半身。
- 双腿并拢站直。

- 让球沿着手腕向上滚动到前臂。
- 将球舀在胸部。
- 恢复直立姿势。

给你的成功打分

0 ~ 24 分 =1 分
25 ~ 27 分 =3 分
28 ~ 30 分 =5 分
你的分数 _____

接滚地球训练 2
射门者和守门员

一个守门员守门。一个射门者持球，站在罚球区的顶端里面面向守门员。射门者轻轻将球踢向球门，对准守门员射出一个地滚球。守门员使用站立（舀球）救球技术接住球，然后将球返回给射门者，训练重复进行。继续训练，直到守门员一共接到 30 个滚地球。每次使用站立（舀球）技术接到一个球而且没有回弹得 1 分。

增加难度

- 增加供球速度。
- 几个供球者以各种角度站在罚球区内。

降低难度

- 降低供球速度。

成功检查

- 让肩部和髋部与球对直。
- 从腰部往上向前弯曲。

- 双腿靠拢站直。
- 让球沿着手腕向上滚动到前臂。
- 将球舀起在胸部。
- 恢复直立姿势。

给你的成功打分

0 ~ 24 分 =1 分
25 ~ 27 分 =3 分
28 ~ 30 分 =5 分
你的分数 _____

接地滚球训练 3
侧跪救球

守门员站在球门中靠近右侧球门柱的位置。两个供球者分别和两根球门柱对齐，各距离球门线 10 码远。供球者 A（在守门员的正前方）向守门员左侧球门的中央滚过去一个球。守门员运用侧跪救球技术向侧边挪动接球，然后立即将球返回给供球者 B，并继续向侧边挪动，到达球左边的球门柱。到达该位置时，供球者 B 向守门员右侧球门的中央滚过去一个球。守门员运用侧跪救球技术向侧边挪动接球，然后立即将球返回给供球者 A。继续在球门柱之间挪动，直到一共接了 20 个侧跪救球。每次正确地将球救下得 1 分。

增加难度

- 增加供球速度。
- 增加重复速度。
- 增加重复次数。

降低难度

- 降低重复速度。
- 减少重复次数。

成功检查

- 将前脚伸向球。

- 跟随腿跪在地上。
- 跟随腿与球门线保持平行。
- 让球沿着手腕向前臂滚动。
- 将球抱紧在胸部。

给你的成功打分

0 ~ 14 分 =1 分

15 ~ 17 分 =3 分

18 ~ 20 分 =5 分

你的分数 _____

接滚地球训练 4
向前扑球救蹦跳球

在柔软的户外场地上或者室内的体操垫上进行这项训练。跪向 5 码远以同样姿势准备的搭档。抛出一个球让它蹦跳滚到搭档面前，而搭档用向前扑球技术接球。搭档以相同的方式将球返回，你也用向前扑球技术接球。继续进行训练，直到每个球员都用向前扑球技术救下 20 个球。使用正确的技术接住球而且没有回弹得 1 分。

增加难度

- 从不同方向以不同速度供球。
- 从蹲姿向前扑球。
- 从站姿向前扑球。

降低难度

- 降低供球速度。

成功检查

- 让肩膀与球对直。
- 弯曲膝盖。
- 向前倒下。

- 手掌向上，前臂置于球下将球舀起。
- 保持两个前臂相互平行。
- 将球抱紧在胸部。

给你的成功打分

0 ~ 14 分 =1 分

15 ~ 17 分 =3 分

18 ~ 20 分 =5 分

你的分数 _____

接滚地球训练 5
接直塞球

  守门员 A 位于球场一端的标准球门中。守门员 B 面向球门站在罚球区的顶端。一名供球者 A 持球，站在球门中央前方 25 码处。开始时，供球者将球踢向罚球区经过守门员 B，而后者快速冲上前拦截球。守门员 A 从球门快速向前移动，赶在守门员 B 前使用向前扑球技术将球抱住保护起来。球员们各自回到原先的位置并重复训练。在进行 20 个向前扑球救球后，守门员交换位置。每次接到球没有回弹得 1 分。

增加难度

- 增加供球速度。
- 增加重复次数。

降低难度

- 降低供球速度。

成功检查

- 朝球快速向前移动。
- 向前方地面扑倒。
- 保持手掌向上，前臂相互平行。

- 将前臂滑入球下方。
- 将球抱紧在胸部。

给你的成功打分

0 ~ 13 分 =1 分

14 ~ 16 分 =3 分

17 ~ 20 分 =5 分

你的分数 _____

接地滚球训练 6
地滚球守门员之战

在相距 20 码远的地方设置两个标准球门。每侧球门安排一个守门员（A 和 B）。开始时，守门员 A 持球，试图以踢地滚球或者踢落地球让球经过守门员 B 进球得分。守门员 B 试图救下射门的球，然后以相同的方式进攻守门员 A。在射门前，守门员只能带球移动一步。所有射门都必须是地滚球，而且如果可能要对准对方守门员。守门员应该运用侧跪救球或向前扑球技术来救球，具体取决于射门的球的类型。每进一个球得 1 分。连续训练 15 分钟，球员记录各自的分数。被对方攻入的球数少的守门员赢得比赛。

增加防守守门员的难度

- 缩短射门距离并增加射门速度。

降低防守守门员的难度

- 增加射门的距离。

成功检查

- 身体与来球对直。
- 选择合适的接球技术。

- 将球抱紧在胸部。
- 球没有发生回弹。

给你的成功打分

负方 =0 分

胜方 =2 分

你的分数 ＿＿＿＿

接空中球

要想主宰球门，守门员不仅要能够接地面球，还要能够接空中球。球门中间和前方的空间属于守门员的领地，他必须掌控这片领地才能获得成功。来自罚球区外的大力射门、从球门前方穿过或从高处落入球门区的球都是严峻的挑战。守门员采取什么样的技术来接球取决于球的高度、速度以及球的飞行轨迹。

接中高球

中高球的定义是到达时高于脚踝低于腰部的球。使用类似于站立救球的舀球技术接大约脚踝高的球。身体位于球和球门之间，双腿站直，两脚之间相距 10 厘米左右。从腰部往上向前弯曲上半身，双臂下伸，手指向前，手掌上翻。用手腕和前臂接球，然后将球环抱到胸部。不要尝试直接用手掌接中高球，因为很难通过这种方式将球缚住。

接齐腰高的球时,从腰部往上向前弯曲上半身,前臂向下伸且保持双臂相互平行(参见图6.5)。用前臂内侧接球。当球到达时,向后移动几厘米减缓冲击。射门的速度越高,所提供的缓冲就越多,以防止球弹开。

图6.5 接中高球

准备

1. 对准来球。
2. 保持双腿站直,双脚分开少许。
3. 双臂下伸,前臂相互平行。
4. 手指向前,手掌上翻。
5. 注意力集中在球上。

执行

1. 从腰部往上向前弯曲上半身。
2. 弯曲膝盖。
3. 让球接触手腕和前臂。

继续

1. 略后跳以减缓球的冲击。
2. 让球向前臂滚动。
3. 用前臂将球抱紧在胸部。
4. 将球发给队友。

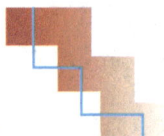

错误

球从手上弹走。

正确

不要试图用手抓住球。相反，让球接触腕部和前臂，然后将球抱紧在胸部。

接中高球训练 1
接中高球

你和另一个守门员（A 和 B）面对面站在相距 8 码远的地方。你向守门员 B 抛大约齐腰高的球，而他则使用恰当的技术将球接住。守门员 B 以类似的方式将球抛回给你。你将身体移动到球的后方。身体向前倾，前臂伸到球下方，手掌朝上。让球接触手腕和前臂；然后将球抱紧在胸部。每人重复训练 30 次。每接住一个球而且没有回弹得 1 分。

增加难度

- 改变供球方式。
- 增加供球速度。
- 定时训练（在规定的时间内进行尽可能多的重复）。

降低难度

- 降低供球速度。

成功检查

- 身体对齐来球。
- 保持双腿站直，双脚分开少许。

- 双臂向下伸，前臂相互平行。
- 从腰部往上向前弯曲上半身。
- 让球接触手腕和前臂。
- 将球紧抱于胸部。

给你的成功打分

0 ~ 19 分 =1 分

20 ~ 25 分 =3 分

26 ~ 30 分 =5 分

你的分数 _____

接中高球训练 2
救球，转向，再救球

守门员 A 和守门员 B 相距 20 码站立，每人一个球。守门员 C 站在他们之间。守门员 A 向守门员 B 抛或踢一个中高球，后者接到球后将其返回给守门员 A。守门员 B 立即转向接来自守门员 C 的中高球。这样重复训练 20 次，然后交换位置并重复训练。每次接住球而且没有回弹则得 1 分。供球必须直接对准守门员。

增加难度

- 加快供球速度。
- 增加供球数量。

降低难度

- 降低供球速度。

成功检查

- 和来球对齐。
- 保持双腿站直，双脚分开少许。

- 双臂下伸，前臂相互平行。
- 从腰部往上向前弯曲上半身。
- 腕部和前臂触球。

给你的成功打分

0 ~ 13 分 =1 分

14 ~ 17 分 =3 分

18 ~ 20 分 =5 分

你的分数 _____

接中高球训练 3
重复训练

　　该训练需要 1 个守门员和 6 或 8 个场上球员，在一个大约 30 码 ×30 码的方形场地内进行。在场地的一端用旗子标记出一个标准宽度的球门。守门员在球门中。场上球员在整个场地内活动，并在他们之间传 4 个球。在守门员的命令之下（喊出球员的名字），该持球者向守门员射出一个中高球，守门员接住球后，立即传给最近的无球者。然后，守门员喊另外球员的名字，让他供球。所有供球都必须距离球门至少 15 码。守门员连续接球和发球 15 分钟。来球若未被牢牢接住，则被罚 1 分。

增加难度

- 增加供球速度。

降低难度

- 减少重复次数。

成功检查

- 和供球者对直。
- 保持双腿站直，双脚分开少许。
- 双臂下伸，前臂相互平行。
- 从腰部往上向前弯曲上半身。

- 用手腕和前臂触球，将球紧抱于胸部。

给你的成功打分

6 分或更高罚分 =1 分

4 或 5 分罚分 =3 分

0 ~ 3 分罚分 =5 分

你的分数 _____

接齐胸或齐头高的球

接齐胸或齐头高的球时，肩膀要和来球对直。将手摆放成窗口姿势（参见图 6.6）。手指朝来球张开，其中两个拇指几乎接触。总是试图用手抓住球的上半部分。前臂摆放在球的后方，而且相互平行。将手臂伸向球，肘部稍微弯曲。尝试用指尖接齐胸高或齐头高的射门。当球到达时，手臂后收以减缓冲击，然后将球缚在胸部。

图 6.6 手的窗口姿势

如果可能的话，接齐胸或齐头高的球时，尽量遵循手—眼—头原则（参见图 6.7）。接球时，让手、眼和头与球保持在同一直线上。通过拇指和食指形成的窗口看着球进入手中。球接触指尖时应该没有声音或者声音很小。守门员通常将之称为柔手。

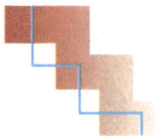

错误

球从两个手之间穿过。

正确

将双手紧靠在一起形成窗口。在接球时，拇指和食指几乎触在球的后方。用手接住球的上半部分。

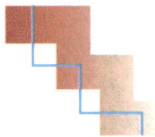

错误

球从手中弹开。

正确

用指尖而不是手掌接球。当球到达时，手臂和手掌稍微后收，减缓球的冲击。

图 6.7 接齐胸或齐头高的球

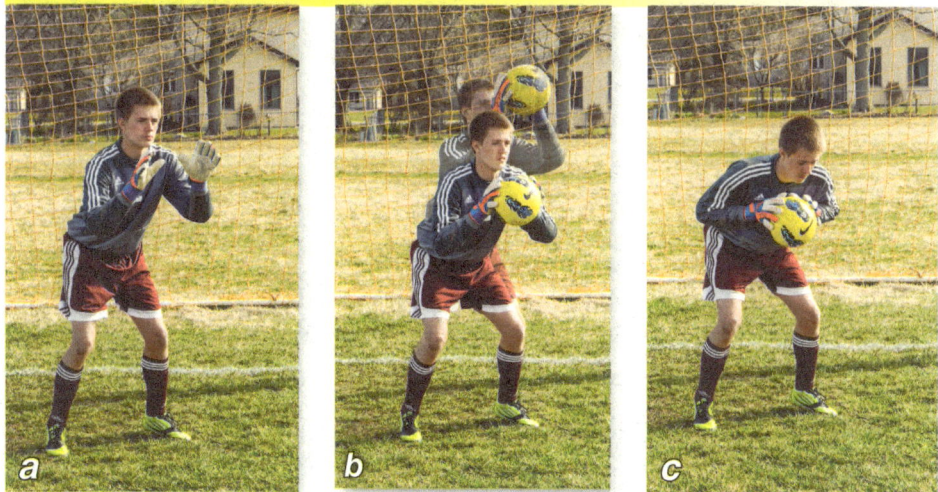

准备

1. 让肩部和髋部与来球对直。
2. 双脚之间大约齐肩宽。
3. 双手位于齐胸高的位置，手掌向前。
4. 张开手指。
5. 保持头部稳定，视线落在球上。

执行

1. 将手摆放成窗口形。
2. 肘部稍微弯曲。
3. 当球到达时，通过窗口看球。
4. 用手接住球的上半部分。
5. 用指尖接球。

继续

1. 手和手臂后收。
2. 将球缚在胸部。
3. 将球传给队友。

接齐胸或齐头高的球训练 1
窗口接球热身运动

　　双手持球放在大约齐胸高的位置。用力向地面掷球让球弹起，然后在球上升到腰部前，双手用窗口姿势接球。重复 50 次。每次接住球得 1 分。

增加难度

- 在快速行走的过程中掷球和接球。

降低难度

- 以更加轻柔的方式掷球。

成功检查

- 用指尖接球。
- 让拇指位于球后方。
- 手向后收减缓冲击。

给你的成功打分

0 ～ 39 分 =1 分

40 ～ 44 分 =3 分

45 ～ 50 分 =5 分

你的分数 _____

接齐胸或齐头高的球训练 2
抛球和接球

守门员 A 和 B 面对面站在相距 8 码远的地方。守门员 A 向守门员 B 的头部左侧或右侧抛球。守门员 B 用指尖接住球的上半部分。然后守门员 B 将球抛回给守门员 A，后者以相同的方式接球。重复进行训练，直到每个人抛 40 个球。每次用适当的技术接住球得 1 分。

增加难度

- 增加抛球速度。
- 在训练的同时向侧边挪动脚步。

降低难度

- 缩短守门员之间的距离。
- 轻柔抛球。

成功检查

- 保持头部稳定，注意力集中在球上。
- 让手、眼睛和头部和球保持在同一直线上。

- 将手摆放成窗口形。
- 用指尖接球。
- 手位于球的上半部分。

给你的成功打分

0 ～ 35 分 =0 分

36 ～ 39 分 =1 分

40 分 =3 分

你的分数 _____

接齐胸或齐头高的球训练 3
救下齐胸或齐头高射门

守门员位于球门上，而供球者持球面向守门员站在罚球区的顶端。供球者向守门员踢一个齐胸高或齐头高的球，守门员用恰当的技术接球（手摆放成窗口形，前臂相互平行，肘部稍微向内收拢）。守门员立即将球返回给供球者，并准备接另一个齐头高的球。连续重复 60 次每次使用正确的姿势接住球得 1 分。

增加难度

- 增加供球速度。
- 增加重复次数。

降低难度

- 减少重复次数。
- 从更近的距离以更温柔的方式抛球。

成功检查

- 与供球者对直。
- 手放在齐胸高的位置，手掌朝上。

- 手指向球伸展。
- 肘部弯曲，双手摆放成窗口形。
- 球到达时，从窗口看球。
- 用指尖接球。
- 手位于球的上半部分。

给你的成功打分

0 ~ 49 分 =1 分

50 ~ 54 分 =3 分

55 ~ 60 分 =5 分

你的分数 _____

接高球和横向球

高球是指到达球门区时高于头部的球。横向球是指从球场的侧翼向球门射过来的球。高球和横向球都会给守门员带来巨大的挑战。在有些情形下，守门员必须腾空而起接住并控制球，同时又要挡开对手的头球射门。

作为一般原则，要尝试接住高球或横向球，而不是将它挡开（将球挡向侧边或使球从球门上方飞过）。如果没有信心将球接住，例如因为场地潮湿或者有风，那么可以使用后面讨论的其他技术（接不住的高球）。在准备接高球或横向球时，肩部放平并面向球。先快速判断球的飞行轨迹，然后再向球的方向移动。跑向球时，应该在预计接球的位置的前几码处停下。在该位置上向上跃起。如果必须腾空接球，那么使用单脚起跳来获得最大的向上动力。起跳技术类似于篮球中的带球上篮中的起跳。将双臂向头顶上方伸展迎球，尽可能在最高点接住球。

用正确的脚起跳非常重要。要想接来自侧翼的高球（参见图 6.8），向球的方向移动，然后以流畅的动作将双臂和外侧腿（朝向球场那条腿）向上插，抬起膝盖迎向来球。肩部和髋部要与来球对直。内侧腿（靠近球门那条腿）保持伸直，用来支撑身体的平衡。双手摆放成窗口形状，通过窗口看着来球，然后将球缚到胸部。平衡腿着地落下。

图 6.8 接高球和横向球

准备

1. 肩部放平，面向球。
2. 向球移动。
3. 保持头部稳定，视线落在球上。

执行

1. 使用单脚起跳跃起。
2. 以流畅的动作将双臂和外侧腿向上抬。
3. 双臂向上伸；双手摆放成窗口形状。
4. 在跃起的最高点用指尖和手掌接球。

继续

1. 向后收回手臂和手。
2. 将球缚于胸部。
3. 降落到地面。
4. 将球传给队友。

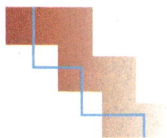

错误

对手插到你的前方，用头将球顶进球门。

正确

向球的方向移动，提前跳起，并且在跃起的最高点接住球。以流畅的动作将双臂向上伸，外侧腿向上抬高。

接高球和横向球训练 1
高球技术训练

在慢跑穿过球场时向空中抛一个高球。单腿起跳，在跳起的最高点接住球。抛接 40 个高球。轮流使用左脚和右脚起跳。每次在跃起的最高点使用恰当动作接住球得 1 分。

增加难度

- 和同样跳起接球的队友争球。

降低难度

- 练习单腿起跳动作，但不接高球。
- 接球时脚不离开地面。

成功检查

- 让肩部和髋部与球对直。
- 以流畅的动作将双臂和单腿向上抬起。

- 将手摆放成窗口形状。
- 在跃起的最高点接球。

给你的成功打分

24 分及以下 =1 分

25 ～ 34 分 =2 分

35 ～ 39 分 =3 分

40 分 =5 分

你的分数 _____

接高球和横向球训练 2
守门员接斜向高球

将三个锥桶摆放成三角区，每个锥桶之间大约间隔 10 码。守门员站在三角区的顶点上。供球者站在三角区底边前方 10 码处面向守门员。供球者向空中抛或踢球，让球落在三角区底边上的其中一个锥桶附近。守门员向前移动，尽可能在跃起的最高点接住球，然后将球返回给供球者。守门员快速退回到原点上，然后向另一侧重复练习。守门员一共接 30 个高球，三角区底边上的左右锥桶各 15 个。每次使用恰当的技术接住高球得 1 分。

增加难度

- 加入竞争对手和守门员争球。
- 增加供球速度。

降低难度

- 脚不离地练习起跳动作。

成功检查

- 使用单脚起跳。
- 以流畅的动作将双臂和外侧腿向上抬。
- 内侧的腿保持笔直。

- 伸出双臂，手摆放成窗口形状。
- 在跳起的最高点用指尖和手掌接球。

给你的成功打分

17 分及以下 =1 分

18 ~ 23 分 =2 分

24 ~ 27 分 =3 分

28 ~ 30 分 =5 分

你的分数 _____

接高球和横向球训练 3
高球重复训练

在正规球场的中心，四个供球者围绕中圈以相同的距离站开；守门员站在中圈的中心。每个供球者轮流抛一个高球，让它落在中圈的中心附近。守门员向球移动，肩部和髋部与球对直，使用正确的单腿起跳技术跃起，在跃起的最高点接球。连续训练 40 个抛球。守门员交替使用左脚和右脚起跳。每次用正确的技术接住球得 1 分。

增加难度

- 增加重复次数。
- 中圈中安排两个守门员争夺高球。

降低难度

- 减少重复次数。
- 不要求守门员跳离地面。

成功检查

- 使用单腿起跳。

- 起跳腿膝盖向球。
- 双臂和双手伸过头顶。
- 将双手摆放成窗口形状。

给你的成功打分

21 分及以下 =1 分

22 ~ 29 分 =2 分

30 ~ 35 分 =3 分

36 ~ 40 分 =5 分

你的分数 _____

接高球和横向球训练 4
接横向球

　　设置两个标准大小的面对面球门，其中一个在球场的底线上，另一个在罚球区的顶端边缘上。两个球员（供球者）分别进入球场两侧侧翼，站在罚球区边缘和边线之间的空间上。守门员 A 和 B 分别站在两个球门中。开始时，守门员 A 将一个球滚向其中一个侧翼球员。该侧翼球员对球进行控制，并传横向球给守门员 B。守门员 B 在跳起的最高点接住球，然后将球传给位于球场的另一边侧翼的球员。该侧翼球员对球进行控制，并传横向球给守门员 A，让他救球后发球。继续进行训练，直到每个守门员都能接到 40 个横向传球，每个侧翼 20 个球。每次使用正确的技术接住横向球得 1 分。

增加难度

- 在球门区加入进攻球员，和守门员争夺横向球。

降低难度

- 侧翼球员以轻柔的方式将球横向抛给守门员。

成功检查

- 身体和来球对直。
- 向球移动，并开始起跳。
- 以流畅的动作将双臂和外侧腿上抬。

- 向球的方向伸展双臂和双手。
- 在跃起的最高点用手指和手掌接球。
- 回收双臂和双手。
- 将球缚在胸部。

给你的成功打分

0 ～ 28 分 =1 分

29 ～ 34 分 =3 分

35 ～ 40 分 =5 分

你的分数 _____

接高球和横向球训练 5
比赛场景：控制球门区

　　在一个 70 码宽、80 码长而且有一条中线的场地上进行训练。在每侧底线上各设置一个标准球门。在每条边线前方几码处用标记物各标记出一条线，为没有对手的侧翼球员提供通路。组织两个球队，各包含 1 个守门员和 7 个场上球员。用彩色的运动衫区分两个球队。每个球队在每个侧翼通路上安排一个球员，在对方半场地上安排 3 个球员（进攻者），并在己方场地上安排 2 个球员（防守者）。守门员位于各自的球门内，每人一个球。开始比赛时，守门员 A 向位于侧翼通路的队友抛一个球。该队友立即沿着没有对手的通路带球，到了通路的尽头后，向对手的球门区传球。位于那里的 3 个队友试图将横向球踢入球门，同样在该区域的 2 个对手则试图将球清出球门区。一旦守门员 B 抱住了球，或者进球了，则他就将球发给位于另一边侧翼通路的队友，比赛将朝着对面的球门继续进行。对于没有被守门员抱住的球，则算是自由球，可以被攻方继续射门。连续比赛 20 分钟。那方（守门员）让对方进球少者赢得比赛。

增加难度

- 在 6 码球门区内加入一个进攻球员，和守门员争夺每个横向球。

降低难度

- 对手不能够和守门员争横向球。

成功检查

- 身体和来球对直。
- 向球移动并开始起跳。
- 以流畅的动作将双臂和外侧腿上抬。

- 向球伸展双臂和双手。
- 在跃起的最高点用手指和手掌接球。
- 回收双臂和双手。
- 将球缚在胸部。
- 将球传给队友。

给你的成功打分

负方守门员 =1 分

胜方守门员 =3 分

你的分数 _____

不可接的高球

守门员应该试图接住高球和横向球，而不是将它们从球门区挡开。然而，有时很难判断坠落球或弧线球进入球门的飞行轨迹，而且天气不佳可能会导致不知道能否接住球，或者在接球时对手发起挑战。如果对能否接球心存疑问，那么最好是安全第一。此时不要接球，而是将球从球门口挡开。该决定非常关键，必须快速果断地确定下来。优柔寡断最终会导致对方射门得分。

作为一般规则，只要出现以下一种或多种情况，则应该将球从球门口挡开而不是接住球。

- 球门口有许多球员，不能轻易接到球。
- 极有可能与争夺球权的对手发生碰撞。
- 跳起接球时失去平衡。
- 由于雨、雪或雨夹雪等天气导致很难接住球。
- 脚下很难站稳，不确定能否到达球的位置。

一旦做出了决定，就可以选择用一只手或者两只手将高球挡开。选择采用哪种技术取决于来球的角度，守门员相对于球和对手的位置，以及守门员对挡开球的自信程度。

双拳挡球技术

如果你能双肩对直移向来球，那么可使用双拳挡球技术。目标是将球从球门口挡向危险更低的区域。为此，可以将球挡向高处、远处或球场的侧翼。将球向上挡开留下宝贵的重新部署和重新组织的时间。将球尽可能挡向远方，当球落地时降低对手将球射回球门的机会。将球挡向球场的侧翼，将球从球门中央前方的危险射门区移除掉。

运用双拳挡球技术（参见图6.9）时，让指关节向前、拇指在最上面形成两个结实的拳头。双拳并排放在一起，腕部保持稳定，双臂紧挨身体的侧边。肘部大约弯曲90°角。当球到达时，使用一个短促有力的协调动作将双臂向前上方伸出。保持腕部稳定而且双拳靠紧，刚好接触球的水平中线的下方。尽可能在最高点挡球。

图6.9 双拳挡球

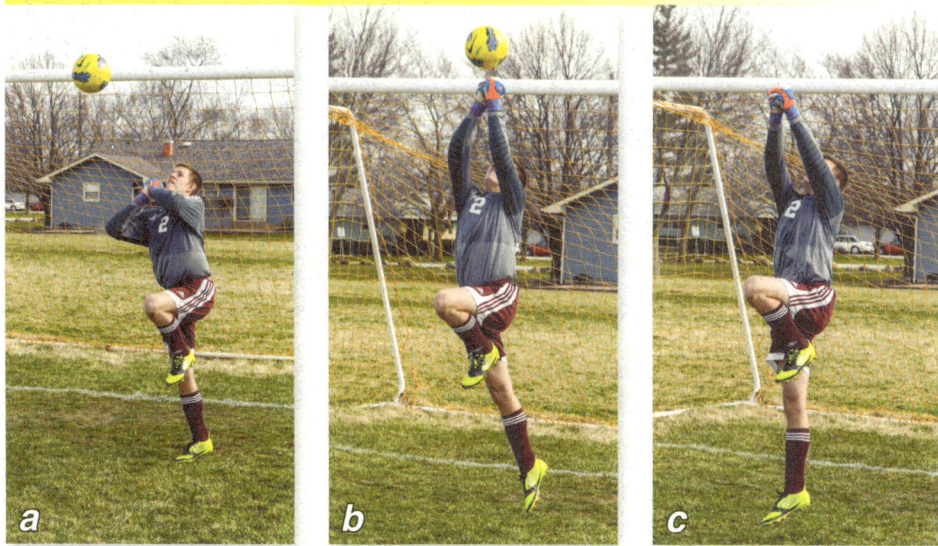

准备

1. 让肩部和髋部与球对直。
2. 将双拳并排放在一起，腕部保持稳定。
3. 肘部弯曲，紧靠身体两侧。

执行

1. 以短而有力的动作将双臂伸向球。
2. 双拳紧靠在一起，腕部保持稳定。
3. 接触球的水平中线下方位置。
4. 尽可能在最高点触球。

继续

1. 随球挡向想要球飞向的方向。
2. 将球挡向高处、远处或球门区的侧边。

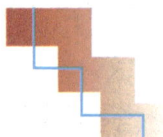

错误

挡球（移除球）缺乏高度和距离。

正确

将双臂收紧在身体两侧，肘部弯曲大约 90°角，以产生最大的动能。球到时，快速将双臂和拳头挡球。腕部保持稳定。向前上方伸手臂时要使用短而有力的紧凑动作，而不是慢腾腾的软弱动作。

单拳挡球技术

球从侧翼横向穿越球门口时，会形成另一种的挑战。因为球高速运动而且没有直接冲向球门，所以将球挡向球场的另一边侧翼比将它原路挡回要容易。在这种情形下，使用单拳技术将球挡向身体的另一侧（参见图 6.10）。对于从对手的右翼（守门员的左边）横穿过来的球，要用左手将顺势球挡向对手的左翼（守门员的右边）。对于从对手的左翼横穿过来的球，则用右手将其挡向对手的右翼。挡球的动作要短而紧凑。让手臂斜向穿过身体，有力地伸出，从而提供更好的控制。要避免幅度大而无力的手臂动作。

如果高球猝不及防地落向站在球门线上守门员的后方，对于这种罕见的情形，守门员也可使用稍微变化的单拳挡球技术来应付。如果不能后退并干净利落地接住球，那么可使用单拳挡球技术将球从球门横梁击出去，使其出界。让离球最远的那条腿大幅度后撤步，将身体移动到球的一侧，让手臂以短而有力的动作伸出，将球从横梁上方击出去。对于从横梁上方附近落在左肩侧的球，那么左脚大幅度后撤步，右手横向从身体穿过击球。对于从横梁上方附近落在右肩侧的球，那么右脚大幅度后撤步，左手横向从身体穿过击球。

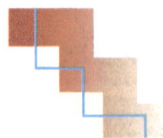

错误

没有击中球或者球垂直上飞并且落在球门区内。

正确

挡开横过身体的来球，让它朝着另一边侧翼飞行。挡球动作应紧凑且有力。

图 6.10　单拳挡球

准备

1. 判断球的飞行轨迹。
2. 握紧拳头，手臂靠在胸部。
3. 保持头部稳定，目光落在球上。

执行

1. 向球移动。
2. 让手臂穿过胸部以短而有力的伸展动作，将球击向对向的侧翼。
3. 保持手腕稳定。

继续

1. 用手臂的随球动作将球导向对向侧翼。
2. 向下伸展手臂防止摔倒。

可以使用另一种方法来处理落向身后的高球。在许多场合中，开掌技巧（参见图 6.11）通常用于单拳挡球技术中，因为它可提供更多的控制。与用拳头挡球不同的是，用张开的手掌将球从横梁上方导出。这一动作通常称为用手掌将球托出横梁。

开始时，远离球的脚后踏步。例如，打算用手掌将从左肩落下的球挡向右侧（对手的左边）时，则左脚后踏步。当球到达时，伸出右臂，手从身前穿过将球从横梁托出去。把球从横梁托出去后，降落时转动身体面向地面。双臂和双手先接触地面。将肩部收拢并在地上滚动，进一步减缓冲击。

图 6.11 单手将球托出横梁

准备

1. 判断球的飞行轨迹。
2. 远离球的脚后踏步。
3. 将身体转向球的一侧。

执行

1. 将手臂从身体前方伸过去。
2. 用手掌将球从横梁上方托出去。
3. 看着球从横梁上方飞出。

继续

1. 旋转身体面向地面。
2. 收拢肩膀，落到地面时滚动。

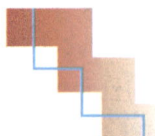

错误

手掌拍在球上而不是托它，导致球落在后面进入球门。

正确

应该用手掌和手指将球从横梁上方托出去，而不是拍球。

不可接的高球训练 1
双拳挡球

　　守门员 A、B 和 C 排成一条纵队，相互间隔大约 6 码。守门员 A 跪下面向站立的守门员 B 和 C。开始时，守门员 B 持球站在守门员 A 和 C 之间。守门员 B 向守门员 A 抛一个高球。守门员 A 跪着用双拳技术将球从守门员 B 的头上方挡过去给守门员 C。守门员 A 进行 15 次重复挡球；然后球员们交换位置并重复训练。球员记录将球直接挡到目标的个数。

增加难度

- 增加守门员之间的距离。
- 增加供球速度。

降低难度

- 缩小守门员之间的距离。

成功检查

- 将双拳并排放在一起。
- 肘部紧靠身体两侧。

- 以短快的爆发性动作伸出手臂。
- 接触球的水平中线下方。
- 随球挡向想让球飞向的方向。

给你的成功打分

将 0 ~ 9 个球直接挡到目标 =1 分

将 10 ~ 13 个球直接挡到目标 =3 分

将 14 或 15 个球直接挡到目标 =5 分

你的分数 _____

不可接的高球训练 2
单拳挡球

　　守门员 A、B 和 C 排成一条纵队，相互间隔大约 8 码。守门员 B 位于守门员 A 和 C 之间，跪在其他两个守门员的侧向上。开始时，守门员 A 向守门员 B 头部上方大约 60 厘米处抛球。守门员 B 顺势将球从身前挡向守门员 C。守门员 C 接住球并将它抛回给守门员 B，而守门员 B 顺势将球从身前挡向守门员 A。守门员 B 挡 20 个抛来的球（左右拳头各 10 个）后，球员们交换位置并重复训练。球员记录将球直接挡向目标的个数。（注意：供球准确非常关键。）

增加难度

- 增加守门员之间的距离。
- 站着挡球。

- 增加重复的速度和数量。

降低难度

- 将球员之间的距离缩短至 5 码。

成功检查

- 手臂以短而紧凑的动作从胸部前伸过。
- 保持手腕稳定。
- 接触球的下侧。
- 沿着球的飞行方向完成随球动作。

给你的成功打分

将 0 ～ 10 个球直接挡到目标 =1 分

将 11 ～ 15 个球直接挡到目标 =3 分

将 16 ～ 20 个球直接挡到目标 =5 分

你的分数 _____

不可接的高球训练 3
在压力之下双拳挡球

　　此项训练需要两对守门员参与（A 和 B、C 和 D）。守门员 A 和 B 站在守门员 C 和 D 之间，而守门员 C 和 D 作为供球者彼此相距 15 码。每个供球者有一个球。守门员 A 站在守门员 B 的正后方大约 1 码处。开始时，这两个守门员都面向守门员 C。守门员 C 向守门员 A 抛一个高球，后者向前踏步跳起高于守门员 B（静止的障碍物），将球挡回给守门员 C。守门员 A 和 B 然后转过来面向守门员 D，后者向守门员 B 抛一个高球。守门员 B 向上跳起高过守门员 A 将球挡回给守门员 D。每个守门员重复 15 个挡球，后守门员 A 和 B 和供球者 C 和 D 交换位置并重复训练。球员记录直接将球挡向目标的个数。供球应该保持足够的高度，让守门员有充足的时间接近、起跳和挡球。

增加难度

- 在 60 秒内挡开尽可能多的球。
- 加入第二个争球的球员。

降低难度

- 不要求守门员将球从对手的头上方挡过去。

成功检查

- 将两个拳头放在一起形成稳定的整体。

- 腕部保持稳定。
- 以爆发性动作伸出双臂。
- 接触球的下半部分。
- 随球挡向目标。

给你的成功打分

将 0 ～ 9 个球直接挡到目标 =1 分

将 10 ～ 12 个球直接挡到目标 =3 分

将 13 ～ 15 个球直接挡到目标 =5 分

你的分数 _____

不可接的高球训练 4
基本的手掌挡球

　　三个守门员（A、B 和 C）站在一条直线上，彼此之间相距 5 码。守门员 A 和 C 面对面，而守门员 B 站在中间面向守门员 A。守门员 A 向守门员 B 的右肩上方抛一个高球。守门员 B 的右脚采取后撤步，并用左手的手掌将球挡向守门员 C。然后守门员 B 转身接 C 的球，守门员 C 将球从守门员 B 的左肩上方抛过去，而守门员 B 右脚采取后撤步，并用右手的手掌将球挡向守门员 A。守门员 B 交替使用左手和右手连续挡 5 个抛来的球。每次正确地用手掌将球从假想的横梁上挡出去得 1 分。抛球必须精确。抛球要有足够的高度，让守门员有足够的时间采取后撤步并用手掌将球从身前挡过去。

增加难度

- 增加重复的次数。
- 加入一个球员和守门员争球。

降低难度

- 从更近的距离以更加柔和的方式抛球。

成功检查

- 手掌稍呈杯状。
- 没有拍球的声音（手松软）。
- 将手掌放在球的下半部。

- 保持头部稳定，眼睛盯着球。

给你的成功打分

用手掌将 1 ~ 6 个球直接挡到目标上 =1 分

用手掌将 7 或 8 个球直接挡到目标上 =3 分

用手掌将 9 或 10 个球直接挡到目标上 =5 分

你的分数 _____

不可接的高球训练 5
将球从横梁上方挡开

　　此项训练需要三个供球者和一个守门员，在有标准球门的球场的一端进行。供球者 A 和 C 位于球门区和底线的交叉点上。供球者 B 位于球门前方 10 码处，面向球门。每个供球者有两三个球。供球者 A 向横梁上方抛一个高球。守门员必须用张开的手掌将球挡出界外。然后，守门员面向供球者 C，而后者以相同的方式向他抛一个球。守门员用另一只手将球挡出去，然后向供球者 B 移动。供球者 B 向横梁附近守门员的背后抛一个高球。守门员必须正确运用后踏步，然后将球从横梁上方挡出去。继续进行训练，直到守门员从每个供球者接到 10 个抛来的球（也就是一共挡 30 个球）。

增加难度

- 增加重复次数。
- 加入一个球员和守门员争球。

降低难度

- 从更近处轻柔抛球。
- 减少重复次数。

成功检查

- 后撤步启动。
- 保持头部稳定，视线落在球上。

- 手掌稍呈杯状。
- 没有拍球的声音（手松软）。
- 将手掌放在球的下半部。
- 看着球从横梁前方飞过。

给你的成功打分

将 15 ～ 20 个球从横梁前方挡开 =1 分

将 21 ～ 25 个球从横梁前方挡开 =3 分

将 26 ～ 30 个球从横梁前方挡开 =5 分

你的分数 _____

扑救

扑救（参见图 6.12）很可能是所有守门技术中最具特技色彩的。在某些情形下，守门员必须身体远离双脚，向球门的一侧扑去将球救下。扑救的最初动作从预备姿势开始。近球脚迈向扑球方向，然后以脚蹬地开始扑球动作。例如，要向右侧扑球，右脚向右侧踏一步，然后右脚蹬地扑球。另一侧的腿和手臂顺着扑球的方向移动，以产生更大的动能。双臂向球的方向伸出，双手形成侧向的窗口形状。用指尖和手掌接球，其中下方的手位于球的后面，肘部收拢在身体侧边。以身体侧边落地，而不是腹部。

球门区的反弹球通常会导致对方进球，因此如果不确定你能否将球抱住，则遵循这条基本的守门法则：只要不确定，就将球挡开。用下侧的手的手掌干脆利索地将球从球门柱挡出去，而不是试图用手将球抱住。手掌稍微向后弯曲，手腕要保持稳定。接触球的内半侧。

错误

扑球时腹部着地。

正确

用身体侧边接触地面能够保护下背部，并且让你能够运用手 – 眼 – 头原则接球。

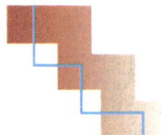

图 6.12　扑救

准备

1. 预备。
2. 近球脚迈向扑球方向。

执行

1. 向球扑去。
2. 另一侧手臂和腿向扑球方向猛推。
3. 双臂和双手向球伸展。
4. 双手在侧边形成窗口形状。
5. 用指尖和手掌接球。

继续

1. 落到地面。
2. 球先触地，然后依次是前臂、肩膀和臀部，最后是大腿。
3. 重新站起，把球发给队友。

扑球训练 1
基本扑球技术

双膝跪地，在身体两侧可触及的范围内各放一个球。倒向侧边并将静止的球固定在地面上。重点练习正确的扑球动作。身体的一侧触地的同时，一只手放在球的后方，另一只手放在球的上方，从而将球固定在地面上。每侧重复 10 次。

增加难度

- 将球放在更远的地方。
- 增加重复次数。
- 增加重复速度。
- 固定慢速滚动的球。

降低难度

- 减少重复次数。

成功检查

- 将下侧手臂肘部收拢在身侧。
- 以身体的一侧和臀部触地。

- 一只手放在球的后方，另一只放在上方将球固定在地面上。

给你的成功打分

使用正确的动作完成 14 个或更少的扑球 =1 分

使用正确的动作完成 15 ~ 18 个扑球 =2 分

使用正确的动作完成 19 或 20 个扑球 =3 分

你的分数 _____

扑球训练 2
扑救滚动球

站在球门口面向 8 码远的供球者。供球者朝你的侧边 3 ~ 4 码处滚球。扑向侧边将球固定住，然后立即站起来，并将球返回给供球者。在身体的另一侧重复训练。每侧尝试扑救 10 个球。可以稍微改变，让供球者抛来齐腰高的球。（注意：在软地上进行此项训练。）

增加难度

- 增加供球速度。
- 增加重复速度。
- 增加重复次数。

降低难度

- 扑救静止球将其固定住。

成功检查

- 近球脚向侧边移动。
- 向球扑过去。

- 伸出双臂和双手。
- 侧身触地。
- 将球固定在地面上。

给你的成功打分

0 ~ 14 个成功扑救 =1 分

15 ~ 17 个成功扑救 =3 分

18 ~ 20 个成功扑救 =5 分

你的分数 _____

扑球训练 3
左右扑球

开始时以下蹲姿势面向 8 码远的供球者。供球者向你的侧边 3 ~ 4 码处抛一个齐胸高的球。向球的方向迈步，从空中扑过去救球。应球先触地，然后依次是前臂、肩膀、臀部和腿。快速站起来，并将球返回给供球者。扑向另一侧重复训练。以最快的速度重复训练 30 秒；然后休息 30 秒再重复。

增加难度

- 在守门员的侧边放置障碍物（球、安全的锥桶或小栏架），守门员必须从上面扑过去救球。

降低难度

- 缩短扑球距离。

成功检查

- 迈向来球一侧。

- 另一侧手臂和腿向扑球方向猛推。
- 伸展双臂和双手。
- 双手在侧边形成窗口形状。
- 用指尖和手掌接球。

给你的成功打分

未接住所有抛球 =3 分
接住所有抛球 =5 分
你的分数 _____

扑球训练 4
守门员之战

设置两个标准球门，彼此相距 20 码。每个球门一个守门员。开始时，其中一个守门员持球。守门员轮流尝试向对方的球门射门。射门的守门员应该从球门往前走三步才将球射出。防守的守门员应该离开球门线向前，以缩小射门的角度。每救下一个球抱住没有反弹得 2 分，救下球但没有抱住得 1 分。训练一定的时间或达到一定的分数即停止。

增加难度

- 缩短射门距离。

降低难度

- 增加射门距离。
- 缩小球门宽度。

成功检查

- 向球的方向伸展双臂和双手。
- 用指尖和手掌接球。
- 球先触地，然后依次是前臂、肩膀、臀部和腿。
- 如果不能够将球抱住，则将其挡出门外。

- 预备开始。
- 从球门线向前移动，缩小射门角度。
- 开始向球扑去。

给你的成功打分

负方 =1 分
胜方 =3 分
你的分数 _____

扑球训练 5
将球挡开

　　守门员以下蹲姿势开始。供球者，两手各持一球，双臂伸展，面向 2 至 3 码远的守门员。第三个球员负责给供球者提供球。开始时，供球者向守门员侧边大约 2 ~ 3 码处抛一个齐胸高的球。守门员必须快速做出反应，用较高那只手的手掌将球挡开。在守门员刚站起来时，供球者向他的另一侧抛球。重复向守门员的左侧和右侧抛大约 30 ~ 40 个球，然后休息并重复。最关键的是，守门员要快速蹬地并以爆发动作扑球。抛球应该在守门员手可触及的范围。守门员张开上方的手的手掌，将球引导出去，但要远离供球者的方向。

增加难度

- 在守门员侧边放置障碍物（球、安全的锥桶或小栏架），守门员必须从上面扑过去救球。

降低难度

- 缩短扑球距离。

成功检查

- 迈向来球一侧。

- 另一侧手臂和腿向扑球方向猛推。
- 伸出手臂和双手。
- 张开上方手手掌将球挡出门外。

给你的成功打分

未挡开所有抛球 =3 分
以正确的动作挡开所有抛球 =5 分
你的分数 _____

扑球训练 6
迅速反应救球

　　在一个标准球场的一端进行训练。守门员站在标准球门中，面向位于球门中央前方大约 10 码远的射门者。一个供球者有 10 ~ 12 个球，站在距离球门侧边的底线外侧大约 8 码远的地方。开始时，供球者将球抛给射门者，而后者直接凌空射门射向门。守门员必须迅速做出救球反应: 要么将球抱住，要么将球从球门挡出去。继续进行训练，重复 10 次；然后休息并重复。

　　每次救球后，守门员应该立即归位，做好准备以爆发动作扑向球。如果可能，守门员应该尝试将球抱住，但是如果不能抱住，则将球从球门口挡出去。该训练可以稍加改变，供球者从地面向射门者供球，让守门员受到不同的刺激和反应。射门者可以用脚射门也可以用头顶球。

增加难度

- 在守门员侧边放置障碍物（球、安全的锥桶或小栏架），守门员必须从上面扑过去救球。

降低难度

- 减少重复次数。

成功检查

- 快速向球移动。
- 另一侧手臂和腿向扑球方向猛推。

- 伸出双臂和双手。
- 张开上方手手掌将球挡出门外。

给你的成功打分

在 10 个快速射门中，救下 5 ~ 7 个 =3 分

在 10 个快速射门中，救下 8 个或更多 =5 分

你的分数 _____

扑救点球

点球是对守门员的一对一的终极挑战。球放在球门中央前方 12 码处。在球被踢出前，只允许指定的罚球者和守门员位于罚球区和罚球区弧线内。守门员必须双脚站在球门线上。在球踢出前，他可以沿着球门线侧向移动，而且只有球踢出后，才能离开球门线向前移动。

对于防守点球并无普适的最佳方法。能够准确判断射门者将向什么方向移动就成功了一半。一些守门员喜欢通过关注一些细微的线索来了解罚球者的意图，例如罚球者接近球时臀部的位置。而另一些守门员就认准了一个方向扑过去，赌的是射门者将球射向那个方向。通过练习和比赛经验，你就能了解最适合自己的防守办法。

在准备扑救时，首先采取基本预备姿势，双脚站在球门线上。身体稍微前倾，让体重均衡分布，而且让身体重心落在前脚掌上。当罚球者开始踢球时，身体平行于球门线或稍微位于球门线的前方以缩小射门角度，然后向侧边扑去。如果手可以触摸到球但是无法抱住，就将球从球门口挡出去。一定要不惜一切代价防止球在球门口反弹，因为根据规则，点球罚出后罚球者可以继续上前，将从守门员身上弹起的球踢进。

要想最大可能地扑住点球，要机敏地注意罚球者罚球前或者接近球时无意暴露的微妙线索。留意射门者罚球前和罚球时的一系列细微动作，它们可能会暴露出罚球者的意图（以下归纳内容基于使用右脚的罚球者）。

- 接近角度。以较小的角度接近球的罚球者很可能将球射向守门员的左侧。呈一定角度接近球使得罚球者很难将球踢向球门的右侧角落。从球的正后方接近球的罚球者更可能将球射向守门员的右侧——通常如此！

- 踢球脚的位置。如果踢球脚放在一侧，罚球者很可能用脚背的内侧将球射向守门员的左侧。如果踢球脚向下伸展并且指向内侧，罚球者很可能尝试用脚背将球踢向守门员的右侧。

- 肩部和髋部的姿势。身体姿势最容易暴露点球者的意图。在大部分情况下，在触球的瞬间，射门者的肩部和髋部会对准目标（球门的某点）。在这种情形下，守门员必须在最后一刻做出判断和决定。

在罚点球时，扑住来球可以改变比赛势头，并最终决定比赛的结果。各种综合的因素（预判能力、运动能力、技术，有时还讲究点运气）共同决定着是否能够扑点成功。同所有其他类型的守门技术一样，扑救点球的能力可以通过反复的场景模拟练习得以提升。因此，安排足够的时间练习扑点球非常重要。

发球

守门员的作用远不止将球拦住。一旦将球控制住，必须又快又准地将球发给队友，让自己的球队开始反攻。可以用滚球、掷球和踢球的方式发球。滚球技术通常用来将球传给附近未受到对手的直接压力的队友（后卫）。掷球是较长距离发球的有效手段，通常针对位于中场或者边线侧翼的队友。踢球发球是将球快速送到对手半场的最佳方法。在大部分情况下，踢球发球是以牺牲准确性来获得更远的距离。

滚球

滚球是在短距离内快速而准确地将球发给队友的有效方法。将球救下后，将球握在呈杯状的手掌中，迈向目标，并以类似于滚动保龄球的方式将球发给队友（图6.13）。贴着地面释放球，避免球弹起。

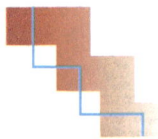

错误
球弹跳着滚向目标。
正确
以流畅的动作贴着地面释放球。

图 6.13　滚球

准备

1. 肩膀放平。
2. 将球牢稳地抱在手中。
3. 选择目标。

执行

1. 手掌弯曲单手勾住球。
2. 手臂和球后收。
3. 抛球手臂对侧的脚向目标迈出。

继续

1. 以释放保龄球的动作贴着地面释放球。
2. 手臂朝着目标随球。
3. 恢复站立姿势。

掷球

守门员可以通过掷球或者踢球将球分给更远处的队友。掷球的优势在于准确性和速度。使用棒球式掷球（参见图 6.14）可以将球掷到 20 ~ 35 码的距离。用手掌托住球并置于耳旁，就像投掷篮球一样。向目标迈步，然后用上半身即举手过肩投掷动作将球释放。手腕朝目标方向快速前摆以加快投掷速度。

图 6.14 正手掷球

1. 面向目标。
2. 将球持于手掌中。
3. 将手臂抬起放在耳后。
4. 掷球手臂对侧的脚向目标方向迈出。
5. 使用上半身掷球，手腕快速向目标方向摆动。
6. 向前发力掷向目标。
7. 将球掷向目标的脚下。

使用掷标枪法（参见图 6.15）将球发送到 40 码或更远距离。用手环绕扣球，将球置于手指、手掌和手腕中。将掷球的手臂向后摆放在大约齐腰高的位置。上半身后转呈弓形，向前迈向目标，然后从腰部处将上半身快速地向目标方向猛掷。投掷动作沿着向上的弧形进行，最终止于像鞭子从头顶抽过的动作。可以在投掷弧形的任意一点释放球，释放越早，球的飞行轨迹越高。

图 6.15 掷标枪法

1. 将球环绕在手指、手掌和手腕之间。
2. 掷球手臂后收。
3. 另一侧手臂指向目标。
4. 上半身向后弯成弓形。
5. 将球放在齐腰高的位置。
6. 掷球手臂对侧的脚向目标方向迈出。
7. 手臂像鞭子一样沿着向上的弧形运动，在合适的点将球释放。
8. 掷球手臂向前完成随球动作。

错误

掷球偏离了目标。

正确

在释放球时向前踏步。如果使用正手掷球，则在释放球的瞬间手腕快速摆向目标。如果使用掷标枪法，准备掷球前将非掷球那只手臂指向目标。随球动作要指向目标。

错误

投掷距离不够远。

正确

正手掷球时，掷球那条手臂要使用完整的随球动作。运用掷标枪法时，将身后的手臂完全伸直，以类似于抽鞭子的动作向上作弧形运动，从而使球飞向目标。产生指向目标的冲力。

踢球

就发球而言，踢球的准确性不如掷球，但是如果守门员的目标是将球快速送到对手的后场，这是一个可行的办法。此外，在不利的天气条件下踢球，也是一个好选择。通过立即将球传送到球场的另一端，可以消除在己方后场失去球权的风险。用于发球的最常见踢球技术是全凌空长球和踢落地球。

发全凌空长球（参见图6.16）时，与踢球脚相对的手持球。向前伸出手臂，将球放在大约齐腰高的位置。非踢球脚向前迈步，将球释放，然后将它踢向空中。肩部和髋部与目标对直，而且用脚背接触球的中心。保持踢球脚完全伸展且稳定。踢球腿使用完整的随球动作踢出高而远的长球。在近年，在发球时侧凌空长球也颇受守门员的欢迎，因为与全凌空长球相比，这样踢出的球飞行轨迹通常更低更直。

图6.16 全凌空长球

1. 保持头部稳定，视线落在球上。
2. 非踢球脚向目标踏出，并释放球。
3. 将踢球腿向前摆动，让脚背从球的下半部踢过去。

4. 保持脚伸展、稳定。
5. 将肩部和髋部与目标对直。
6. 脚的随球动作持续到腰部或更高。

踢反弹球（参见图 6.17）即半凌空球在多风环境下是很好的选择，因为这样踢出的球的飞行轨迹通常比全凌空长球低。更低的飞行轨迹意味着球的飞行路径不会受到风的严重影响。此外，更低的飞行轨迹也便于队友接球和控球。踢落地球的方法类似于全凌空长球，唯一不同的是在球触地瞬间将其踢出，而不是在空中就踢球。用与踢球脚相对的手持球，手臂完全伸直。向前迈步并释放球。在球触地的瞬间，将踢球脚的脚背向球踢去。脚触球时，肩部和髋部与目标对直。

图 6.17 踢落地球

1. 面向目标。
2. 与踢球脚相对的手持球，伸出手臂。
3. 身体前倾，向前迈步并释放球。
4. 在球触地瞬间，将脚背向球踢去

5. 伸展踢球脚并使之保持稳定。
6. 髋部和肩部与目标对直。
7. 向前冲力从接触点穿过。
8. 脚的随球动作持续到腰部或更高。

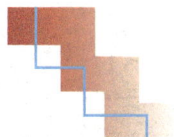

错误

全凌空长球或落地球飞向目标的左边或右边。

正确

踢球时肩部和髋部要与目标对直。用整个脚背接触球的竖直中线。

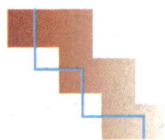

错误

全凌空长球或落地球的距离不够远。

正确

保持踢球脚触球时稳定。踢球腿使用完整的随球动作，要到达腰部或更高位置。

守门员发球训练 1
目标练习

在标准球场的一侧进行训练。一共 4 个供球者，每人一个球站在距离球门不同距离的位置上。还需要 3 个作为目标的场上球员，他们也站在距离球门不等的位置上。守门员站在球门中。供球者轮流将球踢到球门区，让守门员接住和控制。守门员接住球后，立即通过掷球的方式将球发给其中一个目标。这些目标球员在每次重复练习中都会改变位置（与球门之间的距离）。守门员根据球需要运行的距离选择合适的发球方法，如下所示。

- 当目标距离球门在 15 ~ 20 码时，使用滚球技术。
- 当目标距离球门在 21 ~ 40 码时，使用正手掷球技术。
- 当目标距离球门在 40 码以上，使用掷标枪法掷球。

如果目标球员在任意方向内移动三步就能接到球，则表明发球是准确的。守门员每种发球技术训练 15 次。每次将球准确投递给目标得 1 分，最高分为 45 分。

增加难度

- 将准确性提高到目标球员任意移动两步能接到球。

降低难度

- 将准确性降低到目标球员任意移动五步能接到球。

成功检查

- 向目标迈步。

- 使用合适的掷球技术。
- 使用完整的随球动作。

给你的成功打分

0 ~ 24 分 =0 分
25 ~ 29 分 =1 分
30 ~ 34 分 =3 分
35 ~ 45 分 =5 分
你的分数 _____

守门员发球训练 2
凌空踢到中圈

守门员持球进入罚球区，尝试踢全凌空长球或半凌空长球，让球落在球场的中圈内。踢出的球直接在中圈内得 2 分，落地后弹跳进入中圈内得 1 分。进行 20 个全凌空长球和 20 个半凌空长球。球员记录各自的分数。

增加难度

- 缩小目标区域。
- 增加到目标区域的距离。

降低难度

- 扩大目标区域。

成功检查

- 肩膀与目标保持对直。
- 双臂伸展，持球在大约齐腰高的位置。

- 保持头部稳定，视线落在球上
- 触球通过中心。
- 随球踢向目标。

给你的成功打分

0 ~ 39 分 =0 分

40 ~ 49 分 =1 分

50 ~ 59 分 =3 分

60 ~ 80 分 =5 分

你的分数 _____

守门员发球训练 3
循环发球

　　守门员 A、B、C 和 D 站在场地的不同位置上。守门员 A 站在一侧的罚球区内。守门员 B 站在罚球区外面靠近边线的侧翼区域。守门员 C 站在中圈内，而守门员 D 站在另一侧的罚球区内。开始时，守门员 A 以滚球的方式将球发给守门员 B。守门员 B 接到球后以正手掷球的方式将球传给守门员 C。守门员 C 接到球后以掷标枪法将球发给守门员 D。守门员 D 以全凌空长球或半凌空长球将球传回给守门员 A，从而完成一圈发球。重复这样的循环 5 次，每次结束后守门员交换位置并重复训练。继续进行训练，直到每个守门员每种发球技术都使用了 5 次，总分为 20 分。每次使用正确的传球技术将球传给目标得 1 分。

增加难度

- 要求守门员将球发给移动的目标。

降低难度

- 缩短与目标之间的距离。

成功检查

- 向目标迈步。
- 使用合适的掷球或踢球技术。

- 使用完整的随球动作。

给你的成功打分

14 分及以下 =1 分

15 ~ 17 分 =2 分

18 ~ 20 分 =3 分

你的分数 _____

守门员发球训练 4
棒球式掷球

用胶带在墙上或训练板上标记出几个目标区域。其中一个在左下角，一个在右下角，还有一个在中间位置。目标区域要求为 4 码 × 4 码的正方形。守门员从 20 码外以不同的角度将球掷向目标区域。尝试掷 30 个球击中目标。每次击中目标得 1 分。

选择合适的技术掷球，刚开始时注重准确性；然后逐步尝试增加速度。在中心位置掷球达到熟练水平后，向侧边移动形成更大的角度，以及从更远的距离掷球。

增加难度

- 增加掷球的距离。

降低难度

- 只要球击中目标区域 2 码范围内就算准确。

成功检查

- 向目标迈步。

- 使用适当的掷球技术。
- 使用完整的随球动作。

给你的成功打分

0 ~ 20 分 =1 分

21 ~ 25 分 =3 分

26 ~ 30 分 =5 分

你的分数 _____

成功小结

如果你是入门或新手守门员，那么应该慢慢练习每项技术，直到动作娴熟自如。随着信心的不断增强，训练的速度和强度也要逐步增加。最后，你就可以在更具挑战性的比赛模拟场景中做守门员。

第 6 步中的每项技术都设定有参考分数，帮助你评估自己的表现和记录自己的进步。在下面的表中填写你得到的分数并计算总分，评估你对守门技术的总体掌握情况。

接地滚球训练

1. 舀球救球	得到 5 分中的 _____ 分
2. 射门者和守门员	得到 5 分中的 _____ 分
3. 侧跪救球	得到 5 分中的 _____ 分
4. 向前扑球救蹦跳球	得到 5 分中的 _____ 分
5. 接直塞球	得到 5 分中的 _____ 分
6. 地滚球守门员之战	得到 2 分中的 _____ 分

接中高球训练

1. 接中高球	得到 5 分中的 _____ 分
2. 救球，转向，再救球	得到 5 分中的 _____ 分
3. 重复训练	得到 5 分中的 _____ 分

接齐胸或齐头高的球训练

1. 窗口接球热身运动　　　　　　　　得到 5 分中的 _____ 分

2. 抛球和接球　　　　　　　　　　　得到 3 分中的 _____ 分

3. 救下齐胸或齐头高的射门　　　　　得到 5 分中的 _____ 分

接高球和横向球训练

1. 高球技术训练　　　　　　　　　　得到 5 分中的 _____ 分

2. 守门员接斜向高球　　　　　　　　得到 5 分中的 _____ 分

3. 高球重复训练　　　　　　　　　　得到 5 分中的 _____ 分

4. 接横向球　　　　　　　　　　　　得到 5 分中的 _____ 分

5. 比赛场景：控制球门区　　　　　　得到 3 分中的 _____ 分

不可接的高球训练

1. 双拳挡球　　　　　　　　　　　　得到 5 分中的 _____ 分

2. 单拳挡球　　　　　　　　　　　　得到 5 分中的 _____ 分

3. 在压力之下双拳挡球　　　　　　　得到 5 分中的 _____ 分

4. 基本的手掌挡球　　　　　　　　　得到 5 分中的 _____ 分

5. 将球从横梁上方挡开　　　　　　　得到 5 分中的 _____ 分

扑球训练

1. 基本扑球技术　　　　　　　　　　得到 3 分中的 _____ 分

2. 扑救滚动球　　　　　　　　　　　得到 5 分中的 _____ 分

3. 左右扑球　　　　　　　　　　　　得到 5 分中的 _____ 分

4. 守门员之战　　　　　　　　　　　得到 3 分中的 _____ 分

5. 将球挡开　　　　　　　　　　　　得到 5 分中的 _____ 分

6. 迅速反应救球　　　　　　　　　　得到 5 分中的 _____ 分

守门员发球训练

1. 目标练习　　　　　　　　　　　　得到 5 分中的 _____ 分

2. 凌空踢到中圈　　　　　　　　　　得到 5 分中的 _____ 分

3. 循环发球　　　　　　　　　　　　得到 3 分中的 _____ 分

4. 棒球式掷球　　　　　　　　　　　得到 5 分中的 _____ 分

总分　　　　　　　　　　　　　　得到 147 分中的 _____ 分

　　总分达到 120 分或更高表明你已经熟练掌握这些基础的守门技术，可以进入第 7 步了。总分在 100 ~ 119 合格，但还有一部分技术需要加强。在进入下一步前，复习并训练那些对自己而言困难最大的技术。总分在 99 分或以下表明还没有熟练掌握第 6 步中的守门技术。在进入第 7 步前，要对各项技术再进行几次训练。（注意：如果你主要作为场上球员，那么可以选择进入第 7 步，因为你不需要精通所有守门技术。）

第 **7** 步

在一对一对抗中获胜

足球运动就是一系列相互衔接而又时刻变化的情景，每个情景仅持续一小段时间，然后就过渡到下一个情景。球员能够快速做出明智选择并根据当时的情景快速做出恰当反应的能力，将在很大程度上决定着他们在球场上的表现。简而言之，球员必须能够评估每个情景的发展趋势，考虑可行的选择以及做出相应的反应。这一行为通常称为"赛感"，通俗地说，就是觉察事物的能力。从更加专业的角度讲，这种能力称为战术速度——在时间和空间有限的比赛压力下连续做出明智选择的能力。所有精英球员和精英球队都展示出极高水平的战术速度。

通过彻底理解球员的选择和响应动作所基于的各项原则，球员就可以提高自己的战术速度。足球战术就做出选择、解决问题和团队合作方面给球员们提供了参考标准。战术的运用分为 3 个层面：个人、小组和团队。个人战术是各种适用于一对一情形的进攻和防守原则。小组战术涉及两个或多个共同作用的球员（二对一、二对二、三对二等）。团队战术适用于将球队作为整体的情形，其最高目标是球队总体表现优先于个人能力的展示，实现团队成绩最大化。

要想提升战术速度，应该从最基础的战术单元开始，即两个球员之间的一对一对抗。尽管从最纯粹的本质上讲足球是一项团体运动，但基本上每一个场景都多少涉及一对一对抗——控球球员对抗防守对手，后者阻止前者进攻。教练们总爱说这句话，"我们输掉了比赛，是因为我们输掉了大部分一对一对抗，"而这是真实的总结。两个对抗球员之间的小战争形成一串相互关联的事件，它们共同决定着比赛的结果。第 7 步提供的信息将帮助球员提升赢得一对一对抗的能力。

个人进攻战术

和美式足球不一样，通常所说的足球（英式足球）中没有专门负责进攻或防守的球员。所有球员，包括守门员，在对手控制球时都必须做好防守准备，而且在己方控制球时都必须致力于进攻。更重要的是，球员必须乐意而且能够立即从一个角色转换成另一个角色。

在这里讨论足球战术时，我们采用第一、第二、第三进攻者和第一、第二、第三防守者的叫法。个人战术主要处理的是第一进攻者和第一防守者之间的关系。控制球的球员是第一进攻者，而且是个人进攻战术焦点。担当第一进攻者的角色时，必须根据下面小节中所讨论的目的做出决定和随后的动作。

保持球的控制权

这很简单，没有球的球队是无法进球的。同样，如果你的球队控制着球，那么对方球队就无法进球。因此，获得球后的第一要务就是保持住球的控制权。使用第1步中的带球和护球技术来护球，防止被对手抢断（参见图7.1）。

将球转向球门

拥有球的控制权本身不一定意味着进球得分。防守方和步步紧逼的对手仍然是一大威胁，除非你找到了突破位置。通过将球转向对手的球门，你将获得优势。

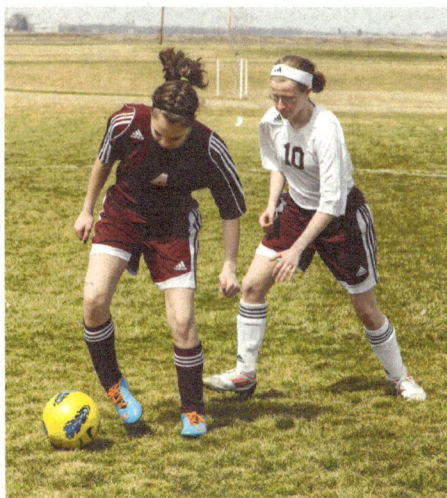

图7.1 通过将身体挡在对手和球之间来护球

在这个位置下，可以通过带球、传球或射门来突破对手的防守。不过，在转变球的方向前，必须先从紧盯的对手中摆脱出来。

在足球运动中有一个恒等式：空间等于时间。就是在自己和盯防对手之间创造更多的空间，那么就有更多的时间来操控球和施展策略。在本质上，为自己创造更多的时间和空间会使你变成更加优秀的球员。

你可以通过身体假动作来摆脱盯防的对手。身体假动作就是起到误导对手或让对手失去平衡的欺骗性身体或脚部动作。肩膀稍微下斜或者快速从球上方跨过或许就能导致对手偏向错误的方向（参见图7.2）。快速改变速度和方向同样还能在你和对手之间创造距离，从而获得将球转向对手球门的机会。用脚的内侧或外侧快速左右切球、短暂停住、剪刀步以及迅速冲入空地中等动作都能将对手甩掉。

图 7.2 身体假动作是给自己创造空间的方法之一：（a）从球上方跨过；（b）用另一只脚的外侧将球带走

向防守者发起进攻

一旦将球转向对手的球门方向，应该立即向最近的防守者发起进攻（带球进攻）。此时的目的是让防守者犯错，然后通过带球超越或者将球传到对手后方绕过对手。所采取的动作部分取决于当时在球场上的位置。

通过传球或带球突破防线

试图突破对方的防守时，要综合考虑自己在球场上的位置、失去球权的风险、在该位置强行进攻的潜在利弊，以及自己的技术长项和弱项。

如果位于己方的后场，那么丢掉球的控制权的代价可能会非常高。如果位于后场区域内，与带球相比，将球传给站在更前位置的队友是突破防守的最佳选择。即使传球被截断，己方仍然有充足的队员在球的后方，可以阻止对手的立即反攻。相反，在己方后场场地上丢球可能会导致更加严重的后果，因为己方队员大多数都已经位于球的前方，从而给对手创造了反攻球门的可乘之机。

如果在对方的后场离对方球门第三近的进攻区上，带球突破可能会产生最佳的结果。在该区域内，防守球员通常会采取密集防守，不留下任何通路。在此时，能够带球继续前进并攻破防守者的球员将成为宝贵的进攻型球员。同样，与绕过防守者创造射门机会获得的回报相比，在这个区域丢球的导致的风险并不大。

尝试通过带球突破防线时，要选择通向球门的最直路线，该举动会将第一（最近）防守者吸引过来。该战术通常被称为挑战防守者，因为这会强迫该防守者要么向前抢球，要么向后退拖延你的突破。

如果防守者过来抢球，那么可能会给在更前方的队友打开空间，或者让你有机会带球超越防守者，从而创造在数量上有优势的进攻机会。一旦带球突破防守者，则继续以最快的速度冲向球门。一定不要两次突破同一个防守者。

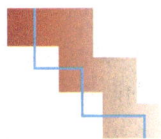

错误

在试图将球转向球门方向时，防守者将球踢开了。

正确

在试图将球转向球门方向前，将自己从紧盯的防守者摆脱离来。运用身体假动作并配合使用突然变速变向，来创造空间将球转向对方危险区域。

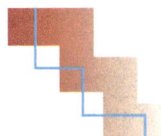

错误

将球对准了对手的球门方向，但是后来却沿着两侧边线而不是对手球门方向带球。

正确

一旦将球转向对手的球门方向，要立即带球冲向对方的球门，从而吸引最近的防守者加入进来。然后可以将球传给位于更前方的队友，或者带球超越防守者，具体情况取决于该防守者的反应。

个人进攻训练 1
1 对 1

在 10 码 ×20 码的场地内训练。开始时，你持球。通过对球进行严密控制并配合突然变速变向让球远离对手。训练 30 秒，然后休息 30 秒并重复。在每轮 30 秒中能够保持球权得 1 分。不允许离开场地范围躲避防守者。作为进攻者训练 10 轮；然后交换角色，作为防守者训练 10 轮。

增加难度

- 加入第二个防守者。
- 缩小场地面积。

降低难度

- 在 15 秒内保持球权得 1 分。
- 扩大场地的面积。

成功检查

- 调整身体姿势护球。
- 在球和防守者之间保持距离。

- 突然变速变向。
- 使用欺骗性的身体假动作和脚部假动作。

给你的成功打分

0 ~ 3 分 =1 分

4 ~ 6 分 =3 分

7 ~ 10 分 =5 分

你的分数 _____

个人进攻训练 2
转向目标并进攻

组织两个球队（A 和 B），每队两个球员。在一个 10 码 ×20 码的场地内进行训练。每队的其中一个球员作为目标球员。目标球员持球，分别站在两侧的底线上，而他们的搭档站在场地的中线上。开始时，目标 A 向队友传一个球，后者接到球后试图将球转向目标 B 并发球进攻。B 队中场球员试图阻止 A 队的中场球员转向目标 B，并阻止后者以传球或带球的方式突破防线。队 A 的中场球员将球传向防守者得 1 分，躲开对手并将球准确地传递到目标 B 再得 1 分。目标球员可以沿着 10 码宽的底线侧向自由移动。中场球员在接到球后有 15 秒的时间将球转向对方目标并发起进攻。一旦进球或者 15 秒后，该轮比赛结束，然后目标 B 向队友传球。每个中场球员作为进攻者进行 10 轮训练，最高分为 20 分。

增加难度

- 缩小场地的面积限制进攻空间。
- 仅允许在 10 秒内将球转向目标并突破底线。

降低难度

- 减少训练的轮数。

成功检查

- 走向球的方向并接住球。
- 控球护球，远离防守者。

- 创造与防守者之间的距离。
- 将球转过来面向防守者。
- 挑战防守者。

给你的成功打分

作为进攻者得 0 ~ 7 分 =1 分
作为进攻者得 8 ~ 11 分 =3 分
作为进攻者得 12 ~ 20 分 =5 分
你的分数 _____

个人进攻训练 3
1 对 1– 共同球门

在一个 20 码 ×20 码的方形场地内进行一对一训练。在场地的中心附近插三面旗作为共同球门，每面旗之间间隔 3 码。开始时，你持球；而对手作为防守者。你的目标是击败对手，然后带球或传球从共同球门的任意一侧穿过去。每次进球得 1 分。当防守者抢断球、球出界或者球进门时，则变更球权。每次变更球权时，球员也交换进攻和防守角色。训练两场，每半场 5 分钟，中场短暂休息。得分高的球员赢得比赛。

增加进攻者的难度

- 将球门的宽度缩短至 2 码。

降低进攻者的难度

- 增加球门的宽度至 4 码。

成功检查

- 护球远离防守者。

- 一有机会就将球转向球门。
- 通过传球或带球挑战防守者。

给你的成功打分

负方队员 =0 分

胜方队员 =3 分

你的分数 _____

个人进攻训练 4
1（+1）对 1（+1）挑战迷你球门

组织两个球队，每队两个球员。使用标记物标记出一个 15 码宽、20 码长的训练场地，并在两端底线的中间位置各设一个 4 码宽的球门。每个球队的一个球员站在球门中作为目标球员。剩下的两个球员站在场地的中间。开始时，一人进攻，另一人防守。中场球员进行 1 对 1 比赛。将球传到对方球门的守门员脚下得 1 分。如果防守球员抢断了球，他将立即变成进攻者，并试图向对手的球门进球。中场球员可以将球回传给队友以缓解压力，也可以接己方守门员的回传球。不过，守门员不可以向前脱离底线为队友提供帮助。每次防守者抢断球、球出界或者球进门时，则变更球权。每轮进行 3 分钟，每轮后队员之间互换位置；守门员变成场上球员，反之亦然。进球最多的球员赢得本轮比赛，并且得 1 分。最先获得 5 分的球队获胜。

增加进攻者的难度

- 球门宽度缩短至 2 码。

降低进攻者的难度

- 增加球门宽度至 6 码。

成功检查

- 护球远离防守者。
- 一有机会就将球传向球门。

- 通过传球或带球挑战防守者。
- 突破对手射门。

给你的成功打分

负方队员 =1 分

胜方队员 =3 分

你的分数 _____

个人进攻训练 5
四个球门的比赛

使用标记物标记出一个 25 码 ×25 码的训练场地。在每条边长的中间各用小旗标记出一个 3 码宽的球门。组织两个球队，每队 4 人。每队的队员按照 1、2、3 和 4 进行标号。每个球队站在相对的一组边线上。开始时，教练叫一个号（例如，2 号）然后将球踢进场。接着来自每个球队的 2 号球员将冲入场中进行 1 对 1 比赛。首先获得球权的球员可以带球通过四个球门中的任意一个得分；另一个球员作为防守者。一旦球权发生变化，球员的角色也进行互换。每次进球或者球出界后，教练立即向球场踢入一个球，让该对球员继续进行比赛。每轮比赛进行 1 分钟，然后教练点名另一对球员入场。连续训练 15 分钟（每对球员练习 3 轮），球员记录各自的进球数。

增加难度

- 每轮比赛延长至 90 秒。
- 加入一个中立防守者帮助原先的防守者，形成 1 对 2 的比赛。

降低难度

- 每轮比赛缩短至 30 秒。

成功检查

- 首先夺得球权。

- 护球、挖球。
- 使用身体假动作让防守者失去平衡。
- 直接向最近的球门发起进攻。

给你的成功打分

在 3 轮比赛中进球 0 ~ 2 个 =1 分
在 3 轮比赛中进球 3 个或更多 =3 分
你的分数 _____

个人防守战术

个人防守战术适用于距离控球对手最近的防守球员。这个防守球员因此被称为第一防守者，他负责通过第一时间向进攻者施加压力，构成第一道防线。第一防守者希望赢得球的控制权，但那不是他的唯一目的。第一防守者的关键责任是拖延对手的进攻，为队友赢得撤回并在球的后方进行重新组织的时间。对于立即加入到抢球的诱惑一定要保持克制，因为一旦误判，将导致第一防守者失守并落在球的后方。

顶尖的防守者总是对其行动保持理性而严密的控制，不会鲁莽地加入到每次抢球机会中，从而导致防守空缺。相反，他们会对当前情形加以分析，然后在恰当的时机果断而有力地向对手挑战球的控制权。因为球场上的选择最终指挥着球员的行动，所以球员的选择能力是在 1 对 1 的局面中获胜的关键能力之一。良好的选择是强有力的个人防守的基石。作为第一防守者时，要想赢得大部分一对一比赛，则要时刻牢记以下一般原则。

进入球门侧位置

重新夺回球权的第一步便是根据相对于对手、球和己方球门的位置采取正确的起动位置。通常的做法是进入球门侧位置（也就是进入自己防守的球门和球之间的位置；参见图 7.3）。从球门侧位置，你可以一直看到自己负责盯守的球和对手。总体而言，稍微偏向对手内侧的位置对你是有利的，这样可以挡住他进入球场中央的位置。在该位置上可以挡住进攻者通向的最直接路线。

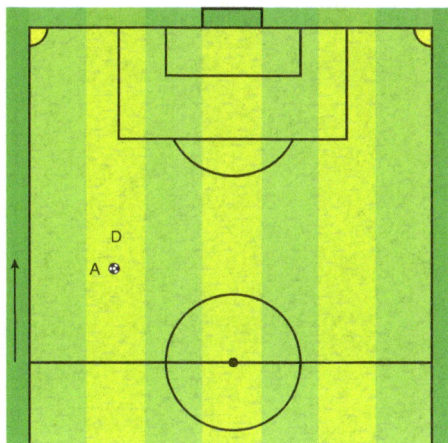

图 7.3　球门侧位置

选择良好的起动距离

在一对一防守中，你要距离对手多近呢？面临这个决定时，有几个变化因素需要考虑。你必须距离进攻者足够近，防止他将球转向你的正面身后方向，但又不要太近，让对手转过你带球过掉你。

作为一般的原则，防守位置应该距离进攻者大一步两步，这样能够保持对球的良好视线。如果进攻者试图转身，你可以快速上步向前去抢球。如果能够阻止进攻者转身，强迫对手后退或者左右躲闪，那么你就完成了自己的任务——拖延进攻，从而为队友撤到球的后方并进行重新组织提供时间。

如果你所盯防的对手没有球，那么必须相应地调整位置，因为你已经不再履行第一防守者的职责。在这种情况下，所采用的起动位置应该让你能够第一个冲到任何传入对手前方的球路上，但是如果球直接传向该球员，该位置还必须让你能够进行抢球或拦截传球。最实用的经验就是，对手距离球的位置越远，你的盯防距离就可以越远（参见图 7.4）。如果球接着传向你所盯防的球员，那么在球飞行的过程中你可以拉近距离，从而在球到时抢球。

此外，还要考虑身在球场的什么位置以及对手的能力。作为一般规则，对手距离己方的球门越近，则盯防距离应该越近。对于在射门区内的对手，必须切断他射门或向前传球的时间和空间。

最后，对于速度较快且行动迅速的对手，应该多留出一些空间，避免他恰好将球推向前方并超越你的位置。如果对手的技术非常高超但是速度相对较慢，那么应该进行更加近距离的盯防。这种情况下，你必须切断他运用技术所需的时间和空间，避免被对手打败。

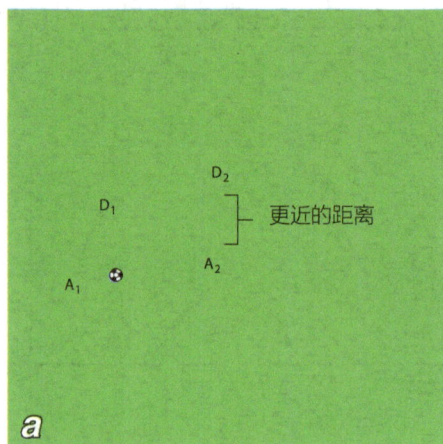

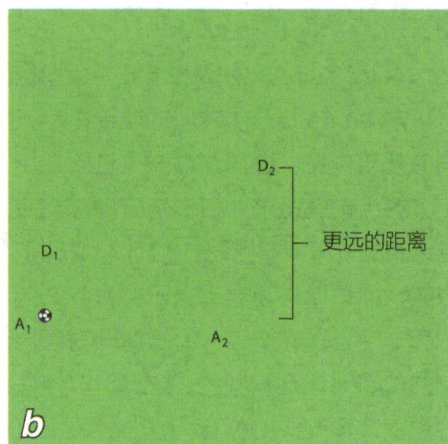

图 7.4 盯防距离：（a）支援进攻者接近球；（b）支援进攻者远离球

限制空间和时间

发现对手将要接球时，要快速缩短你与对手之间的距离。理想情况下，你应该和对手同时或者比他稍微早些到达球的位置。如果可能的话，调整你的接近角度，限制对手的选择余地。例如，你可以将对手逼入挨着边线的区域，或者将他逼入已经被其他防守者占据的空间。在任何情况下，你都必须保持良好的平衡和身体控制。

在接近进攻者时要放慢速度，缩短步伐，弯曲膝盖，调整到稍微下蹲的姿势（参见图 7.5）。保持较低的身体重心，让重心落在前脚掌上。采取双脚前后站立姿势，双脚保持舒适的距离，让一只脚稍微位于另一只脚的前方。

双脚采取前后站立姿势能够防止对手将球从你的双腿之间推过去，常称的"穿裆"。在该姿势下，你还可以对对手突然的变向或变速做出快速反应。

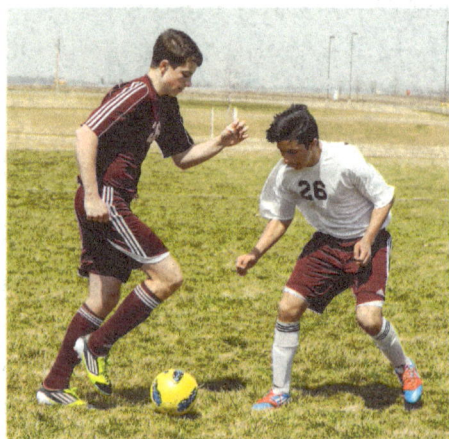

图 7.5 采取防卫姿势：弯曲膝盖，双脚前后站立，目光落在球上

阻止转身

一旦进攻者转过身来将球对准你的球门，那么他的选择余地将大大增加，而且处境得到改善。此时最大的危险是对手能够将球传到你的后方空地上，或者带球超越你，从而攻破防守。因此，你的第一要务便是阻止背向球门的对手将身体和球转过来。此时的盯防位置应该相对较近，但是又不要太近，让对手和球一起转身将你摆脱。进入对球拥有良好视线的位置，并且如果对手试图转身时，还要能够迅速向前迈步进行抢球。

谋取优势和拖延

尽管尽了一切努力，但有时还是让一些高超的进攻者转过身来面向你。在这种情况下，你最先要做的是防止对方突破。试图采用计谋将进攻者逼入有限的空间内，例如将对手赶向边线或其他防守者的范围内，或者迫使他倒退或左右躲闪。如果能够成功阻止或者至少拖延对手突破防线，即使是短暂的时间，也会给队友提供在球的后方（球门侧）进行重新组织的时间。

全力抢球

随时留心夺回球权的时机。一旦发现进攻者的球离脚过远，就要快速上前，奋力参与到抢球中。运用步第 1 步中描述的抢球技术重新夺得球权，并开始反攻。

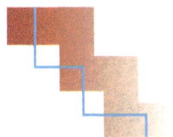

错误

到位迟了，让对手带球转身面向你。

正确

你必须站在适当的距离，不给对手提供带球转身面向你所需的空间。

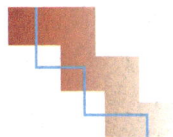

错误

鲁莽地加入到抢球中，最终被对手带球突破。

正确

在一对一的对抗中，你首先考虑的是阻止对手的突破，而不是赢得球权。进入适当盯防距离，双脚采取前后站立姿势，让身体重心均匀分布。仅当后方有队友立即填补上来或者有十足的把握能够抢球成功，才能发起抢球挑战。

个人防守训练 1
底线防守

在一个 10 码 ×30 码的场地内训练。你站在其中一端的底线上作为防守者，对手站在另一端底线作为进攻者。开始时，教练（供球者）向进攻者踢一个球，对方控球后试图带球突破你越过底线。你要离开底线快速向前移动拉近与对方的距离。如果成功抢到球或者将球踢出界外，则得 1 分。每轮结束后，各自回到自己的开始位置并重复。你作为防守者训练 20 轮；然后交换角色并重复练习。

增加防守者的难度

- 增加场地的宽度。

降低防守者的难度

- 将场地的宽度缩短至 5 码。

成功检查

- 快速接近与进攻者的距离。
- 保持平衡和身体控制。
- 双脚使用前后站立防守姿势。

- 阻止对手突破。
- 抢球。

给你的成功打分

0 ~ 9 分 =1 分

10 ~ 14 分 =3 分

15 ~ 20 分 =5 分

你的分数 _____

个人防守训练 2
阻止对手转身和突破

一共由 6 个球员参与该训练。4 个球员以均匀间隔的距离分别站在中圈的圆周上，每侧 2 个球员。每侧的一个人（供球者）持球；另一个没有（目标）。中圈内部安排一个防守者和一个进攻者。

开始时，其中一个供球者向进攻者提供球，而进攻者试图带球转身，然后将球传向位于中圈对侧的目标球员。防守者快速拉近与球的距离，阻止对手带球转身突破。训练继续进行，直到防守者赢得球权或者进攻者将球传递给目标球员。此时，第二个供球者向进攻者供球，然后在相反的一侧进行下一轮训练。在每轮比赛中，防守者如果能够阻止进攻者转身将球传给中圈对侧的目标球员，则得 1 分。一共进行 10 轮训练，防守者记录各自的分数。重复进行，直到每个球员都有一轮作为防守者。

增加防守者的难度

- 扩大场地面积。
- 在中圈中安排两个进攻者。

降低防守者的难度

- 缩小场地面积。

成功检查

- 占据球门内侧位置。
- 快速拉近与球的距离，阻止对手转身。
- 保持平衡和身体控制。
- 阻止对手通过带球或传球突破防守。

- 抢球。

给你的成功打分

0 ~ 3 分 =1 分
4 ~ 6 分 =2 分
7 ~ 10 分 =3 分
你的分数 _____

个人防守训练 3
1 对 1- 多个迷你球门

在一个 40 码 ×40 码的场地内进行训练。使用标记物标记出 6 ~ 8 个 3 码宽的小球门，随机分布在整个场地内。组织两个人数相同的球队。双方每个球员组对，进行 1 对 1 比赛。每组有一个球。第一场比赛，指定一个球队作为进攻者。在教练的命令下，比赛开始。比赛一旦开始，进攻者有 45 秒的时间进球，尽量在该时间内从球门的任意一侧进最多的球。进攻者不能连续带球从同一个球门经过。如果防守者抢断了球，则尝试夺回球权，阻止对手进球。在 45 秒后，进攻球员将其进球数加起来得到团队总分。在短暂的休息后，两个球队交换角色继续比赛。连续进行一系列的 45 秒比赛。进球最多的球队赢得比赛。

增加防守球员的难度

- 增加球门的数量和大小。

降低防守球员的难度

- 缩小场地宽度。
- 缩小球门宽度。

成功检查

- 保持球门侧位置。
- 膝盖弯曲，降低重心。
- 双脚采取前后站立姿势。

- 迅速对带球的进攻者施加压力。
- 阻止对手通过传球或带球突破防守。

给你的成功打分

负方队员 =1 分
胜方队员 =2 分
你的分数 _____

个人防守训练 4
1 对 1 盯防比赛

组织两个球队，每队 3 人。使用标记物标记出一个 25 码 ×40 码的训练场地，在每条底线的中间留出一个 4 码宽的球门。每个球队防守一个球门。不需要守门员。开始时，从场地的中间开球。要求进行严格的 1 对 1 紧盯对手。比赛规则和标准足球基本一样，唯一不同的是忽略越位规则。因为没有守门员，可以在球场的任意位置射门，所以对长球的盯防一定要紧。如果防守球员将球抢断、球出界了或者球进门了，则交换球权。得分高的球队赢得比赛。

增加防守球员的难度

- 增加场地宽度。
- 在每侧底线设置 3 个小球门，给进攻者提供更多的进球机会。

降低防守球员的难度

- 缩小场地宽度。
- 缩小球门宽度。

成功检查

- 保持球门侧位置。

- 膝盖弯曲，降低重心。
- 双脚采取前后站立姿势。
- 迅速对带球的进攻者施加压力。
- 阻止对手通过传球或带球突破防守。

给你的成功打分

负方队员 =1 分
胜方队员 =2 分
你的分数 _____

成功小结

练习 1 对 1 战术时充满了挑战，但也非常有趣。这些训练中对抗非常激烈而且对体能要求苛刻，它们通过类似比赛的场景考验球员运用技术和做出选择的能力。一旦熟练掌握个人进攻和防守战术后，就可以和队员们一起组织一场 1 对 1 的锦标赛，其中每个球员都和其他球员进行时长 2 分钟的 1 对 1 比赛。球员们记录各自的 1 对 1 比赛胜负次数，从而决定锦标赛的获胜者。教练可以观察锦标赛并分析球员的表现。

第 7 步中的每项技术都设定有参考分数，帮助你评估自己的表现和记录自己的进步。在下表中填写你得到的分数并计算总分，评估你的总体成功情况。

个人进攻训练

1.1 对 1   得到 5 分中的 ＿＿＿ 分

2. 转向目标并进攻   得到 5 分中的 ＿＿＿ 分

3.1 对 1– 共同球门   得到 3 分中的 ＿＿＿ 分

4.1（+1）对 1（+1）挑战迷你球门   得到 3 分中的 ＿＿＿ 分

5. 四个球门的比赛   得到 3 分中的 ＿＿＿ 分

个人防守训练

1. 底线防守   得到 5 分中的 ＿＿＿ 分

2. 阻止对手转身和突破   得到 3 分中的 ＿＿＿ 分

3.1 对 1– 多个迷你球门   得到 2 分中的 ＿＿＿ 分

4.1 对 1 盯防比赛   得到 2 分中的 ＿＿＿ 分

总分   得到 31 分中的 ＿＿＿ 分

　　总分达到 23 分或更高表明你已经熟练掌握个人进攻和防守战术。你可以练习小组战术了。得分在 16 ~ 22 算是合格了。在进入第 8 步前，你应该再次复习和练习个人进攻和防守战术。如果总分在 15 分或以下，则需要多付出一些。再详细回顾一遍练习内容，而且所有的训练都要至少再重复一遍。当你的信心得到提升而且能够熟练施展个人战术时，就可以进入下一步了。

第*8*步

作为小组进攻

尽管到目前为止所讨论的个人战术对于赢得一对一对抗至关重要，但如果没有球员们团结一致向共同的目标努力，作为整体的团队仍然难以获得成功。犹如拼图游戏一样，只有每个队员都正确地配合，才能拼出完整的画面。只要队员们愿意而且善于合作，只要他们能够相互取长补短，那么球队的成绩将远远超越单个球员的成绩之和。总而言之，所有团体运动的目标就是：整体的力量大于个体力量之和。相反，如果队员不能或者不愿意合作，那么不管个人的才华有多高，团队的成绩都会大受影响。

小组进攻战术通常涉及两个或多个队员共同合作来保护球权、突破对手的防守以及创造进球机会。第 7 步深入讨论了第一进攻者的角色：通过带球或传球突破对手的防守。在大部分情形中，第一进攻者需要队友的帮助来实现该目标。这就是小组战术所发挥的作用。

小组进攻涉及第一、第二和第三进攻者的相互配合。最主要的目标通常是在球的附近布置比防守球员更多的进攻球员，从而创造通常所说的数量优势，然后充分利用这一优势。在实现一些战术概念时，包括进攻支援、踢墙式二过一、二次传球、交叉掩护和交叉跑位助攻战术，数量上的优势就体现出来了。

第二进攻者的主要角色是为带球的球员提供直接的传球选择或支持。此外，他在执行踢墙式二过一、二次传球和交叉掩护策略时也起到非常重要的作用。第三进攻者的职责是提供远离球的传球选择，通常是通过斜插方式从防线中间突破或者在防线后方进行交叉跑位助攻来实现的。

成功地执行小组进攻战术要求在特定场景中理解每个进攻者的角色，以及执行相应技术所需的能力。就执行战术而言，适当的技能（技术）水平是先决条件。总而言之，如果不能有效地传球、接球、带球和射门，那么知道如何选择位置、何时跑动或者如何执行特定的战术都是空谈。因此，在集中精力训练各项战术前，必须精通第 1 ~ 5步中所讨论的技术。

进攻支援

教练们通常会说"无球球员必须比有球球员更加努力"。这句话印证了一个事实：无球球员必须为正在控球的球员提供传球选择。这一战术通常称为进攻支援，在球的附近安排数量多于防守者的进攻者，从而增加团队保持住球权的机会。

反过来，如果未能提供足够的支援，使第一进攻者孤立无援，那么优势将转向防守方。在决定何时、何地、以何种方法进入恰当的位置，从而提供更多的支援选择时，要考虑特定场合所需的支援球员的数量、最有利的支援角度以及合适的支援距离。

球附近的队友过少（缺乏支援）将限制进攻者的选择余地，而队友过多也可能是不利的，因为他们会将更多的防守者吸引到争夺区域。

当球附近的区域挤满了球员时，要想找到所需的时间和空间来创造传球配合就变得异常困难。理想情况下，应该有 3 个进攻球员为第一进攻者提供近距离支援。两个支援球员分别位于第一进攻者的两侧稍前位置，提供横向配合；而第三个支援球员位于球的后方提供纵向配合（参见图 8.1）。

想象在球的方向有两条直线，每条线通向一个支援球员。两个支援球员相对于球形成的角度应该在 90° 以上（参见图 8.2）。对于分布在大角度位置上的两个或多个球员，一个防守球员不可能覆盖住他们，但是如果支援球员都分布在一个狭窄角度的区域中，那么就可能被防守者以一挡三甚至更多。

作为支援球员，应该离球多近呢？这要依情况而定，要根据防守者的位置以及在场上位置来决定。一般的原则是，当第一进攻者正在遭到对手的挑战时，此刻他需要快速传球，而支援球员应该在球的 3 ～ 4 码范围内。如果防守者没有

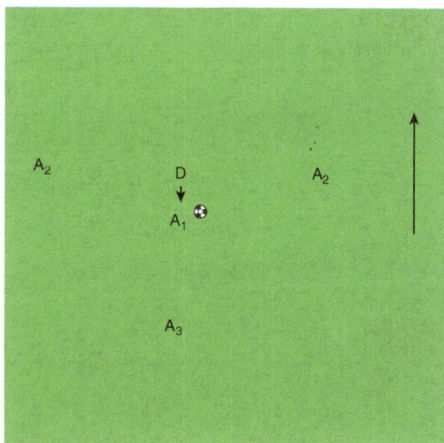

图 8.1 进攻支援。球附近的进攻者为控制球的进攻球员提供传球选择。A_1= 控球的进攻者；A_2= 侧边支援进攻者；A_3= 球后方的支援进攻者；D= 防守者

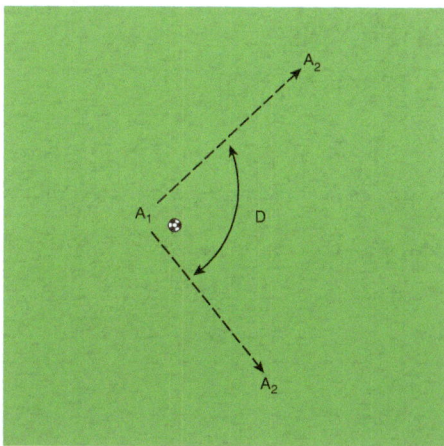

图 8.2 大角度支援

发起抢球挑战或者球周围人不多，那么可以扩大支援距离至 8 ~ 10 码。无论在什么情况下，支援球员应该保持畅通的传球通路。

当球向对手球门的方向靠近时，则要缩短支援距离。防守方通常在最危险的进球区域为队友提供支援，即球门的中央和前方，从而减少进攻者在该区域可以利用的时间和空间。通过在该区域部署更加严密的支援，进攻方增加了成功执行踢墙式二过一或交叉掩护策略的机会，从而突破对手密集防守并创造射门机会。当球向远离对方球门的方向移动时，可以拉长支援距离。

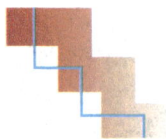

错误

一个防守者封死了通向两个或更多进攻者的通路。

正确

支援球员应该以大角度散布在球的附近（90° 角或更大），从而保持畅通的传球通路。支援球员不应该站在防守者的后方或者与球呈狭窄的角度，那样可能导致防守者封死通向支援球员的通路。

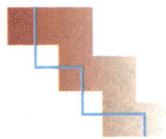

错误

支援球员未能够根据球的运动重新调整位置。

正确

足球运动是流动型的运动，因此支援的位置也是不断变化的。当球从一个进攻者传向另一个进攻者时，提供支援的球员必须相应地调整自己的位置。鉴于此，无球球员必须比有球球员更加努力。

进攻支援训练 1
3 对 1 争球比赛

在一个 12 码 × 12 码的方形场地中，一个防守者应对三个进攻者。进攻者试图在场地边界内让球远离防守者。进攻者可以在场地内任意移动，而且传球和接球时不限触球的次数。练习的重点在于支援移动和第二进攻者的正确位置。连续传球 8 个而没有丢球得 1 分。比赛连续进行 5 分钟。

增加进攻者的难度

- 缩小场地。
- 限制进攻者只能通过两次触球来接球和传球。
- 加入一个防守者，形成 3 对 2 的局面。

降低进攻者的难度

- 增大场地。
- 加入一个进攻者，形成 4 对 1 的局面。

进攻者成功检查

- 提供大角度站位支援。
- 通过首次触球准备好球。
- 使用恰当的速度精准传球。
- 根据球的运动重新调整位置。

给你的成功打分

在 5 分钟训练中得 0 ~ 3 分 =1 分
在 5 分钟训练中得 4 ~ 6 分 =2 分
在 5 分钟训练中得 7 分或更高 =4 分
你的分数 _____

进攻支援训练 2
2 对 2（+4）支援比赛

一共由 8 个球员参与该训练。使用标记物标记出一个 25 码 ×25 码的训练场地。场地的每侧的中点站一个支援球员。剩余的球员分为两队，每队两个球员。开始时，其中一个球队持球。比赛的目的是在方形场地内保持球的控制权。四个支援球员加入有球的一方形成 6 对 2 的局面，即让进攻球队获得多四个球员的优势。不过，支援球员的移动受到限制。他们只能沿着边线横向移动，而不能进入场内。支援球员只能接来自场中球员的球或者只能将球传给场中球员，而且只能通过两次触球来接球和传球。支援球员之间不能相互传球和接球。防守球员抢断球或者球出界时，则交换球权。如果连续 6 次传球而没有丢球，那么该队得 1 分。连续训练 5 分钟，然后场中的球员和支援球员交换位置并重复比赛。

增加进攻者的难度

- 限制支援球员只能通过一次（首次）触球来传球。
- 如果连续 10 次传球而没有丢球，那么该队得 1 分。

降低进攻者的难度

- 允许支援球员之间相互传球。

进攻者成功检查

- 快速移动球使防守者失去平衡。
- 作为支援球员，向侧向移动提供传球选择。

给你的成功打分

在 5 分钟比赛中得 0 ~ 3 分 =1 分
在 5 分钟比赛中得 4 ~ 7 分 =3 分
在 5 分钟比赛中得 8 分或更高 =5 分
你的分数 _____

进攻支援训练 3
4 对 2（+2）双格子比赛

　　标记出两个相隔 5 码远的 15 码 ×15 码方形格子。四个进攻者和两个防守者位于格子 A 中，而其他两个球员位于格子 B 中。格子 A 中的四个进攻者试图通过相互传球让球远离防守者（4 对 2 比赛）。进攻者仅限于通过三次或更少触球来接球和传球。一旦进攻者完成至少 4 次连续传球后，他们就可以将球传给格子 B 中的两个球员。来自格子 A 的两个进攻者立即冲入格子 B 和那里的两个球员结合，在格子 B 中形成四人团队。格子 A 中的两个防守者也冲入格子 B 中形成 4 对 2 的局面。

　　防守成功者，将球传给 B 区域的 2 名球员，随之到达 B 区域，组成新的 4 人进攻组。A 区失去球权的两个人，来到 B 区域，成为防守者。

增加进攻者的难度

- 将格子的大小缩小为 10 码 ×10 码。
- 加入第三个防守者，在每个格子中形成 4 对 3 的局面。
- 进攻者仅限两次或更少触球。

降低进攻者的难度

- 扩大格子的大小。
- 加入一个额外的进攻者，在每个格子中形成 5 对 2 的局面。

进攻者成功检查

- 处理好第一次触球，缓解防守压力。
- 与球形成大角度提供直接支援。
- 当球变换位置后，快速冲到对面网格提供支援。

给你的成功打分

作为进攻者得 4 分及以下 =1 分
作为进攻者得 5 ~ 9 分 =3 分
作为进攻者得 10 分或更高 =5 分
你的分数 _____

进攻支援训练 4
3 对 3（+2）争球比赛

使用标记物标记出一个 25 码 ×25 码的训练场地。组织两个球队，每队 3 人。指定两个额外的球员作为中立球员，他们总是参与控球的一方。使用彩色的训练背心来区分球队和中立球员。开始时，一个球队拥有球权。

有球的一方试图让球远离对手。中立球员和有球一方一起形成 5 对 3 局面，即形成多两个球员的进攻优势。当防守球员抢断球或者进攻球队的球员最后一次触球出界时，则交换球权。每次球权发生交换时，进攻方将转变成防守方，反之亦然，然后继续进行比赛。接球和传球的触球次数没有限制。

连续 8 次传球而没有丢球得 1 分。得分最高的一方胜出。作为支援球员，根据恰当的路线快速带球前进。

增加进攻者的难度

- 将场地缩小至 20 码 ×20 码。
- 增加一个中立防守者形成 5 对 4 局面。
- 进攻者仅限于两次或更少触球。

降低进攻者的难度

- 将场地扩大至 30 码 ×30 码。
- 增加一个进攻者形成 6 对 3 的局面。

进攻者成功检查

- 处理好第一次触球，缓解防守压力。

- 与球形成大角度提供直接支援。
- 当球变换位置后，快速冲到对面网格提供支援。
- 快速移动球，改变进攻点。

给你的成功打分

负方队员 =2 分
胜方队员 =5 分
你的分数 _____

踢墙式二过一

最基本的数量优势情形是两个进攻者对一个防守者。踢墙式二过一（参见图 8.3）是在 2 对 1 的局面中突破防守的有效方式。

踢墙式二过一的原理非常简单。控球的球员（第一进攻者）带球向球门移动，从而导致距离最近的防守者撤退或者拦截第一进攻者。当防守者接近准备抢球时，进攻者将球传给附近的队友（第二进攻者），然后快速向前冲到防守者后方的空地，接队友回传的球。

要想让踢墙式二过一战术发挥作用，两个进攻球员必须各自完成自己的特定任务，并相互配合。恰当的传球和跑动时间对成功与否至关重要。控球者（第一进攻者）必须先发出动作。该战术要按照以下步骤依次进行。

1. 挑战防守者。一旦发觉存在踢墙式二过一机会时，直接带球冲向最近的防守者。该举动目的在于吸引防守者的注意。

2. 使吸引防守者加入挑战中。带球直接冲向防守者将迫使他前来应战。

图 8.3 踢墙式二过一。第一进攻者将球传给第二进攻者，然后向前跑动到开阔空地接后者回传的球

3. 在恰当的时机将球传给队友。当防守者接近准备抢球时，使用脚背外侧将球传给队友处于主导位置的脚。

4. 快速向前冲。在传出球后，快速向前冲入防守者后方的空地。

5. 接回传球。接回队友回传的球。

第二进攻者（支援进攻者）必须在第一进攻者成功吸引防守者应战后，按照顺序执行以下步骤。

1. 快速移动到第一进攻者的侧前方位置。进入距离防守球员侧边 3 ～ 4 码的位置，而且与球形成大约 45° 角。

2. 进入相对于球的侧方位置。采用开放式站姿，其中身体的一侧面向第一进攻者。使用主导的脚传球。

3. 传球。用主导脚将来自第一进攻者的球传向防守者后方的空地。

4. 支援队友的回传球。快速向前冲给队友提供支援。下一个踢墙式二过一情形可能又形成了。

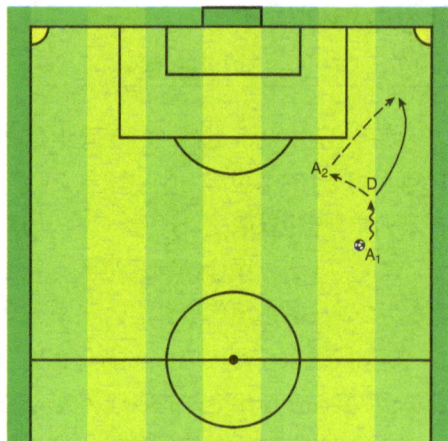

错误

作为第一进攻者，在吸引防守者应战前就开始传球。

正确

直接带球向防守者移动。在防守者向前迈步开始抢球的一刻将球传给队友。

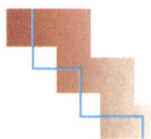

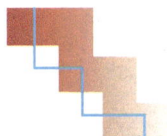

错误

让防守者卷入到争球中，并将球传给了接应的队友，但是队友未能将球传到防守者的后方空地。

正确

有两种原因可能会导致该失误。首先，接应队友可能距离你太远。接应球员恰当的支援距离应该是在防守者侧方 3 ~ 4 码处。站位过远可能会给防守者留下足够的时间来重新调整位置，从而挡住传球通路。其次，如果你（第一进攻者）传球过早，即在防守者尚未来争球前传球，也会导致踢墙式二过一战术失败。

二次传球

二次传球（参见图 8.4）很简单，就是两次将球传给踢墙接应球员达到突破防守的目的。在重新将球传到防守者的后方空地后，接应球员进行斜向冲刺，跑在球的前方接住来自第一进攻者的回传球。每个球员都有特定的任务。

作为第一进攻者（控球球员），你的主要任务是带球冲向防守者并将他吸引到身边。当防守者接近时，用脚外侧技术将球传到接应球员主导的脚下，然后快速冲到防守者的后方空地，接来自接应球员的回传球。接到回传球后，将球传向已经冲在球的前方的接应球员，从而完成二次传球。

作为支援（接应）球员，你的首要任务就是进入防守球员侧方 3 ~ 4 码的位置，同时保持畅通的传球路线。调整身体位置，位于第一进攻者的一侧。当球到达时，重新将球传向防守者后方的空地，然后快速向前冲到球的前方，接来自第一进攻者的第二次传球，从而完成二次传球。

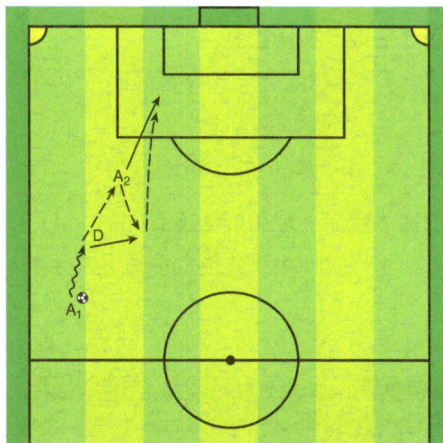

图 8.4 二次传球。第一进攻者向第二进攻者传球，然后越过防守者跑到空地中。第二进攻者将球回传给第一进攻者，然后快速跑到球的前方接回传球

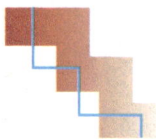

错误

二次传球组合没有按预期完成。

正确

你必须先完成一次成功传球，为第二次传球奠定基础。接应球员一旦将首次传球重新传到防守者的后方，则必须快速向前冲到球的前方接回传球。

踢墙式二过一和二次传球训练 1
假想防守者

和一个队友搭档。在沿着场地的纵向慢跑时，想象一个防守者并执行踢墙式二过一战术。每次正确地执行踢墙式传球战术得 1 分。开始时，以半速度进行训练；然后逐渐达到全速。练习 40 次踢墙式传球。作为第一进攻者练习 20 次，作为第二（接应）进攻者练习 20 次，总分为 40 分。

增加进攻者的难度

- 加入一个防守者。

降低进攻者的难度

- 对着练习（回弹）墙练习。

第一进攻者成功检查

- 带球向假想防守者移动。
- 用脚外侧传球。
- 快速向前冲入空地。

支援（接应）球员成功检查

- 进入第一进攻者侧前方位置。

- 重新将球传入假想防守者后方的空地。
- 向前移动提供支援。

给你的成功打分

0 ～ 24 分 =1 分

25 ～ 34 分 =3 分

35 ～ 40 分 =5 分

你的分数 _____

踢墙式二过一和二次传球训练 2
格子中的 2 对 1

和一个队友搭档对抗第三个球员（防守者）。在一个 12 码 ×12 码的格子场地中进行训练。运用带球、护球和传球技术，在场地中保持球的控制权。你的团队传球和接球时触球的次数没有限制。每次你和搭档成功执行踢墙式二过一击败对手得 2 分。你和搭档每次连续传球 5 次或以上得 1 分。连续训练 5 分钟；然后替换防守者并重复。

增加进攻者的难度

- 缩小场地。
- 连续 7 次或更多传球得 1 分。
- 进攻者只能通过三次触球来传球和接球。

降低进攻者的难度

- 增大场地。
- 连续 3 次传球得 1 分。

进攻者成功检查

- 吸引防守者加入挑战。
- 无球移动。
- 保持传球的路线畅通。
- 执行 2-1 传球配合。

给你的成功打分

在 5 分钟比赛中得 0 ~ 9 分 =1 分

在 5 分钟比赛中得 10 ~ 14 分 =3 分

在 5 分钟比赛中得 15 分或更高 =5 分

你的分数 _____

踢墙式二过一和二次传球训练 3
底线上的 2 对 1

使用标记物标记出一个 15 码 ×25 码的训练场地。你和一个队友站在场地一端的底线上。第三个球员（防守者）持球站在另一端底线上。开始时，防守者向你踢过来一个球，然后立即向前冲进入防守姿态。

你和搭档试图通过带球超越防守者或者执行踢墙式二过一或二次传球突破底线击败防守者。如果你和搭档打败防守者带球突破底线，则得 1 分团体分。如果防守者抢到球，那么比赛结束，球员们回到各自初始的位置。重复训练 20 次，总分 20 分。

增加进攻者的难度

- 在试图击败防守者时，将进攻球队限制在 10 码宽的区域中。

降低进攻者的难度

- 加入第三个进攻者。

进攻者成功检查

- 以比赛速度发起进攻。
- 吸引防守者加入到挑战中。
- 作为支援球员，要站在球的前方位置，而且要位于防守者的侧边。
- 通过踢墙式二过一或者带球突破防守者。
- 以全速突破底线。

给你的成功打分

0 ~ 9 分 =1 分

10 ~ 14 分 =3 分

15 ~ 20 分 =5 分

你的分数 _____

踢墙式二过一和二次传球训练 4
2 对 1（+1）攻防转换比赛

　　组织两个球队，每队两个球员。使用标记物标记出一个 20 码 ×25 码的训练场地。每条底线的中间各有一个 4 码宽的球门。每个球队防守一个球门，在对方的球门进球得分。开始时，从场地的中间开球。控球方通过将球踢入对方的球门或者成功执行踢墙式二过一得分。防守方的一个球员作为守门员，另一个作为防守球员。当防守球员抢断球、球进门、守门员救下球或者进攻球队的队员最后一次触球出界时，则交换球权。

　　防守者获得球权后，必须将球传回给守门员，而后者从球门快速向前冲出，和前者一起向对手的球门发起进攻。失去球权的一方现在必须进行防守。一个球员冲回到球门中作为守门员，而另一个球员作为防守者。比赛继续进行，其中进攻方有两个进攻球员，而防守方有一个防守球员和一个守门员。队友之间轮流充当守门员。每次通过踢墙式二过一打败防守者得 1 分团队分，如果进门再得 1 分。连续训练 15 分钟，各队记录自己的分数。得分高的一方赢得比赛。

增加进攻者的难度

- 缩小球门宽度。
- 缩小场地宽度。
- 球员仅限于三次触球。

降低进攻者的难度

- 增加球门宽度。

进攻者成功检查

- 直接从防守转换为进攻。

- 将防守者吸引到挑战中。
- 执行踢墙式二过一。
- 突破防线射门。

给你的成功打分

负方队员 =0 分

胜方队员 =2 分

你的分数 _____

踢墙式二过一和二次传球训练 5
多种进球选择

组织两个球队，每队 5 人。使用标记物标记出一个 40 码 ×50 码的训练场地，每条底线的中间各有一个 4 码宽的球门。每个球队防守一个球门，通过射入对方的球门得分。不要守门员。开始时，从场地的中间发球。比赛规则基本和常规足球一样，但是计分方法不同。根据以下方法给团队计分。

- 成功执行踢墙式二过一得 1 分。
- 成功执行二次传球得 1 分。
- 成功进球得 2 分。

训练 20 分钟。得分最高的球队胜出。

增加进攻球队的难度

- 缩小场地以限制时间和空间。
- 球员传球和接球时仅限于三次触球。
- 缩小球门的宽度。

降低进攻球队的难度

- 加宽球门。

进攻者成功检查

- 觉察并利用踢墙式二过一机会。
- 为己方控球球员提供支援。
- 觉察到二次传球机会。
- 保持畅通的传球路线。
- 突破防守射门。

给你的成功打分

负方队员 =1 分
胜方队员 =3 分
你的分数 _____

交叉掩护

交叉掩护战术通常用来甩掉紧盯的防守者，它类似于篮球的挡拆技术。只要正确执行，这是一种摆脱试图限制你的控球时间和空间的对手的有效办法。

如果你控球时被第一防守者紧紧盯防着，就可以运用交叉掩护战术（参见图 8.5），即在球场上带球朝着附近的队友（接球者）侧向运动，而他向你的方向移动。当你从接球者身边经过时，将球留下。接球者将球接过，然后继续向前朝着相反方向前进，进入你腾出的空地。在交换球的过程中，紧紧盯防你的对手暂时被遮住视线看不到球。你和队友之间这种类似于剪刀状的运动轨迹为接球者创造摆脱盯防对手的机会，得以带球冲向球门。

作为最初的带球者，你还可以选择假装交叉掩护，继续保持带球，这也会给迷惑盯防对手。

作为带球者，在交换球的时刻需要护好球，不要落入防守者的脚下。因为防守者通常位于球门侧（内侧），即位于你和球门之间，你要用外侧脚（也就是远侧脚）来控球。接球的球员呈一个角度接近球，用他的内侧脚（接近你的脚）来接球。这种战术有时也称为同脚交换战术。在执行交叉掩护时，通常遵循右脚对右脚、左脚对左脚的原则。

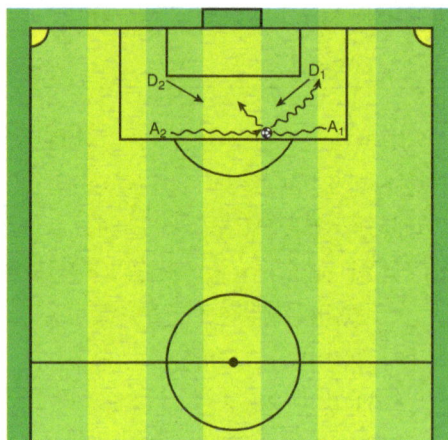

图 8.5 交叉掩护用来甩掉狭窄空间中的防守者

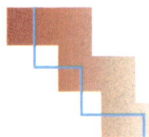

错误

在试图交换球时防守者将球踢开了。

正确

使用相对防守者的远侧脚来控球。通过这种方式可以在对手和球之间保持距离，而且在交换球的瞬间可能会让对手临时看不到球。

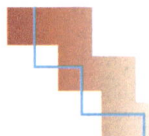

错误

在试图交换球时和队友发生碰撞。

正确

发生这种失误是因为你和队友没有使用相同的脚来交接球。如果你用右脚控球，那么队友应该也用右脚来接球。反之亦然。

交叉跑位

交叉跑位助攻是一种两个或三个球员相互配合的战术，它的目的在于让后卫或中场（通常来自边路，但不局限于此）向前进入有利于发起突破进攻的位置。交叉跑位通常用于在侧翼取得进展，形成具有数量优势的局面，而且这通常牵涉到边前卫和边后卫。

进行交叉跑位（参见图 8.6）时，带球冲向最近的防守者，将他卷入到挑战中，这点类似于创造踢墙式二过一的机会。随着比赛的发展，一个队友快速绕过你（交叉跑位）冲向更加前方的位置，该动作为你创造了空间，让你可以呈对角线向斜前方传球，让交叉跑位球员冲上去接球。

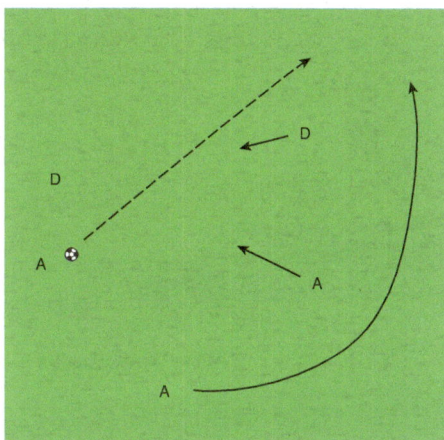

图 8.6 交叉跑位。球员呈弧形路线绕队友跑动，对球进行重叠包围，从而进入更靠前的进攻位置

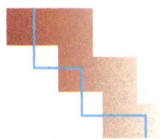

错误

你的球被对手抢断，从而导致交叉跑位球员被拦堵在球的错误一侧，处于非常糟糕防守位置。

正确

除非你处于可以向前传球的位置，否则不要运用交叉跑位战术。一旦你面向前方，而且没有失去球的风险，队友才可以快速向前冲去接你传过去的球。

交叉掩护和交叉跑位训练 1
多人交叉掩护

两个人数一样小组（A 和 B）在罚球区内进行训练。A 组每个球员各持一球；B 组的球员没有球。在教练的命令下，所有球员都开始在整个罚球区内移动。有球球员带球，无球球员慢跑。带球的球员试图通过交叉掩护战术将球交接给无球球员，然后立即寻找机会通过交叉掩护战术从另一个有球球员处接回一个球。所有交叉掩护都应该遵循同侧脚原则——左脚对左脚、右脚对右脚。每个球员至少练习 50 个交叉掩护。

增加难度

- 以比赛的速度进行交叉掩护。
- 加入 3 个试图干扰交叉掩护的中立防守者。

降低难度

- 以半速进行训练。

成功检查

- 向附近的队友带球。
- 使用同侧脚交换球。
- 在和队友交换球时用身体护球。

- 接到球后加速前进。

给你的成功打分

无错误地执行 34 个或更少交叉掩护 = 1 分

无错误地执行 35 ~ 46 个交叉掩护 = 3 分

无错误地执行 47 ~ 50 个交叉掩护 = 5 分

你的分数 _____

交叉掩护和交叉跑位训练 2
交叉掩护射门

　　组织两个人数相同的球队（A 和 B），每队 4 ~ 6 个球员。在有标准球门的场地的一端进行训练。两个球队各自形成一个纵队，面对面站在罚球区弧线的外侧。A 队的每个球员有一个球；B 队的球员没有球。球门中有一个守门员。

　　来自 A 队的第一个球员直接向来自队 B 的第一个球员带球，然后在罚球区的顶部进行交叉掩护。B 队的球员将球推入罚球区并射门。已经完成交叉掩护的 A 队球员转弯跑向球门，万一守门员接球时球发生回弹，则将球补射进门。每次射门后，球员们进入对方的纵队。继续进行训练，直到每个球员都进行了 20 个交叉掩护。每次以比赛的速度交叉掩护成功得 1 分。

增加难度

- 加入盯防试图干扰交叉掩护的防守者。

降低难度

- 以半速进行训练。

成功检查

- 用相对假想防守者的远侧脚控球。
- 在进行交叉掩护时遵循同侧脚原则。

- 每次交接球后，转弯跑入罚球区。
- 加速并射门。

给你的成功打分

0 ~ 13 分 =1 分

14 ~ 17 分 =3 分

18 ~ 20 分 =5 分

你的分数 _____

交叉掩护和交叉跑位训练 3
三人交织

三个小组的球员各排成一个纵队，然后并排站在中线面向球门，每个小组之间间隔 6 码。中间小组的每个球员各持一球。开始时，持球方第一个球员将球传给其中另一个小组的第一个球员，然后交叉跑位。接到球的球员跑向中心，然后将球传给来自第三组的第一个球员，该球员已经斜跑在球的前方。基本的规则是球员必须与他要传球的队友交叉跑位（以弧形轨迹早于队友跑位）。该战术类似于篮球中的三人交织训练。这种限制会形成一系列的连续的交叉跑位，直到进行到纵队的最后一个球员。当三个小组都以交叉跑位到场地的底线后，球员们回到中线的开始位置。一共进行 20 次从中线到底线的交叉跑位及返回。每次三个球员成功地进行从中线到底线的交叉跑位，则得 1 分。球员记录各自进行的交叉跑位次数。

增加难度

- 增加覆盖距离。
- 增加重复次数。

降低难度

- 减小覆盖距离。
- 减少重复次数。

成功检查

- 准确地将球传到队友的脚下。
- 交叉跑位助攻跑到球的前方。
- 加速进入空地。

- 观察回传的球。

给你的成功打分

成功执行 10 次或更少从中线到底线的重复 =1 分

成功执行 11 ~ 14 次从中线到底线的重复 =2 分

成功执行 15 次或更多从中线到底线的重复 =3 分

你的分数 _____

交叉掩护和交叉跑位训练 4
交叉跑位射门

在一个 25 码 ×35 码的场地内进行训练，场地每条底线的中间各有一个小球门。组织两个球队，每队 2 人。每个球队防守一个球门，并且可以通过对方的球门进球得分。指定另一个球员作为中立球员，他总是加入控球的一方形成 3 对 2 的局面，即者多一个球员的进攻优势。不需要守门员。

除了以下限制，其他和常规足球规则一样：只要可能，球员必须与其要传球的队友交叉跑位。这条限制会在整个比赛中形成一系列连续的交叉跑位跑动。连续训练 15 分钟，球队记录各自的进球数。球员记录各自成功执行交叉跑位跑动次数。

增加难度

- 等人数训练（3 对 3）。

降低难度

- 3 对 1 训练。

成功检查

- 准确地将球传到队友的脚下。
- 交叉跑位。

- 观察回传的球。

给你的成功打分

19 次或以下成功的交叉跑位跑动 =1 分

20 ~ 24 次成功的交叉跑位跑动 =2 分

25 次或更多成功的交叉跑位跑动 =3 分

胜方队员多加 1 分

你的分数 _____

交叉掩护和交叉跑位训练 5
三个侧翼交叉跑位

　　将球队分成三个小组。A 组的球员各持一球，以纵队的形式站在紧挨边线的中线上。B 组站在中圈内。C 组站在球门中央前方 35 码处，面向中圈。

　　训练开始时，A 组的第一个球员将球传给 C 组中的一个球员，然后沿着边线冲刺。接球者（目标球员）立即将球传回给 B 组的一个球员，后者控球后将球斜传给来自 A 组的交叉跑位球员。交叉跑位球员控制球，将球带向底线，然后射入球门。参与三人传球的 B 组和 C 组球员顺序向前冲入球门区协助完成射门。每次执行交叉跑位尝试后，球员交换组别。中立守门员试图救下所有射门。继续进行训练，直到每个球员都进行了 15 次交叉跑位跑动。

增加难度

- 在罚球区中加入两个防守者阻止射门。

降低难度

- 以半速进行训练。

进攻者成功检查

- 稳妥地将球传给目标球员（C 组球员）
- 向前冲到球的前方位置。
- 接球并射门。

给你的成功打分

9 次或更少以比赛速度进行的成功交叉跑位跑动 =1 分

10 ~ 14 次以比赛速度进行的成功交叉跑位跑动 =2 分

15 次以比赛速度进行的成功交叉跑位跑动 =3 分

你的分数 _____

成功小结

小组进攻战术的成功在很大程度上取决于正确判断形势、选择合适的动作以及能够精准地执行技术动作。换而言之，你必须决定要做什么以及什么时候做，然后以过硬的技术能力去完成。

提升战术意识是所有球员的不懈追求，对高水平的球员而言尤为如此。通过模拟在比赛中可能面临的情形进行训练，可以增进对小组进攻战术的理解。即使是资深专业球员，也可以在模拟比赛的情形中通过反复训练提升决策能力。

第8步中的每项技术都设定有参考分数，帮助你评估个人和小组的表现。在下表中填写你得到的分数并计算总分，评估你的总体成功情况。

进攻支援训练

1. 3 对 1 争球比赛　　　　　　　　得到 4 分中的 ＿＿＿ 分

2. 2 对 2（+4）支援比赛　　　　　得到 5 分中的 ＿＿＿ 分

3. 4 对 2（+2）双格子比赛　　　　得到 5 分中的 ＿＿＿ 分

4. 3 对 3（+2）争球比赛　　　　　得到 5 分中的 ＿＿＿ 分

踢墙式二过一和二次传球训练

1. 假想防守者　　　　　　　　　　得到 5 分中的 ＿＿＿ 分

2. 格子中的 2 对 1　　　　　　　　得到 5 分中的 ＿＿＿ 分

3. 底线上的 2 对 1　　　　　　　　得到 5 分中的 ＿＿＿ 分

4. 2 对 1（+1）攻防转换比赛　　　得到 2 分中的 ＿＿＿ 分

5. 多种进球选择　　　　　　　　　得到 3 分中的 ＿＿＿ 分

交叉掩护和交叉跑位训练

1. 多人交叉掩护　　　　　　　　　得到 5 分中的 ＿＿＿ 分

2. 交叉掩护射门　　　　　　　　　得到 5 分中的 ＿＿＿ 分

3. 三人交织　　　　　　　　　　　得到 3 分中的 ＿＿＿ 分

4. 交叉跑位射门　　　　　　　　　得到 3 分中的 ＿＿＿ 分

5. 三人侧翼交叉跑位　　　　　　　得到 3 分中的 ＿＿＿ 分

总分　　　　　　　　　　　　　得到 58 分中的 ＿＿＿ 分

总分达到 47 分或更高表明你已经熟练掌握第 8 步中的战术概念，可以顺利进入第 9 步了。总分在 35 ~ 46 分之间算是合格了。对每项战术多加练习才能到达运用自如的地步。如果总分低于 35 分，就需要对所有内容都复习和训练，通过训练取得进步，在总分提升后再进入第 9 步。

第*9*步

作为小组防守

进攻战术的目的是通过横向和纵向分散对方球队的球员来创造开放空间，从而为控球的进攻者提供更多的选择，并在团队的配合和个人的灵光闪现之下突破对手的防线，最终将球射入球门。相反，防守战术的目的是从横向和纵向收紧防控，减少进攻球员可以利用的空间和时间，并在球的后方布置充足的球员，最大限度减少控球进攻者的选择余地，从而阻止对方突破防线。一旦防守者赢得球权，那么整个球队必须快速从防守转变为进攻。反之亦然，对方球队则立即采取防守阵势。从这个角度看，进攻战术和防守战术就像一枚硬币的两个面，相互依存，缺一不可。尽管两者的目的截然相反，但是它们都必须根据球权的转移而进行快速而有效的角色转换，从这个意义上它们又是极为相似的。

压力、盯防和平衡是适用于所有比赛体制和方式的关键防守战术。每个球员，包括守门员，都应该了解每项防守战术在团队的总体防守计划中所扮演的重要角色。就像进攻球员必须相互配合创造射门机会一样，防守球员也必须高效地配合，确保防守压力、盯防和平衡得到实施，这样才能不给对手留下射门所需的空间和时间。

压力、掩护和平衡

距离球最近的防守者，也就是第一防守者，必须在对手的进攻点施加直接的压力（参见第 7 步）。此时的目的是立刻阻止对手通过带球或传球突破防线，从而让其他防守球员获得充足的时间回撤到球门有球侧位置。

在第一防守者给球施加压力时，第二（掩护）防守者进入相应的位置，保护第一防守者后方和侧方的空间（掩护）。在这个位置上，如果第一防守者在带球挑战中被对方击败，那么掩护防守者可以向前移动拦截带球者并阻止对手突破。

第二防守者所在的位置还需要截断从第一防守者后方经过的传球，因此必须注意处在球附近的支援（第二）进攻者。掩护防守者（一个或多个）的作用有点像美式足球中的自由卫，他可以掩护空间并在必要时帮助队友。必须记住的是，防守者的角色可能需要根据球的运动而快速改变。例如，如果球传给了掩护防守者所盯防的对手，那么他立即就变成了第一防守者。

离球更远的防守球员通常称为第三防守者，其职责是在防守中提供平衡。防守平衡的目的是保护球前方的宝贵空间，尤其是在与球相反的那侧场地上防线后方的开放空间。

第一防守者

如果你是距离球最近的防守者，那么将负责给控球的对手施加直接的压力。

为此，你必须快速拉近与球之间的距离，最好是在球从空中飞向接球的球员时。在接近进攻者后，放慢接近的速度，以保持最佳的平衡和身体控制。你的首要任务是通过限制可用的空间和时间从而限制进攻者的选择余地，迫使对手向后或横向传球，或者迫使进攻者带球或传球进入被第二（掩护）防守者看守的空间（参见图9.1）。你的主要目标不一定是赢得球的控制权，尽管有机会时应该尝试这么做。

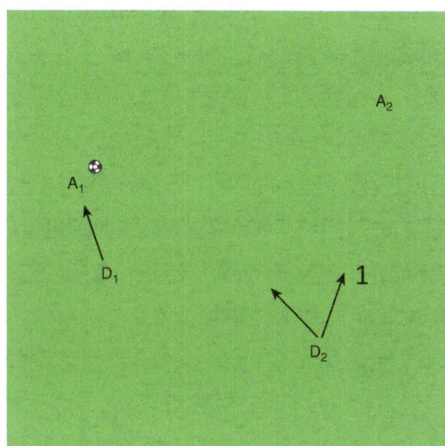

图 9.1 第一防守者对球施加压力，而第二防守者盯防第一防守者后方的空间

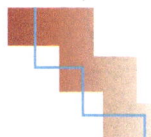

错误

在第二防守者进入掩护位置前你就被对手的带球挑战击败了。

正确

作为第一防守者你的主要职责是拖延对手的进攻，从而为队友赢得在球的后方重新部署的时间。除非掩护防守者已经进入位置保护你后方的空间，否则不要卷入到抢球中。试图巧妙应对以拖延进攻者，直到援助到达。

第二（掩护）防守者

作为掩护防守者，你有两个主要职责。首先，必须保护第一防守者后方和侧方的空间。为了实现该目标，你要进入一个阻止对手传球经过该空间的位置，而且必须做好万一第一防守者在带球挑战中被击败立即补上的准备。其次，你必须注意到球附近的对手（支援进攻者）。要想完成这两个职责，你所进入的位置必须与第一防守者保持恰当的角度和距离。

要实现恰当的掩护角度，应进入第一防守者侧后方的位置，而不是正后方。在这个开始位置，你可以拦截从该空间经过的传球，而且如果球传给这个球员的话，还可以挡住附近的支援进攻者。你应该保持对球的良好视线，而且应该能够根据第一防守者的移动快速调整自己的位置。理想情况下，第一防守者后方左右两侧都应该各有一个掩护防守者。如果所在的位置正确，这三个防守者会形成一个三角形（参见图 9.2）。

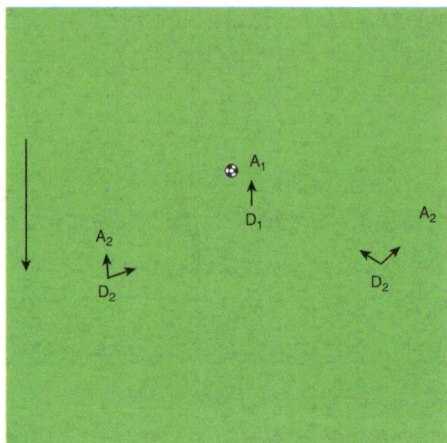

图 9.2 第二防守者的正确掩护角度。第二防守者保护第一防守者后方的空间，而且还可以给支援进攻者施加压力

掩护距离根据所在的场地位置不同以及附近的对手的位置而不同。在己方球门中央和前方的进球区域，防守掩护必须十分紧密。在该区域内，必须阻止对手获得射门所需的时间和空间。当球远离球门时，掩护距离可以相应变长。例如，当球在球门的 30 码范围内，那么适当的掩护距离可以短至 2 码，而如果球在中场附近，那么 5 ~ 6 码可能更加合适。这取决于当时的情形。必须记住的是，作为掩护防守者，你还需要负责盯紧球附近的对手（第二进攻者）。一般的原则是，对手距离球越近，那么掩护距离就应该越近。对手离球远时，则可以延长掩护距离（图 9.3）。

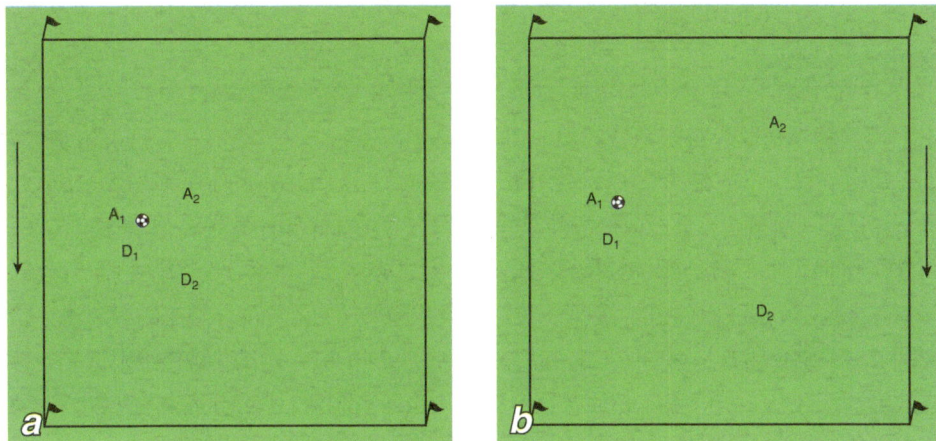

图 9.3 掩护距离取决于对手（a）离球较近还是（b）较远

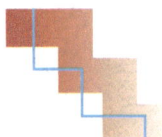

错误

作为掩护的防守者，进入位于第一防守者的正后方位置。

正确

如果位于第一防守者的正后方，则保护不了第一防守者侧边的空间，而且一旦第一防守者在带球挑战中被打败，你所处的位置也难以快速上前补上。掩护防守者应该位于第一防守者的后方两侧。三个球员形成一个三角形，其中第一防守者位于三角形的顶点。

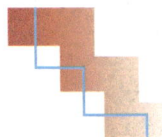

错误

作为掩护的防守者，所在的位置距离第一防守者过远。

正确

所进入的位置应该能够为第一防守者提供严密的掩护，此外，如果球被传给附近的第二进攻者，还应该能够给球施加压力。

防守压力和掩护训练 1
2 对 2 - 进球

　　组织两个球队，每队两个球员。使用标记物标记出一个 20 码 ×25 码的训练场地，每侧底线中心各有一个 4 码宽的球门。开始时，从场地的中心开球。每个球队防守一个球门，而且可以通过以低于膝盖的高度在对方的球门进球得分。不需要守门员。每次交换球权时，进攻球队转变成防守球队，反之亦然。队员必须在防守中相互配合，确保施加足够的压力和掩护。在第一防守者对球施加压力的同时，第二防守者进入恰当的位置，阻止对方从第一防守者的后方和侧边传球突破。如果球被传给附近的支援进攻者，那么第二防守者还必须做好立即投入抢球的准备。连续训练 15 分钟，记录各自的总进球数。

增加防守球队的难度

- 要求球队防守两个小球门，每侧底线的两端各有一个球门。
- 扩大场地面积创造更多的进攻空间和时间。
- 加入一个中立球员，加入进攻方，形成 3 对 2 的局面，即多 1 人的进攻优势。

降低防守球队的难度

- 缩小球门宽度。
- 缩小场地宽度。

防守者成功检查

- 第一防守者在进攻点施加直接的压力。

- 第二防守者所在的位置掩护距离和角度要恰当。
- 第二防守者在恰当的时机上前夺球。
- 队友们根据球的运动重新调整位置。

给你的成功打分

在 15 分钟内让对方进 11 个或更多的球 =1 分

在 15 分钟内让对方进 6 ~ 10 个球 =3 分

在 15 分钟内让对方进 0 ~ 5 个球 =5 分

你的分数 _____

防守压力和掩护训练 2
阻止致命传球

组织两个球队，其中一个球队为 2 个防守者，另一个球队为 4 个进攻者。使用标记物标记出一个 15 码 ×15 码的方形场地。进攻球队试图在场地内让球远离防守球队。每次进攻球队连续完成 6 次传球得 1 分，而且每次传球从防守者之间经过再加 1 分。这种传球被称为致命传球。防守球队每次抢到球权或者迫使进攻者将球踢出界外得 1 分。如果防守者抢到球，则直接交回进攻球队，比赛继续进行。连续训练 10 分钟，并记录各自的分数。

增加防守者的难度

- 扩大训练场地。
- 加入一个进攻者，形成 2 对 5 的局面。

降低防守者的难度

- 将训练场地缩小至 10 码 ×10 码。
- 进攻者在传球和接球时仅限于 3 次或更少触球。

防守者成功检查

- 作为第一防守者，要对控球对手施加直接的压力。
- 限制进攻者的传球选择余地。

- 比赛中注意预判。
- 采取防止对方通过传球分裂防守者的传球的掩护位置。
- 根据球的位置转换角色。

给你的成功打分

防守者的分数低于进攻者 = 每个防守者得 0 分

防守者和进攻者的分数一样 = 每个防守者得 2 分

防守者的分数高于进攻者 = 每个防守者得 4 分

你的分数 _____

防守压力和掩护训练 3
3 对 2（+1）比赛

组织两个球队，每队 3 人。在一个 20 码 ×30 码的场地内进行训练，场地的每侧底线的中间各有一个 4 码宽的球门。开始时，一方持球。有球一方的三个球员作为进攻者；对方球队安排两个场上球员和一个守门员。进攻方攻破对方守门员的防守，则得 1 分。防守方试图赢得球的控制权，并阻止对方进球。如果防守球员抢断了球，他必须将球传回给己方守门员，然后该球队才能开始向对方的球门发起进攻。之后守门员可以向前移动和队友一起进攻。

对于失去球权的一方，一个人撤退到球门作为守门员。剩下的球员担任第一防守者和第二防守者的角色。每次球权发生变更时，进攻方和防守方也发生转换。当防守球员抢断球、球进门或者进攻方最后一次触球后球出界时，则交换球权。球员们轮流担任守门员。连续训练 15 分钟，球队记录各自的分数。

增加防守者的难度

- 增加场地宽度。
- 增加球门宽度。
- 加入一个中立球员，他总是加入控球的一方，形成 4 对 2（+1）的局面。

降低防守者的难度

- 缩小场地宽度。
- 缩小球门宽度。
- 进攻者在传球和接球时仅限于 3

次或更少触球。

防守者成功检查

- 在进攻点施加直接的压力。
- 阻止对手带球突破。
- 占据有利位置，阻止对手通过防守者之间传球。

给你的成功打分

负方队员 =1 分获

胜方队员 =3 分

你的分数 _____

防守压力和掩护训练 4
阻止对手突破

在一个 20 码 ×20 码的场地内进行训练。两个防守者站在场地的中心；四条边的中间各站一个进攻者，一共 4 个进攻者。供球者（教练）站在场地外，有足量的球可以提供。

开始时，供球者向其中一个进攻者传一个球。接球者（第一进攻者）试图带球直接穿到对面的边线上。两个防守者联手配合阻止对手突破。第一防守者迈步向前挑战带球者，与此同时第二防守者进入恰当的位置为队友提供掩护（支援）。如果带球者不能直接突破防守者，则将球斜传给另一条侧边上的进攻者。在接到球后，该球员将成为第一进攻者，并立即开始试图将球带到对侧边线上。防守者立即重新调整位置，阻止新的进攻者突破防守。

如果防守者赢得球的控制权或者球出界了，供球者立即向另一个不同的进攻者供球，让比赛继续进行。进攻者每次带球成功到达对面边线得 1 分。进攻者沿着场地的外侧边缘跑回到自己原来的位置上。与此同时，供球者向另一个不同的进攻者供球，比赛继续进行。连续训练 5 分钟；然后指定两个不同的球员充当防守者，并重复训练。进行多轮练习，让每个球员都轮到一次作为防守者的机会。

增加防守者的难度

- 扩大 场地。
- 每条边的中间安排两个进攻者，从而形成 2 对 2 的局面。
- 允许进攻者将球传给对侧球员进行突破，而不是带球。

降低难度

- 将场地缩小至 10 码 × 10 码。

防守者成功检查

- 第一防守者在进攻点施加直接的

压力。

- 保持平衡和身体控制。
- 第二防守者掩护第一防守者后方的空间。

给你的成功打分

在 5 分钟内让对方获得 9 分或更高 =1 分
在 5 分钟内让对方获得 4 ～ 8 分 =3 分
在 5 分钟内让对方获得 0 ～ 3 分 =5 分
你的分数 _____

防守压力和掩护训练 5
数量优势：在罚球区中防守

在有标准球门的球场一侧罚球区内进行训练。组织两个球队，每队 2 人。在球门中安排一个中立守门员。其中一方的两个球员都在罚球区内作为防守者。另一方的一个球员在罚球区内作为单独的进攻者，他的搭档有一些球，站在场地外作为供球者。

开始时，供球者向罚球区内的队友踢一个球。该球员试图通过带球打败两个防守者，然后射门得分。在球进门或者守门员救下球或球出界后，供球者直接将另一只球踢入罚球区内，让比赛继续进行。连续训练 90 秒，然后供球者和搭档交换位置，开始下一轮比赛。一共进行多轮 90 秒的比赛，每两轮后球队互换角色。防守者应该两人配合阻止进攻者带球突破防线并射门得分。训练场地的大小应该和球员的年龄和能力相匹配。进攻球员的射门被守门员救下得 1 分，如果球进门则得 2 分。每个球队将球员的分数加起来得到团队总分。让对方得分少的一方赢得比赛。

增加防守者的难度

- 扩大场地。
- 加入第二进攻者形成 2 对 2 的局面。

降低防守者的难度

- 缩小场地。

防守者成功检查

- 第一防守者在进攻点施加直接的压力。
- 保持平衡和身体控制。
- 第二防守者掩护第一防守者后方的空间。

给你的成功打分

在五轮时长 90 秒的比赛中让对方得 9 分或更多 = 每个防守者得 1 分

在五轮时长 90 秒的比赛中让对方得 4 ~ 8 分 = 每个防守者得 3 分

在五轮时长 90 秒的比赛中让对方得 0 ~ 3 分 = 每个防守者得 5 分

你的分数 _____

防守压力和掩护训练 6
每侧场地 3 对 2

使用标记物标记出一个 35 码 ×50 码的训练场地，在纵向的中间标记一条中线。在场地的每侧底线上各设置一个标准球门，每个球门安排一个守门员。组织两个球队，每队有 5 个场上球员。每队指定 3 个球员作为进攻者，并指定 2 个作为防守者。三个进攻者位于对手半场地中，而两个防守者在己方半场地中。这就在每侧场地形成 3 对 2 的情形。每个球队防守己方的球门，而且可以通过在对方球门进球得分。

球员只能在为自己指定的半场地内活动。抢断球的防守者将球传给作为进攻者的队友，从而发起反攻。除此之外，其他标准的足球规则都适用。让对方进球少的球队赢得比赛。

增加防守者的难度

- 增大场地。
- 每个球队增加一个进攻者，从而在防守区域形成 4 对 2 的局面。

降低防守者的难度

- 每个球队增加一个防守者，在每侧场地形成 3 对 3 的局面。
- 进攻者在传球和接球时仅限于三次或更少触球。

防守者成功检查

- 在进攻点施加直接的压力。
- 阻止对手通过带球突破防守。
- 迫使进攻者只能边线传球。
- 保护第一防守者后面的空间。
- 迫使进攻者在不佳的角度射门。

给你的成功打分

让对手进球少的球队的队员 =2 分
你的分数 _____

第三防守者

第一防守者在进攻点施加压力，第二防守者进入掩护位置，与此同时，第三防守者的职责是确保防守平衡（参见图9.4）。平衡线是一条想象的直线，它从球开始一直向离球远的门柱（远门柱）延伸。作为第三防守者，在平衡线方向上，你应该进入到第二防守者斜后方的位置上。在沿着平衡线的位置上，你可以完成三个重要的目标：保护第二防守者后方的空间，让比赛在你的前方进行，以及对自己盯防的对手保持良好的视线。

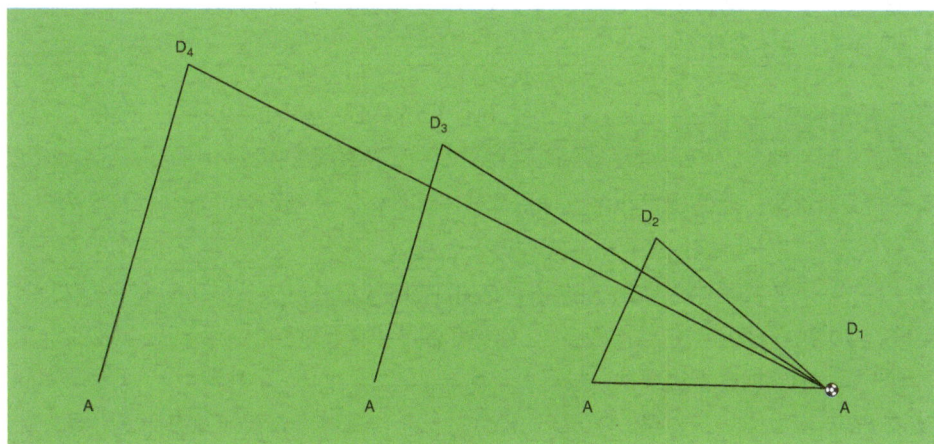

图 9.4 这些防守者处于恰当的平衡中，既可以防止对手传球突破，又和各自盯防的对手保持适当的距离，可以快速接近对手

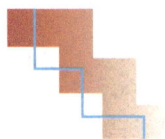

错误

你所在的位置对直掩护守者，而且被对手的斜长球攻破。

正确

在沿着从球延伸到远门柱的平衡线方向上，你应该位于第二防守者的斜后方，而不是正后方。从那个位置上，你可以截断传入第二防守者后方的球。平衡线随着球的移动而变化。你与球的距离越远，那么平衡线就越深。

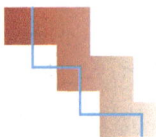

错误

作为第三防守者，你所进入的位置距离第二防守者过近，从而导致对方能够轻易将斜长传球传入你的后方。

正确

不要过于担心为第二防守者提供紧密的掩护。如果球进入第二防守者的后方，但在你的前方，那么你应该在球运动的过程中拉近距离，在对方接球时施加压力。

防守掩护和平衡训练 1
3 对 3（+2）控球比赛

　　使用标记物标记出一个 25 码 ×25 码的训练场地。组织两个球队，每队 3 人。还有两个中立球员，他们加入拥有球权的一方，从而形成 5 对 3 的局面，形成多两个球员的进攻优势。双方球员和中立球员都位于场地内。使用彩色的训练衬衫区分不同的球队和中立球员。开始时，一方控球进入比赛。

　　有球一方（加上中立球员）试图保持球的控制权，并且进行尽可能多的传球而不丢球。三个防守者相互配合施加压力、掩护和保持平衡，试图保持预判从而赢得球权。当防守球员抢断球或者进攻球队最后一次触球后球出界时，则交换球权。连续 6 次传球而没有丢掉球权的一方得 1 分，连续 10 次或以上传球而没有丢掉球权的一方得 2 分。训练 15 分钟。让对方得分最少的球队赢得比赛。

增加防守方的难度

- 扩大场地。
- 加入第三个中立球员给进攻方形成多三个球员的优势。

降低防守方的难度

- 缩小场地。
- 进攻者在传球和接球时仅限于三次或更少触球。

防守者成功检查

- 第一防守者对球施加直接的压力。
- 第二防守者提供掩护。
- 第三防守者提供平衡。
- 队员必须协调移动来保持恰当的防守位置。

给你的成功打分

让对方得分少的球队的队员 =2 分

你的分数 _____

防守掩护和平衡训练 2
5 对 3（+2）比赛

在一个 40 码 ×30 码的场地内进行训练。在每侧底线上个设置 2 个 5 码宽的球门，相隔大约 10 码远。组织两个球队，每队 5 人。每个球队必须防守己方底线上的两个球门，而且在对方的任意一个球门进球得分。开始时，一个球队拥有球权。有球方 5 个球员一起发球进攻。对手指定 3 个场上球员进行防守，指定两个守门员分别把守一个球门。抢断球的防守球员必须将球传回给其中一个守门员，然后该球队才能发起反攻。两个守门员都加入进攻，在另一侧场地形成 5 对 3 的局面。每次球权发生变更时，进攻球队和防守球队也发生转换。除了计分方法不一样前，其他标准的足球比赛规则都适用。连续 8 次传球而没有丢球得 1 分，每次进门得 2 分。连续训练 15 分钟，记录各自的分数。

增加防守方的难度

- 增加场地的长度和宽度。
- 加宽球门。

降低防守方的难度

- 缩小球门宽度。
- 缩小场地大小。
- 进攻者在传球和接球时仅限于二次触球。

防守者成功检查

- 在进攻点施加压力。
- 阻止对手通过带球突破防守。
- 掩护好第一防守者侧后方的空间。
- 迫使进攻者从较差的角度（狭窄的角度）射门。

给你的成功打分

让对方得分少一方的队员 =2 分

你的分数 _____

防守掩护和平衡训练 3
6 对 6 对 6

在一个扩大的（双倍的）罚球区内（44 码 ×36 码）进行训练。组织 3 个球队，每个球队 6 人。指定一个球队作为防守球队；剩下的两个球队联合起来组成 12 个球员的进攻球队。每个球队的球员穿不同颜色的训练衬衫。12 个球员的进攻方尝试防止 6 个球员的防守方获得球权。进攻者仅限于用两次触球或更少的触球来接球和传球。当防守球员抢断球、进攻者导致球出界或者进攻者通过两次以上触球来接球和传球时，则交换球权。因其球员的失误导致失去球权的一方转变成防守方；原来的防守方则转变成进攻方。如果进攻方连续 8 次传球而没有丢球，则防守方罚 1 分。训练 20 分钟。罚分少的方赢得比赛。

增加防守方的难度

- 允许进攻方通过无限次触球来接球和传球。
- 增加场地面积。
- 进攻方连续 6 次传球则防守方罚 1 分。

降低防守方的难度

- 缩小场地。
- 要求进攻者只能通过一次触球接传球。

防守者成功检查

- 防守者一起配合收紧防守空间，

限制进攻者的选择余地。

- 距离球最近的防守者施加直接的压力。
- 附近队员为第一防守者的侧后方提供掩护。
- 距离球最远的防守者提供防守平衡。

给你的成功打分

罚分最多一方的队员 =1 分
罚分第二一方的队员 =3 分
罚分最少一方的队员 =5 分
你的分数 _____

防守掩护和平衡训练 4
10 对 5（+5）穿越中线

　　组成两个球队（A 和 B），每个球队 10 人。在一个 60 码 ×50 码的场地内进行训练。场地在纵向的中间标有一条中线。A 队和 B 队分别位于场地的两侧，并使用彩色训练衬衫区分不同的球队。教练站在场地外的中线附近作为供球者。

　　比赛开始时，供球者向 A 队所在半场踢去一个球。B 队立即派 5 个球员越过中线进入对方的场地去争夺球权。A 队的球员试图通过相互之间传球来保持球权。球员仅限于两次或更少触球来接传球。如果 B 队的球员赢得球权，则将球从中线踢过传给己方场地上的队员。争球成功的 5 个队 B 球员立即冲回己方半场支援队友。失去球权的 A 队立即派 5 个球员越过中线进入对方的场地将球抢回来。

　　两个球队的队员随着球权的变化在两侧场地之间来回移动，总是以 10 个进攻者对 5 个防守者的方式进行比赛。5 个防守球员应该相互配合，运用压力、掩护和平衡这三项防守战术。第一防守者给球施加压力，第二（掩护）防守者给第一防守者的后方和侧边提供支持，其余的防守者进入恰当的位置提供掩护并保持防守平衡。连续进行 10 次或更多传球的一方得 1 分。让对方得分更少的一方赢得比赛。连续训练 15 分钟。

增加防守一方的难度

- 允许进攻者通过四次或更少触球来接传球。
- 扩大场地。

降低防守一方的难度

- 进攻者仅能通过一次触球来接传球（仅适用于高水平球员）。
- 允许 7 个球员穿越中线试图将球抢回来。

防守者成功检查

- 快速拉近与球之间的距离。
- 阻止对方在进攻点突破防守。
- 收紧球后方的空间。
- 限制控球球员的选择余地。
- 让比赛在防线的前方进行（防止对方通过传球分散防线）。

给你的成功打分

让对方得分多的一方队员 =2 分

让对方得分少的一方队员 =4 分

你的分数 _____

防守掩护和平衡训练 5
数量劣势的防守

组织两个球队，一个球队有 7 个球员，另一个球队有 5 个球员。用标记物标记出一个 40 码 ×60 码的训练场地。在场地的一侧底线的中间设置一个标准球门。在另一侧底线的两个角落上分别设置一个 3 码宽的小球门。标准球门中安排一个守门员；小球门不要守门员。5 人球队（数量少者）防守标准球门，而且可以通过对方的任意一侧小球门进球得分。5 人球队安排 4 个防守者和一个防守型中场球员。后者位于 4 个防守者（后卫）的前方。7 人球队防守两个小球门，而且可以通过大球门进球得分，其队员只能通过三次或更少的触球来接球、传球和射门。7 人球队每次从大门进球得 2 分。5 人球队每次从小球门进球得 1 分。连续训练 15 分钟，每个球队记录各自的分数。

增加劣势（5 人）一方的难度

- 7 人球队接传球和射门时的触球次数不受限制。

降低劣势（5 人）一方难度

- 缩小场地宽度。
- 7 人球队接传球和射门时的触球次仅限于两次或更少。

防守者成功检查

- 在进攻点施加直接压力。
- 阻止对方通过传球或带球突破防守。
- 收紧球后方的空间。
- 在与球相反侧场地实现防守平衡。

- 阻止对手从球门的前方或中央射门。

给你的成功打分

得分少的一方的队员 =1 分

得分多的一方的队员 =3 分

你的分数 _____

防守掩护和平衡训练 6
6 对 6－标准球门进球

组织两个球队，每队各有 6 个场上球员和 1 个守门员。使用标记物标记出一个 60 码 ×50 码的训练场地。在场地的每侧底线上各设置一个标准球门，而且各安排一个守门员。一方持球开始。每个球队防守一个球门，而且可以通过在对方的球门进球得分。所有标准足球规则都适用。训练的重点在于小组防守战术。离球最近的防守者在进攻点施加压力，附近的队友（第二防守者）提供掩护，而离球最远的防守者（第三防守者）提供防守平衡。防守球员根据球的运动调整各自的位置和职责。连续训练 25 分钟。让对方进球少的一方赢得比赛。

增加防守方的难度

- 指定两个中立的球员参与进攻，形成多两个球员的进攻优势。

降低防守方的难度

- 进攻者仅能通过三次或更少触球来接传球和射门。

防守者成功检查

- 第一、第二和第三防守者相互配合。
- 阻止对方在进攻点突破防守。

- 保护第一防守者后方和侧边的空间。
- 第三防守者沿平衡线站位。
- 收紧空间并限制进攻者的选择余地。
- 比赛中注意预判。

给你的成功打分

让对方进球多的一方队员 =3 分

让对方进球少的一方队员 =5 分

你的分数 _____

成功小结

　　成功执行小组防守战术需要两个或多个队员之间的正确配合。球员必须根据比赛形势履行好第一、第二或第三防守者的角色责任，并且理解每个角色相对于其他两个角色的重要性。团队合作对成功至关重要，因此防守球员之间的交流也是极其重要的。例如，作为掩护（第二）防守者时，可以口头告知正在施压的第一防守者，让他向特定的方向逼迫进攻者，或者暗示他何时挑战球的控制权。

　　第9步中的每项技术都设定有参考分数，帮助你评估自己的表现和记录自己的进步。某些训练不可避免地要根据小组合作而不是个人表现进行评估。因此，你的总分可能无法准确反映个人的比赛水平。例如，在5对5比赛中，某个球员正确运用了第一、第二和第三防守者原理，但是如果作为整体的球队表现不佳，他仍然可能得到比较低的分数。不过，以小组的方式进行防守时最重要的是将小组作为一个整体。在这方面，每个球员都应该像表现得如教练那样。在下表中填写你得到的分数并计算总分，评估你的总体成功情况。

防守压力和掩护训练

1. 2对2– 进球　　　　　　　　　　　　得到5分中的 _____ 分

2. 阻止致命传球　　　　　　　　　　　得到4分中的 _____ 分

3. 3对2（+1）比赛　　　　　　　　　　得到3分中的 _____ 分

4. 阻止对手突破　　　　　　　　　　　得到5分中的 _____ 分

5. 数量优势：在罚球区中防守　　　　　得到5分中的 _____ 分

6. 每侧场地3对2　　　　　　　　　　　得到2分中的 _____ 分

防守掩护和平衡训练

1. 3对3（+2）控球比赛　　　　　　　　得到2分中的 _____ 分

2. 5对3（+2）比赛　　　　　　　　　　得到2分中的 _____ 分

3. 6对6对6　　　　　　　　　　　　　　得到5分中的 _____ 分

4. 10对5（+5）穿越中线　　　　　　　　得到4分中的 _____ 分

5. 数量劣势的防守　　　　　　　　　　得到3分中的 _____ 分

6. 6对6– 标准球门进球　　　　　　　　得到5分中的 _____ 分

总分　　　　　　　　　　　　　　　　得到45分中的 _____ 分

　　总分为37分或更高表明你已经熟练掌握第9步中讨论的防守战术，而且可以进入到下一步的团队战术了。总分在30～36之间分算是合格了。在进入第10步前，需要对每项战术进行数次复习和练习。如果总分在29分或以下，则所有内容都要复习和训练，通过训练取得进步，在总分达标后再进入第10步。

第10步
作为团队进攻

出色的个人表现有时能够攻破对手的防线，出其不意地创造出几乎不可能的射门机会（只需要看看莱昂内尔·梅西就知道了，他能够在对手的防守中穿梭自如，而球就像粘在他脚上一样）。然后，这只是个例。大部分教练和球员都会同意这样的观点，大多数情况下进球是团队合作的最终结果——一群个体以整体的方式思考和行动。

团队战术的目的是将 11 个球员的才能融合成集体力量，从而确保每个人都专注于同一个目标。团队进攻的基础目标是在球的附近区域中，球员的数量要超过对手，从而在对手的防线中创造并利用空缺，并最终以进球方式完成进攻。只有队员清晰地认识到团队控制着球时要实现的目标是什么，才会激发团队成员进行团队合作并实现目标。换言之，团队决定成败。

一流的进攻球队并非纯粹都是好运眷顾的幸运儿。球队要想在比赛中不断地创造机会和进球，队员必须根据特定的、普遍适用的团队进攻战术组织起来。以下就是这些战术的总结。

球员跑动

研究表明，平均而言，一个足球运动员在长达 90 分钟的比赛中控球的时间只不过是几分钟而已。在剩下的 80 多分钟中，你都处于无球状态。因此，无球时的跑动和动作必须高效而且有意义。球队不能容忍任何旁观者——即有球就卖力，无球就站着看别人踢球的球员。与以往任何时候相比，球员在无球时的跑动和移动性对个人和团队的成功都更加重要。球员应该不停地移动，以便可以接队友的传球或者为队友创造空间。

有效的离球（即无球）移动可以为控球球员创造传球选择余地，将对手牵制到不利的防守位置以及为队友扫清障碍。它能让团队在比赛中保持更长控球时间，并最终创造高质量的射门机会。西班牙的国家男子足球队曾经赢得 2012 年欧洲杯的冠军，它就是团队战术的典范，很好地展示了如何将所有这些方面融合起来，从而打造一支强大的进攻球队。

无球斜插跑动

斜插跑动指的是沿斜线线跑动突破对手的防线。斜插跑动可以从侧翼斜插到防守中央，也可以从中央区域跑向侧翼（参见图 10.1）。

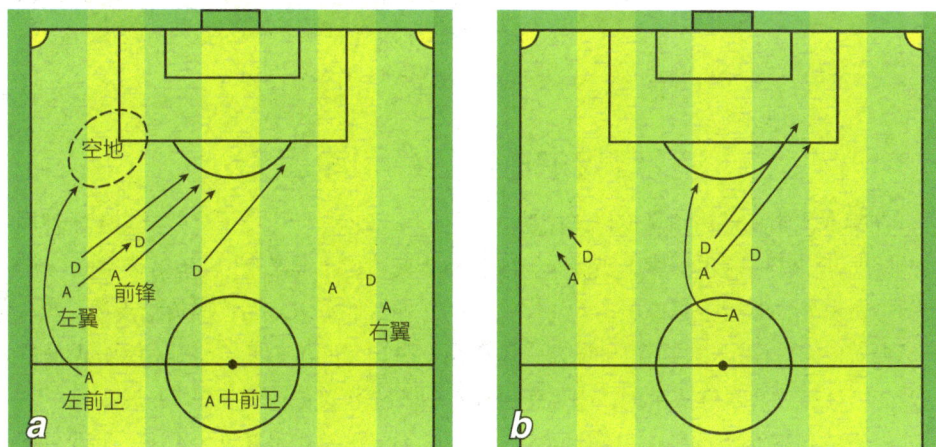

图 10.1 斜插跑动：（a）从侧翼向中央；（b）从中央到侧翼

与在球场上的直线跑动相比，斜插跑动有几个优势。因为进行斜插跑动的球员冲向球门时会从防线的中间穿过，迫使对手前来盯防。这个动作能够诱使防守者进入不利的防守位置，从而为队友创造可以进入的开放空间。斜插跑动使接球的队员进入球和防守者之间的位置，因为防守者通常位于球门侧而且位于进攻者的内侧。最后，从侧翼开始向内进行的斜插跑动使自身处于很好的位置，非常适合接从防线中心溜过的球。

无球掉头跑动

掉头跑动通常用来回撤到开放空间去接球队友的传球，或者拉开与盯防你的对手之间的距离（参见图 10.2）。开始时，突然爆发式向前跑动，假装要超越对手去接球。防守球员会聚集在球门侧，占据对手和球门之间的位置，因此防守者通常根据你的移动退防。当防守者退防时，你突然掉头向球的方向跑去。这种突然变向的做法很可能会增加你和盯防者之间的距离，从而创造可以接球、控球和带球转身所需的空间。

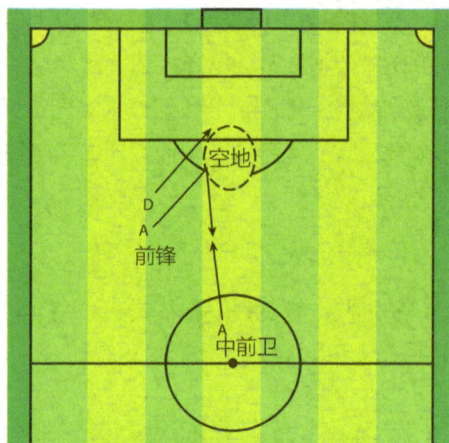

图 10.2 掉头跑动示例

在进攻中保持宽度和深度

在第 8 步中我们讨论了控球球员的后方两侧和前方为什么要部署队员。位于球后方的队员在进攻中提供深度（支援），以及完成控球球员通常难以完成的事情——向前传球。例如，如果控球球员背向对手的球门，那么他可以向后将球传给支援队友，而后者可以将球向前传给不同的队友。位于第一进攻者的前方稍微偏侧和后方两侧的队友为突破传球提供选择余地。小组支援战术的概念可以推及作为整体的球队。

标准的足球场大约长 120 码、宽 75 码，这不仅比美式足球场大很多，而且是场地面积最大的体育运动之一。在拥有球权时，球队应该试图在横向和纵向拉开距离，以利用尽可能多的空间。有效的传球配合加上球员的恰当位置和运动会导致对方球队需要覆盖更大的面积，从而在防线内部形成进攻球队可以利用的空当。必须以不同的类型、距离和方向传球，避免对手将球周围的所有路线堵死。在进攻中球员通过位置上的部署来确保宽度和深度通常被称为恰当的进攻队形（参见图 10.3）。

在比赛中，总是在球的前方始终部署一个或多个球员来实现进攻深度。这些跑动在前方的球员纵向（南北方向）分布在球场上，并且是进攻的先锋。与此同时，球队会在接近边线的每侧侧翼上各部署一个或多个球员，这些球员横向（东西方向）分布。位于球所在半场上的侧翼球员，以及在某种程度上包括位于与球相反半场上的弱侧球员（远离进攻焦点的球员），为进攻提供宽度。弱侧球员所处的位置特别有优势，可以从对手的防线中心斜插过去（参见图 10.4）。

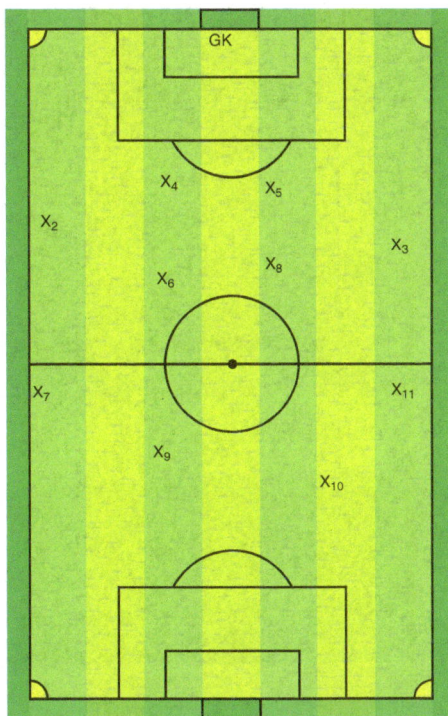

图10.3 在进攻中提供宽度和深度的球员位置

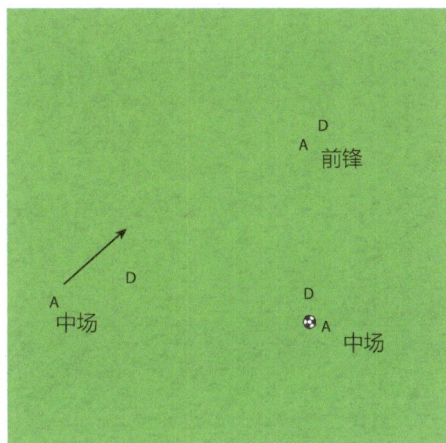

图10.4 弱侧发起的突破防线跑动

创造性临时发挥

防守战术的目的是以对手最难预料的方式去踢球。因此，如果球队处于进攻状态，那么时不时来些临时（即兴）发挥或者出其不意的招式会有好处。在恰当的时机和特定区域带球是进攻中出色的临时发挥，可以有效地攻破对手的防线。但是万事皆有不利的一面，在不恰当的时机不加选择地带球可能迅速瓦解有效进攻所需的连贯性。为了阐明何时何地充分利用带球技术来获得最大优势，我们将球场从纵向上划分为三块区域——后场（防守区域）、中场（中间区域）和前场（进攻区域）（参见图10.5）。

聪明的球员通常会权衡在球场的不同区域带球的风险性和安全性。后场即防守区域，最接近己方球门，被称为不可冒险区域，因为在该区域内球队难以承担丢球的后果。在该区域内，不能试图带球越过对手向前，而是采取更安全的办法，即将球传给位于更前方的球员。即使传球的通路被截断或者失了球，你仍然处于可以防守对方反攻的位置。

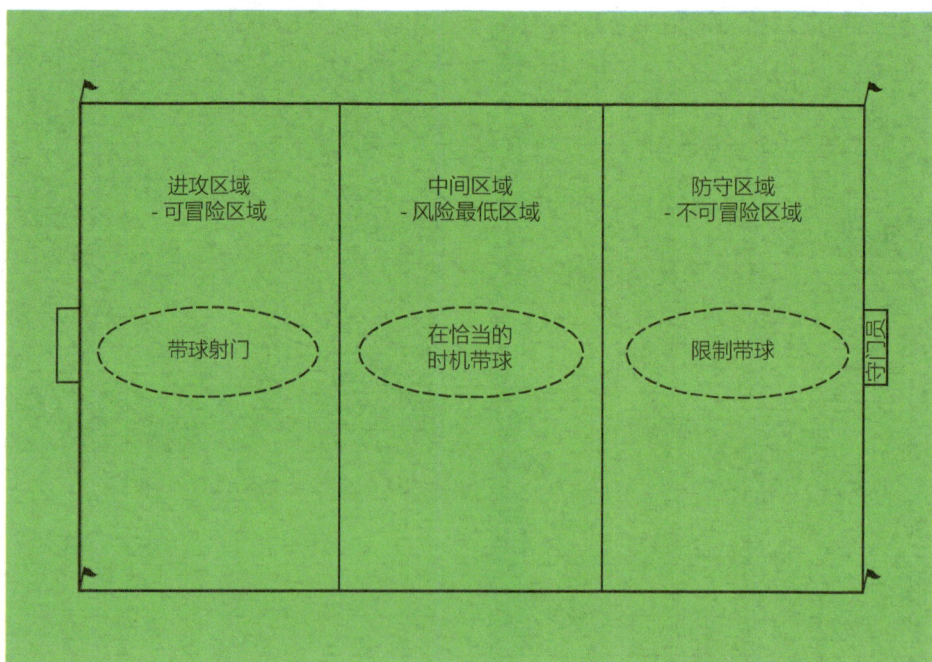

图 10.5 球场三块区域中的带球风险和安全性

在球场的中间区域，球员愿意接受中等程度的丢球风险。在中间区域，大部分球队试图在安全（传球）和风险（带球）之间找到平衡，因此你通常可以看到中场上稍微频繁的带球动作。在带球中击败对手则立即将对手置于不利一侧，从而在你向前进入前场（进攻区域）时，为团队创造了数量优势。即使球被对手抢走了，你仍然有时间恢复到球门侧位置进行防守，因为球距离球门至少在 50 码以上。在中场过多带球绝对是不明智的，因为它会拖慢进攻，而且让比赛变得可预测。

在进攻区域，球员（和教练）最愿意冒着丢球的风险去创造射门机会。在接近对方球门的进攻区域是带球技术发挥最大作用的地方。在这里，通过带球击败对手带来的好处远远大于丢球可能导致的负面结果。如果在前场能够带球突破对手，那么可能已经给自己或队友创造了非常好的射门机会。在前场丢球不会给己方球门造成直接的威胁。学会判断什么情形应该使用什么带球技术，充分加以利用各种带球技术的长处。

共同的团队支援

足球运动有时候被称为三角形中的比赛。这指的是一个球员在球场中运动时相对于其他球员的位置。如果 10 个分布在恰当的深度和角度上的球员分别为附近的球员提供支援，那么球员之间的结构就像一系列相互关联的三角形（参见图 10.6a）。这些三角形不是静止不动的，因为球员会根据球的位置改变和队员的移动而不停地调整自己的位置（参见图 10.6b）。西班牙国家男子足球队，作为 2008 年和 2012 年的欧洲杯冠军以及 2010 年的世界杯冠军，是这种进攻队形的典型示范。几乎在所有比赛中，西班牙队都通过短而精确的传球获得更长的控球时间。在比赛的大部分时间，它都使对手不停地追球，并最终利用对手防线中形成的漏洞进行突破。

只有队员作为一个严密的整体在球场中来回移动才能实现共同的团队进攻支援。一般的原则是，团队最前面的进攻者和底线最后的防守者之间的距离不要超过 50 码。

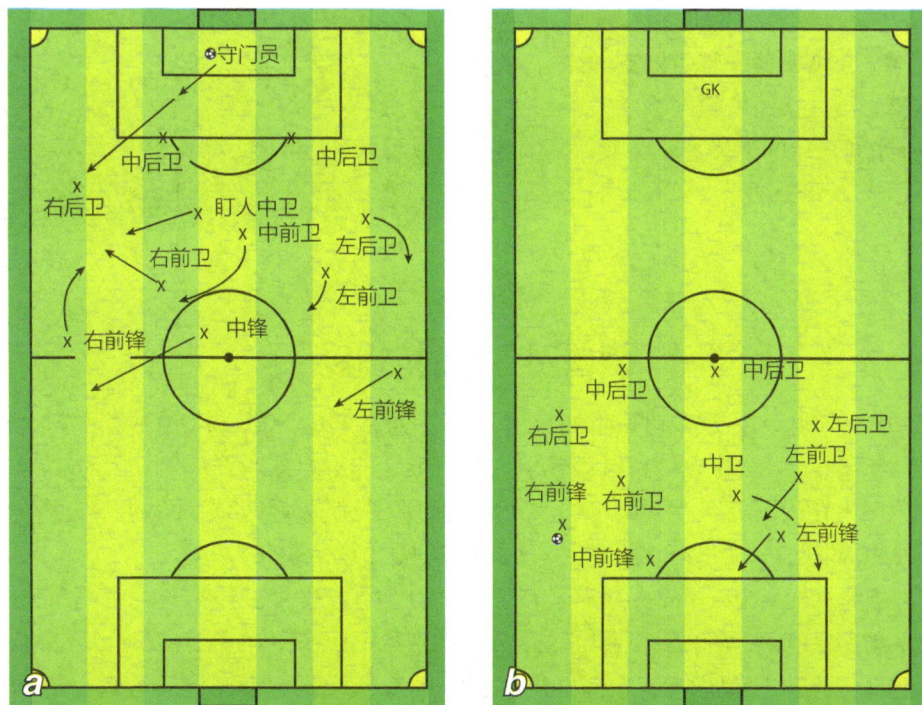

图 10.6 （a）整体团队支援站位：球员位于恰当的深度和角度；（b）球员根据球的移动调整位置

转移进攻点

防守球员不可能跑得像球一样快，聪明的进攻球队充分地利用了这点。在球场上快速地将球从一个位置转移到另一个位置的战术通常称为*转移进攻点*，它能使防守球员失去平衡并创造突破防守到达球门的机会。使用尽可能少的停球快速地传球非常重要，尤其是在后场和中场，然后转移向对手最薄弱的地方发起进攻。两个或三个控球短传就足以将对手吸引向球。此时，使用一个飞跃中线的长球或斜传球（参见图 10.7）就会使防守者处于劣势位置，难以快速恢复到恰当位置来阻止新一轮的突破进攻。

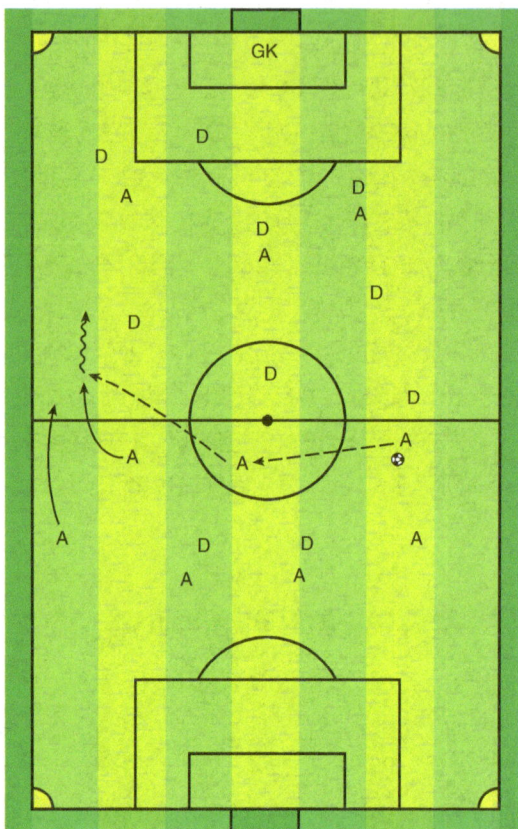

图 10.7 转移进攻点

创造和完成射门机会

进攻球队一旦在对方的防线中打开了缺口，那么就必须在错失良机前快速发起进攻。一般而言，在球场的中间区域形成的射门机会对进攻球队尤为有利，因为它能够提供宽阔的射门角度（参见图 10.8）。在球门的中间前方发起的射门最可能一击即中，而从侧翼发起的射门由于射门角度比较窄通常很难击败优秀的守门员。

创造射门机会只是成功的一半；利用这些机会的能力才能最终决定成败。简而言之，射门是足球比赛中最艰巨的任务。尽管缜密的战术和相互配合让球员进入到射门位置，但到头来还需要个人去完成射门机会。这就是为什么德国队的马里奥·戈麦斯和阿根廷队的莱昂内尔·梅西成为世界足球运动中的凤毛麟角。他们神奇的一脚就能决定比赛的结果。

我在多个场合中听到过教练这样说，射手是天生的，绝非后天可以培养出来。他们指的是一些抽象的品质，例如预判能力、时机选择能力、球场观察能力、在压力下保持冷静的能力以及在正确的时间出现在正确的位置上的能力。这些似乎都是优秀射门手必须具备的天赋。我在某种程度上同意这一观点，尽管我坚信所有球员，不管他们天赋的强弱，经过专业的训练都可以成为更加娴熟的射手。要培养准确而有力的射门能力。学会使用任意一只脚来将球射出。培养能够识别潜在射门机会的能力，以及学习进入恰当位置来利用这些机会的能力。通过训练改进自己的弱项并充分发挥自己的强项。如果你愿意为此付出努力，就可以成为团队的最致命武器，一脚定江山将成为你的荣耀。

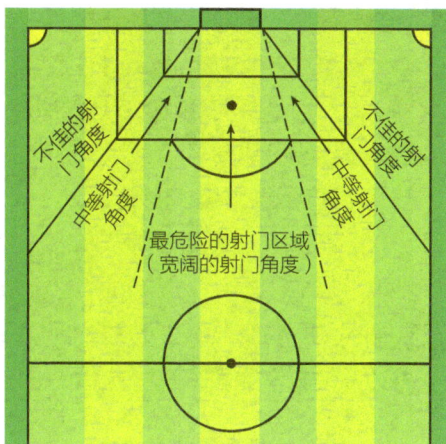

图 10.8 创造相对于球门的大角度射门机会

团队进攻训练 1
控球突破防守并射门

使用标记物标记一个 40 码长、25 码宽的训练场地，场地每侧底线中间各有一个标准球门。组织两个球队，各有 4 个场上球员和 1 个守门员。使用彩色的训练背心来区分。开始时，一方持球，并从场地的中间开球。每个球队防守一个球门，而且可以通过在对方的球门前进球得分，或者通过 8 次连续传球而没有丢球得分。防守方可以通过拦截传球或从对手脚下抢球赢得球权。除了计分方法不同，其他足球规则都适用。射门进球得 1 分，而连续 8 次传球得 2 分。得分高的一方赢得比赛。

组织进攻时要有耐心。设法保持球权，直至找到向前移动并射门的机会。因为防守方必须施加压力以赢得球权，所以其队友可能会进入不佳的防守位置，从而在防线上形成可以利用的空当。这些原则同样适用于大场（11 对 11）比赛中。

增加进攻方的难度
- 加入一个总是参与防守的中立球员。

降低进方的难度
- 加入两个总是参与进攻的中立球员。

成功检查

- 总是不停地移动，提供接球机会。
- 以一次或两次触球稳妥地将球传回给支援队友。
- 出现机会时向球门移动。

- 射门完成进攻。

给你的成功打分

负方队员 =1 分
胜方队员 =3 分
你的分数 _____

团队进攻训练 2
在进攻区域带球射门

组织两个球队，每队各有 6 个场上球员和 1 个守门员。使用标记物标记出一个 75 码 ×50 码的方形训练场地，每侧底线上各有一个标准球门。将场地划分为 3 块相等的 25 码 ×50 码的区域。每侧各安排一个守门员。

开始时，从场地的中间开球。每个球队防守一个球门，而且可以通过在对方的球门进球得分。除了以下限制，其他正规足球比赛规则都适用：在距离各方球门最近的防守区域内，所有球员仅限于通过三次或更少触球来控球。在中间区域没有触球次数限制，但是仅允许球员向前带球进入空地；他们不可以通过带球挑战或打败对手。在进攻区域，球员必须先带球超越对手才能射门。球员每违反各区域的限制规则一次罚 1 分，每次丢掉球权罚 1 分。带球过掉对手射门成功额外加 2 分。球员记录各自的罚分。连续训练 25 分钟。

增加进攻方的难度

- 加入两个总是参与防守的中立球员，从而形成防守数量优势。

降低进攻方的难度

- 加入两个总是参与进攻的中立球员，从而形成进攻数量优势。

成功检查

- 以所限制的触球次数在防守区域内快速带球前进。

- 通过向前传球或带球进入空地快速控球前进。
- 在进攻区域形成 1 对 1 局面。
- 在进攻区域带球突破防守。

给你的成功打分

11 分或更高罚分 =1 分
6 ~ 10 分罚分 =3 分
0 ~ 5 分罚分 =5 分
你的分数 _____

团队进攻训练 3
带球越过底线得分

组织两个人数相同的球队，每队 6 ~ 8 人。不要守门员。在一个 60 码 ×50 码的场地内训练。每个球队防守己方的底线，可以通过带球越过对方的底线得分。除了计分方法和以下限制，其他足球规则都适用：球员不可以向前方传球。可以通过横向或者向后传球来创造向前带球的机会。每次带球越过对方底线的球队得 1 分。训练 20 分钟。得分高的球队胜出。

增加进攻方的难度

- 缩小场地的宽度，从而减少可以利用的空间。

降低进攻方的难度

- 加入三个仅参与进攻的中立球员。

成功检查

- 在进攻中形成宽度和深度站位。

- 以较少的触球次数快速传球。
- 使防守球队失去平衡创造空当。
- 出现得分机会时，全速带球前进。

给你的成功打分

负方队员 =1 分
胜方队员 =3 分
你的分数 _____

团队进攻训练 4
转换进攻点

组织两个人数相同的球队，每队 6 ~ 8 人。使用标记物标记出一个 70 码 ×50 码的训练场地。在每侧底线各用小旗标记出三个 4 码宽的球门。两个角落和中间各一个球门。每个球队防守己方底线上的 3 个球门，通过对手球门进球得分。不要守门员。

开始时，从场地的中间开球。控球方应该快速移动球，在适当的时机转移进攻点，并向防守最薄弱的球门发起进攻。球队以低于腰部的射门进球得分。除了越位规则，所有常规足球规则都适用。训练 20 分钟，球队记录各自的进球数。

增加进攻方的难度

- 球员传接球和射门仅限于 3 次触球。
- 加入两个总是参与防守的中立球员，形成多两个球员的优势。

降低进攻方的难度

- 加宽球门。
- 加入两个总是参与进攻的中立球员，形成多两个球员的优势。

成功检查

- 在进攻中保持宽度和深度站位，拉长对手的防守距离。
- 以短传球吸引防守者，然后快速改变进攻点。

- 突出快速从防守转向进攻。

给你的成功打分

负方队员 =1 分
胜方队员 =3 分
你的分数 _____

团队进攻训练 5
有中立侧翼球员的比赛

组织两个球队，各有 5 个场上球员和 1 个守门员。指定两个额外的球员作为中立侧翼球员，他们和控球方并肩作战。使用标记物标记出一个 75 码 ×65 码的训练场地。每侧底线的中间各有一个标准球门。在场地两侧翼内各标记出一块 10 码宽的区域。每个侧翼区域安排一个中立球员（侧翼球员），而且每个球门安排一个守门员。开始时，从场地的中间开球。

在中间区域（两个侧翼区域之间的区域）进行 5 对 5 比赛。中立侧翼球员加入持球的一方形成多两个球员的进攻优势。侧翼球员可以沿着场地前后移动，但仅限于侧翼区域内。可以直接从中间区域进球，也可以由侧翼球员侧向经过球门区进球。当侧翼球员接到来自中间球员或守门员的传球时，他必须带球进入防守方一侧场地，然后侧向将球踢向球门区。除此，其他常规足球规则都适用。连续比赛 25 分钟。发起于侧翼区域的进球得 2 分；发起于中间区域进门得 1 分。每队记录各自的分数。

增加进攻方的难度

- 球员传接球和射门时仅限于 3 次或更少触球。
- 每个侧翼区域加入一个中立防守球员，形成侧翼中的 1 对 1 的局面。

降低进攻方的难度

- 在中间区域加入两个参与的中立球员，形成中间区域多两个球员的优势。

成功检查

- 球员站位要保持进攻的宽度和深度。
- 在中间区域创造射门机会。
- 把握时机冲入球门区，将侧翼传来的球踢入球门。

给你的成功打分

负方队员 =1 分
胜方队员 =3 分
你的分数 _____

团队进攻训练 6
尽快进入罚球区射门

　　组织两个球队，每队 8 人。在两侧各有一个全尺寸球门的标准球场内进行训练。每个球门内安排一个守门员。使用小旗在每侧罚球区的前方界线上标记出三个 6 码宽的入口球门。每侧罚球区的两个角落和中间各有一个入口球门。入口球门不要守门员。

　　在两个罚球区之间，两队进行 8 对 8 的比赛。除非球通过 3 个入口球门之一先进入罚球区或两侧中间的球门，否则进攻球员不能进入对方的罚球区。一旦球进入罚球区后，3 个来自攻方的球员冲入罚球区完成进攻。防守球员不可以进入自己的罚球区。一旦球进入罚球区，进攻方必须在两次或更少传球内射门。每次球通过入口球门进入对手的罚球区得 1 分，如果进球了再加 1 分。连续比赛 25 分钟。球队记录各自的分数。

增加进攻方的难度

- 要求通过 3 次或更少触球来接传球。
- 缩小入口球门的宽度。

降低进攻方的难度

- 加入 3 个参与进攻的中立球员，形成数量优势。

成功检查

- 快速移动球，并且通过较少的触球次数来改变进攻点。
- 使用横向或回传球创造突破（向前）传球的机会。
- 使球尽快通过入口球门进入罚球区。

给你的成功打分

负方队员 =1 分
胜方队员 =3 分
你的分数 _____

团队进攻训练 7
三区域的转移比赛

　　组织 3 个球队（A、B 和 C），每个球队 4 人。此外，另外指定一个中立球员和两个守门员。使用标记物标记出一个 75 码 ×50 码的训练场地。每侧底线各有一个标准球门。从纵向将场地划分为 3 块相等的 25 码 ×50 码的区域。开始时，A 队和 C 队位于两端区域，B 队位于中间区域。每个球门安排一个守门员。中间区域的队 B 开球开始比赛。中立球员加入控球的一方。

　　B 队在中立球员的支援下向前移动，试图打败 A 队进球。A 队抢球成功或拦截传球成功、守门员将球救下或者进球或者 B 队球员最后一次触球后球出界，那么球权转移给 A 队。

　　在获得球权后，A 队球员和中立球员从底端区域向中间区域推进。B 队保持在底端区域，作为下一轮比赛中的防守方。A 队球员在进入另一侧底端区域向 C 队发起进攻前，先在中间区域快速组织好阵势。常规足球规则都适用。连续比赛 25 分钟。进球最多的一方赢得比赛。

增加进攻方的难度

- 进攻球员仅限于通过三次或更少触球来传接球和射门。
- 每个球队多加一个球员，减少可以利用的空间。

降低进攻方的难度

- 加入两个参与进攻的中立球员。

成功检查

- 快速从防守转换成进攻。
- 球员站位要保持进攻的宽度和

深度。

- 快速移动，并以较少的触球次数穿过中间区域。
- 在中心区域创造大角度的高质量射门机会。

给你的成功打分

负方队员 =1 分

胜方队员 =3 分

你的分数 _____

团队进攻训练 8
有底线和边线中立球员的比赛

使用标记物标记出一个 50 码 ×60 码的训练场地。每侧底线的中间各有一个标准球门。组织 3 个球队（A、B 和 C），各有 6 个场上球员。A 队和 B 队位于场地内，各自防守己方的球门。守门员进入各自的球门。C 队的球员分布在球场四周的界线上，每侧边线安排 1 个球员，而每侧底线安排 2 个球员，分别位于球门的两边。C 队的球员作为支援球员。

A 和 B 队在场地内进行比赛。场上球员可以使用边线和底线的支援球员（C 队球员）作为传球选择，形成 12 对 6 的局面，让进攻方获得多 6 人的优势。底线和边线支援球员不能进入场内，但是可以沿着周线侧向移动。边线球员在传球中仅限于两次触球；底线球员在传球中仅限于一次触球。连续比赛 10 分钟或者进 2 个球后，不管哪种情况先发生，中间球队之一（A 或 B）和 C 队交换位置成为边线和底线中立球员。进行一个小锦标赛，让每个球队都与其他球队进行过一次比赛。每次进球得 1 分。进球最多的一方获胜。

增加进攻方的难度

- 缩小场地，限制可以利用的时间和空间。
- 场上球员仅能通过两次触球来接传球。

降低进攻方的难度

- 边线及底线支援球员接球和传球时触球次数不受限制。

成功检查

- 使用传球配合形成进攻的宽度和深度。
- 以最少的触球次数来快速比赛。
- 改变进攻点使防守球员失去平衡。

给你的成功打分

第三名球队的队员 =1 分
第二名球队的队员 =3 分
第一名球队的队员 =5 分
你的分数 _____

团队进攻训练 9
整体团队进攻——西班牙队的风格

组织两个球队，每队 7 个场上球员外加 1 个守门员。在一个 60 码 ×80 码的场地内进行训练。场地的中间标有一条中线，每侧底线的中间各有一个标准球门。每个球队防守己方底线上的球门，并且可以通过对方的球门进球得分。除了以下限制，其他常规足球规则都适用：控球方所有 7 个场上球员必须向前移动进入对方半场，然后才可以射门。该规则确保球队向前进攻时的紧凑性和相互配合。除了世界各顶级国家队，西班牙国家男子足球队（曾赢得 2012 年欧洲杯的冠军）是这种进攻风格的典范。

禁止进攻方尚有球员在己方半场时进行射门。每次射门被守门员救下得 1 分；如果进球则得 2 分。训练 20 分钟，每队记录各自的分数。

加进攻方的难度

- 球员仅限通过 3 次或更少触球来接传球和射门。

降低进攻方的难度

- 允许两个攻方球员在射门时停留在己方半场。

成功检查

- 保持队形的宽度和深度。
- 使用短而干脆的传球配合，重点强调整体团队支援。
- 通过较少的触球次数快速推进。

- 在进攻侧半场带球击败对手。
- 作为紧凑的整体向前推进。
- 在恰当的角度和距离提供支援。
- 创造相对于球门的大角度射门机会。

给你的成功打分

负方队员 =1 分
胜方队员 =3 分
你的分数 _____

团队进攻训练 10
标准球门中的 4（+4）对 4（+4）

在一个 30 码 ×60 码的场地内训练。场地的每侧底线各设置一个标准球门。组织两个球队，每队 7 个场上球员，外加 1 个守门员。使用彩色训练衬衫区分不同的球队。每个球队选出 4 个球员站在场地内。每个球队剩下的球员站在对方防守的半场（己方发起进攻的半场）的界线周围：每侧边线一个球员，底线球门的两边各一个球员。场外球员必须在场地界外，但是可以和该侧场地内的其他队友相互传球。场外球员仅限通过两次或更少触球来接传球。场外球员禁止进入场内，而且不可以相互传球。鼓励场外球员踢球进入球门区。防守方（无球方）仅 4 个球员防守；在获得球权并进入对手半场前，其场外球员保持不动。每隔几分钟，场外球员和场内球员交换角色。连续训练 20 分钟。球队每次在场内进球得 1 分；通过凌空射门或空中头球进门得 2 分。得分高的一方赢得比赛。

增加进攻方的难度

- 球员仅限通过 3 次或更少触球来接球球和射门。

降低进攻方的难度

- 拥有球权时，允许两个场外球员进入场内。

成功检查

- 保持队形的宽度和深度。
- 使用短而干脆的传球配合，重点强调整体团队支援。
- 通过较少的触球次数快速推进。

- 利用场外球员作为支援球员。
- 在进攻半场带球击败对手。
- 作为紧凑的整体向前移动。
- 在恰当的角度和距离提供支援。
- 创造相对于球门的大角度射门机会。

给你的成功打分

负方队员 =1 分

胜方队员 =3 分

你的分数 _____

团队进攻训练 11
7 对 5 半场比赛

组织一个 5 人球队和一个 7 人球队，并指定一个守门员。在有全尺寸球门的标准球场的一侧进行训练。使用锥形塑料或小旗子在球场的中线标记出两个 3 码宽的球门，两者之间相隔 20 码。守门员位于全尺寸球门中；小球门不需要守门员。7 人队试图在大球门中进球，并防守两个小球门。5 人队防守大球门，并且可以通过任意一个小球门进球得分。开始时，7 人队控制球。教练作为记分员。7 人队通过以下方式得分。

- 连续传球 8 次没有丢球得 1 分。

- 踢墙式二过一击败防守者得 1 分。

- 被守门员救下的射门得 1 分。

- 在罚球区内射门进球得 2 分。

- 侧翼射门进球得 3 分。

- 从距离球门 20 码或更远处射门进球得 3 分。

5 人队连续传球 6 次没有丢球或者从中线的任意球门进球得 2 分。连续比赛 25 分钟，并记录各个球队的分数。

增加 7 人方的难度

- 球员仅限通过 3 次或更少触球来接传球和射门。

- 加入一个对手形成 7 对 6 的局面。

- 缩小场地的宽度，限制可以利用的空间。

降低 7 人方的难度

- 加入一个球员形成 8 对 5 的局面。

成功检查

- 在进攻时形成合适的宽度和深度。

- 改变进攻点使防守球队失去平衡。

- 在进攻区域形成 1 对 1 的局面。

- 在最危险的（中间）区域创造射门机会。

- 利用侧翼空间。

给你的成功打分

负方队员 =3 分

胜方队员 =5 分

你的分数 _____

成功小结

团队进攻战术适用于各种比赛制度和形式。这些战术形成一个基本框架，球员可以根据它做出决定并采取后续行动。只有每个队员愿意而且能够将力往一处使（球队的共同目标），才能形成攻无不破的团队合作。

最好在充满竞争、类似于比赛的情形中练习团队进攻战术。比赛不一定需要满足球队（11 人的球队），但是人数必须足以执行各种团队进攻战术。

第 10 步中的训练涉及大量的球员，因此很难分配个人分数。每项训练都根据团队的表现确定分值。在大部分情况下，胜方的所有球员都得到相同的分数，而负方的所有球员也都得到相同的分数（低分）。尽管这种记分方法可能难以准确反映较差球队中表现出色的个人，但是能够反映出一队球员在实施进攻战术时的配合情况。将你的分数填写在下表中，然后计算总分，评估团队的表现。

团队进攻训练

1. 控球突破防守并射门 　　　　　　　　得到 3 分中的__分
2. 在进攻区域带球射门 　　　　　　　　得到 5 分中的__分
3. 带球越过底线得分 　　　　　　　　　得到 3 分中的__分
4. 转换进攻点 　　　　　　　　　　　　得到 3 分中的__分
5. 有中立侧翼球员的比赛 　　　　　　　得到 3 分中的__分
6. 尽快进入罚球区射门 　　　　　　　　得到 3 分中的__分
7. 三区域的转移比赛 　　　　　　　　　得到 3 分中的__分
8. 有底线和边线中立球员的比赛 　　　　得到 5 分中的__分
9. 整体团队进攻——西班牙队的风格 　　得到 3 分中的__分
10. 标准球门中的 4（+4）对 4（+4） 　　得到 3 分中的__分
11. 7 对 5 半场比赛 　　　　　　　　　　得到 5 分中的__分

总分 　　　　　　　　　　　　　　　得到 39 分中的___分

　　总分为 30 分或更高表明你已经熟练掌握了团队进攻战术，而且可以顺利进入第 11 步了。总分在 22 ~ 29 分之间算是合格了。在进入第 11 步前，需要再次复习团队进攻策略。如果总分低于 22 分，则需要对本课的内容进行更加深入的复习；重复进行训练，提高你的整体表现后再进入下一步。

第 *11* 步
作为团队防守

到了这里，你已经了解第一、第二和第三防守者的角色和职责。在构筑团队配合之路上，下一步就是将这些策略融合成团队防守的总体计划。根据我多年作为球员和教练的经验，我深知一群天才球员在一起未必能形成具有凝聚力的防守整体。与团队进攻相比，高效的团队防守更需要队员以有序、服从的方式一起合作。球员的身体素质必须过硬。他们必须坚定而努力地防守。他们必须在一对一挑战中能够成功。他们必须能够比对手跳得高而抢到空中来球。他们必须理解第一防守者（施压）、第二防守者（掩护）和第三防守者（平衡）的重要角色。最重要的是，他们必须接受自己在团队进攻框架中所扮演的角色，以及这些角色如何相互关联形成一个整体。尽管最成功的球队在各级别的比赛中都展示出了无懈可击的防守，但是在过去三十年中，意大利国家队无疑是国际级的防守典范，它提供了一个如何令团队防守密不透风的有效模型。

成功的团队防守在很大程度上是可以预判的，这得益于队员在比赛中如何根据变化的形势做出决策，以及如何根据各种形势运用防守策略。糟糕的决策最终会以对方进球得分而告终。培养球员清晰地认识对手控球时己方团队试图实现什么样的目标的能力，从而提高其决策技能。下面的团队防守战术提供了一个总体框架，球员的决策和随后的行动将以之为基础。这些战术适用于所有足球体系，以合乎逻辑的顺序从丢球一直贯穿到将球抢回来。

进攻点施加压力

在丢掉球权后几秒内，球队最容易受到反攻。在从进攻转变为防守的瞬间，即使是最有经验的球员也会失去焦点而且顿时不知所措。

要想阻止对手发起快速反攻，离球最近的防守球员（第一防守者）必须在进攻点施加直接的压力。挑战对手时并非不假思索地试图抢球，而是有策略、有控制地施加压力，旨在拖延对手通过带球或传球突破防守。如果施压的防守者能够迫使第一进攻者将球向后传或者至少横向传球，那么防守球员就赢得了在球的后方重新组织阵型所需的时间。

恢复到球门侧位置

球附近的防守者要施加压力，在防止对手快速反攻球门的同时，远离球的防守者快速撤回到球的后方位置，该位置也称为球门侧位置（参见图 11.1）。从球门侧位置，你能始终看清楚球和自己负责盯防的对手。此外，你所处的位置还可以为队友提供掩护。当防守球员重新回到球的后方位置后，他们就可以严密盯紧球和己方球门之间的空间，让进攻球队难以突破并创造射门机会。

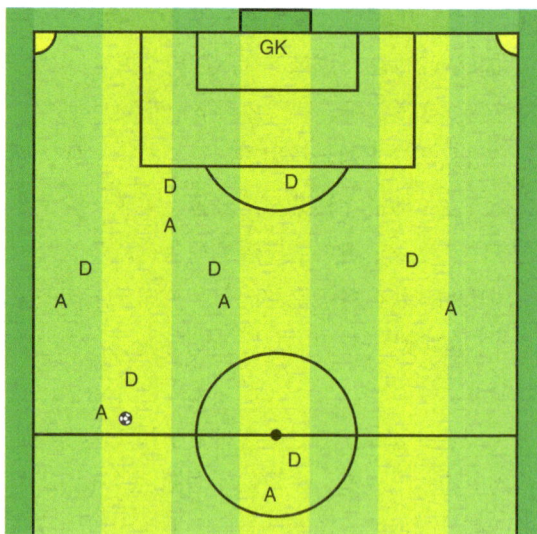

图 11.1 球门侧位置

限制最危险的进攻区域

防守球队的最终目的就是在最容易进球的区域不让对手获得空间和时间。为了实现该目标，增加人员来巩固最危险的射门区域（球门中央前方）已经成为普遍认可的战术。防守球员在撤退到球后方的过程中向球场中央集合（参见图 11.2）。这种球员在球后向内收拢的做法是为了杜绝防守中心出现空当。这样一来，就可以阻止对手在最容易进球的区域通过狭窄的人缝传球突破。

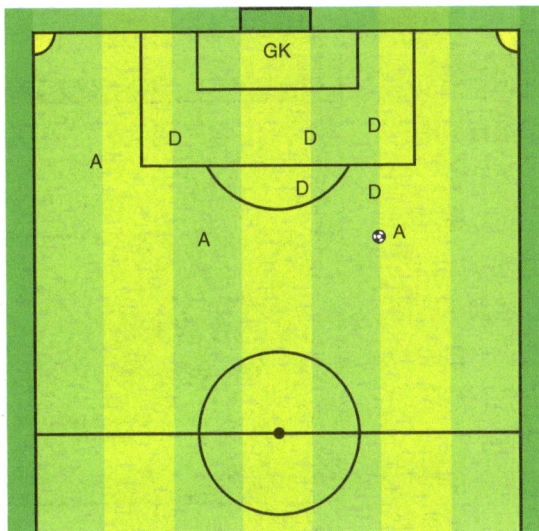

图 11.2 防守者向中间集结；防守者向内聚拢保护最危险的进攻区域

实现纵向的紧凑性

标准的足球场大约长 120 码、宽 75 码，比美式足球场大很多。对手控球时，这块有 10 个球员进行防守覆盖的区域真是够大的了。球队紧凑性战术的目标是通过缩短后场和前场防守球员之间的距离，从而在实现场地的纵向压缩（参见图 11.3）。

紧凑的球队杜绝了防线上的空当，从而让进攻球队难以突破防守。要想实现紧凑性，防守球员必须作为紧凑的整体向球的方向压缩。球附近的防守球员必须对第一进攻者施加直接压力，防止该球员获得机会及早地向紧凑防线的后方传长球。

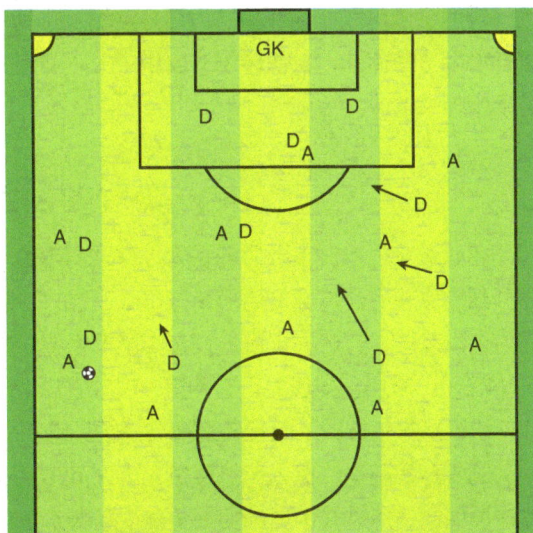

图 11.3 球队紧凑性；防守球员进入形成相互严密盯防的位置

控制防守后方的空间

球员进入适当的位置减少防守空当的同时，还必须采取措施保护最深（最后的）防守者和守门员之间的距离。这可以通过防守平衡战术来实现。如前所述，防守中的平衡是通过远离球的球员沿着想象的平衡线进入恰当的位置来实现的。平衡线是从球的位置开始向远门柱延伸的斜线。从沿着平衡线的位置上，防守球员可以保证球在视线中，并且截断了直接往防线后方的传球。一般的原则是，球员距离越远，他沿着平衡线的位置就应该越深（参见图 11.4）。

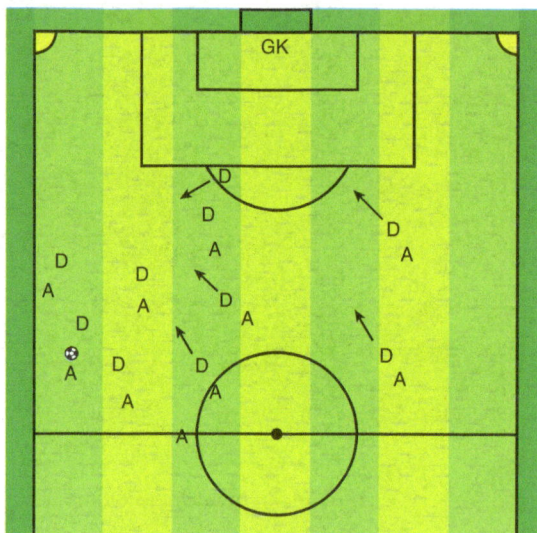

图 11.4 平衡线；沿着平衡线分布的远离球的球员可以截断对手将球传到防线的后方或者传球穿越防线

守门员还可以帮助保护防线后方脆弱的空间。他必须随时做好准备拦截进入最后防守者后方的传球，就像传统的自由中卫（清道夫）一样。守门员离开罚球区时，他必须用脚来踢球。

防守的预判

团队进攻战术的主要目的是为控球球员创造尽可能多的传球选择，使得防守方需要预判控球球员会将球传给哪个球员。反过来，防守战术的目的是通过在进攻点施加压力，以及对球附近的支援进攻者实施严密的盯防，从而限制控球球员的选择（参见图 11.5）。施加直接压力可迫使第一进攻者加快速度，因为没办法短传，而且很可能不得不进行长传，从而导致增加丢球的风险。

防守球员还可以进入可堵住进攻者之间传球通路的位置，从而杜绝传球的选择，迫使控球球员通过空中传球或者将球向后传给支援队友。不管是哪种情况，都会对防守球队有利。空中球通常不如地面球准确，而且从防守的角度看，横向或向后传球为防守球员提供更多的时间，从而赢得在球门侧布置站位的防守组织。

最后，防守球员通过将第一进攻者包围在狭窄的空间中，使防守具有可预测性。例如，迫使侧翼进攻者带球沿着边线前进时，就有效地减少了他向前传球的空间（参见图 11.6）。从这个意义上讲，就限制了他的传球选择，从而使比赛更具可预测性。还可以通过将带球者赶到已被掩护队友占据的空间来实现相同的效果。

各项团队防守战术可以以一种循序渐进的方式列出来，但是在实际执行中，必须快速而且同时地执行它们。在这此刻，防守球队应该处于重新夺回球的最佳位置。其中包括向进攻点施加压力，防守球员相互提供掩护和平衡，保护最危险的射门区域，以及让进攻球队的行为尽量具有可预测性。防守战术的最后一步就是让第一防守者发起挑战赢得球权，或者迫使对手将球传入防守球员可以上前拦截的空间。

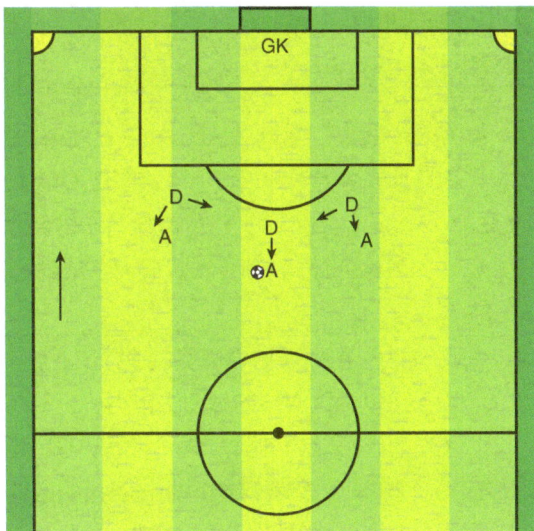

图 11.5 防守球员可以通过在球的附近进行严密盯防减少对手的进攻选择

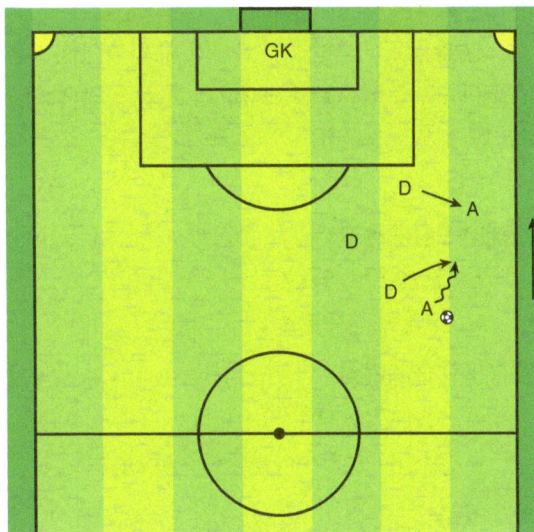

图 11.6 包围驱赶进攻者进入沿边线的有限的空间，减少他的传球选择

团队防守训练 1
以球为中心的防守

组织两个球队，每队 4 人。在一个 20 码 ×35 码的场地内训练。从纵向（35 码方向）将场地划分为 3 块区域。底端区域（1 和 3）各为 10 码 ×20 码；中间区域（2）为 15 码 ×20 码。在每块区域的两侧各用锥桶或小旗标记出一个 2 码宽的球门。（注意：每个区域中的球门都相距 20 码。）每场比赛需要一个球。使用彩色的训练背心来区分球队。

每个球队分别负责防守一侧的 3 个球门（35 码边线每侧 3 个球门，每个区域 1 个），而且可以通过对方的球门进球得分。每队分别派出一个球员进入区域 1 和 3。他们负责防守该区域内的己方球门。每队派出两个球员进入区域 2，并且负责防守该区域内的己方球门。防守球员只能在各自的区域和相邻的区域内活动。中间区域的防守球员可以向两侧移动进入底端区域，在恰当的时机为该区域内的队员提供支援（防守掩护）。同样地，位于底端区域的防守球员可以侧向移动进入中间区域，为中间的防守者提供掩护和平衡。有球的一方没有任何限制；进攻球员可以在各个区域内移动，而且触球次数不受限制。

注意采用恰当的防守阵型和平衡。记住，区域位置是根据球和防守队员的位置而不是进攻队员的位置来确定的。球员不需要盯防特定的对手。标准足球规则都适用。每次将球打进球门得 1 分。

增加防守者的难度
- 增加区域的宽度。
- 增加球门的宽度。

降低防守者的难度
- 减小区域的宽度。
- 限制进攻者在特定区域内移动。

成功检查
- 离球最近的防守者施加压力。
- 阻止对手通过带球突破防守。

- 位于相邻区域的防守者向球移动，提供掩护和平衡。
- 进行以球为中心的防守——根据球的位置入位。

给你的成功打分

负方队员 =2 分
胜方队员 =5 分
你的分数 _____

团队防守训练 2
紧凑的防守空间

在长 90 码、宽 75 码的场地上训练。用两行顺着长的方向的小光盘将场地分隔成 3 块 25 码 ×90 码的区域。在光盘线和底线相交处各设置一个 3 码宽的球门，一共 4 个小球门。组织两个球队，每队 9 人。两个球队都以 3-4-2 阵型相互对齐。不要守门员。每个球队防守己方底线上的两个球门，而且可以通过对方的球门进球得分。常规足球比赛规则都适用。比赛的重点在于防守紧凑性，因此在进攻球队试图射门的一侧场地上，防守球队应该实现紧凑的空间。为此，防守球队的所有球员都应该向射门那侧场地移动，在即将射门的那一刻，所有防守球员都要在两块相邻的三分之一区域（一共宽 50 码）内集结。这里主要强调的是让防守场地变得紧凑，减少进攻球员可以利用的空间。

每次进球得 1 分。如果在射门那一刻有防守球员位于最远的三分之一区域（距离球最远的区域），那么进攻方额外得多 2 分。防守方必须运用基础的团队防守战术阻止对手突破防线并赢得球权。

增加防守方的难度

- 扩大训练场地，让进攻方有更多可以利用的空间。
- 加入两个参与进攻的中立球员。

降低防守方的难度

- 缩小场地的长度和宽度，限制进攻球队可以利用的空间和时间。

成功检查

- 在进攻点施加直接的压力。
- 为队友提供近距离的支援。
- 在远离球的地方提供平衡。
- 在横向和纵向上让场地变得紧凑。

给你的成功打分

负方队员 =2 分
胜方队员 =5 分
你的分数 _____

团队防守训练 3
后场之战

组织两个球队，每队分别有 7 个场上球员和 1 个守门员。在一个 50 码 ×80 码的场地上训练。场地的纵向方向标有一条中线将球场一分为二。球场的每侧底线上各布置一个标准球门。每个球队有 4 个球员位于防守半场，3 个球员位于对手半场；球员们不能越过中线。除了以下限制，其他的常规足球规则都适用：一旦防守方在己方场地获得球权后，则可以通过最多 3 次传球将球传给对手半场上的队友。该限制重点突出在己方场地快速移动球而且未丢球的重要性。如果违反 3 次传球的限制，则将球权罚给对方。训练 20 分钟。进球最多的一方赢得比赛。

增加防守者的难度

- 加入两个总是参与进攻的中立球员，给防守半场施加压力。

降低防守者的难度

- 允许在防守半场通过 5 次传球将球传入对手半场。

成功检查

- 作为紧凑的整体进行防守。
- 限制对手的空间和时间，防止其形成传球配合。

- 在球权发生变化时，快速从防守转变为进攻。
- 以较少的触球次数移动球，并创造传球选择余地。

给你的成功打分

负方队员 =2 分

胜方队员 =5 分

你的分数 _____

团队防守训练 4
数量劣势下的防守

组织两个球队，每队各有 7 个场上球员和 1 个守门员。指定两个总是加入控球一方的中立球员，形成 9 对 7 的局面，让进攻方获得多两个球员的优势。在一个 60 码 ×90 码的场地内训练。场地的每侧底线的中间各有一个标准球门。每个球队防守一个球门，而且可以进攻方的球门进球得分。所有常规足球规则都适用。

数量上处于劣势的防守方运用区域（以球为中心）盯防策略，并实施所有团队防守战术。离球最近的防守者在进攻点施加直接的压力，与此同时，其他球员撤回到球的球门侧位置。防守球员应该在纵向和横向上进行压缩，限制进攻者可以利用的空间和时间。连续训练 20 分钟。让对方进球少的一方赢得比赛。

增加防守方的难度

- 增加场地的面积。
- 加入 3 个参与进攻的中立球员，形成 10 对 7 的局面（进攻方获得多 3 个球员的优势）。

降低防守方的难度

- 让球场变窄。
- 进攻球员仅限通过 3 次或更少触球来接传球和射门。

成功检查

- 对球施加直接压力。
- 在最危险的射门区域增加防守者。
- 进入恰当的掩护和平衡位置。
- 阻止对手从中间区域射门。

给你的成功打分

负方队员 =3 分

胜方队员 =5 分

你的分数 _____

团队防守训练 5
从 4 对 6 转换到 6 对 4

在一个 80 码长、50 码宽的场地内训练。场地在纵向上标有一条中线。每侧底线上各设置一个标准球门。组织两个球队，每队各有 10 个场上球员和 1 个守门员。每个球队在对方半场上布置 6 个球员，在己方半场上布置的 4 个球员，在每侧半场上形成 6 对 4 的情形。守门员位于各自的球门中。使用彩色训练衬衫区分不同的球队。需要一个球；建议在每侧球门提供额外的球。

开始时，教练向进攻方的 6 个球员踢过去一个球；该组球员试图在对方的场地打败 4 个防守者和 1 个守门员射门得分。如果防守者赢得了球权，他必须将球传给另一侧场地的队友，向对方的球门发起进攻。连续训练 20 分钟。标准的足球规则都适用。进球多的一方赢得比赛。

增加防守者的难度
- 增加场地的面积。
- 加入一个中立进攻者，在防守半场形成 7 对 4 的局面。

降低防守者的难度
- 加入一个防守者，在防守半场形成 6 对 5 的局面。

成功检查

- 在进攻点施加直接压力。
- 在球移动时拉近距离。
- 限制对手的传球选择。
- 进入恰当的掩护和平衡位置。

给你的成功打分

负方队员 =3 分

胜方队员 =5 分

你的分数 _____

团队防守训练 6
阻止对手向防线后方进行长传

组织两个球队，各包含 8 个场上球员和 1 个守门员。在标准场地上训练。场地的每侧底线的中间各有一个全尺寸的球门。使用标记物标在距离每侧底线 30 码远的地方各标记出一条越位线。球队分别位于球场的两侧，但仅限于两条越位线之间。每个球队防守己方的球门，并可以通过对手的球门进球得分。

开始时，从场地的中间开球。除了以下限制，其他常规足球规则都适用：在越位线的进攻球员（距离球门 30 码以上）不算越位，即使他位于最后的防守者的后面也是如此；在球进入前，防守球员不能进入越位线和己方球门之间的区域。这些改编规则让控球方能够在最后一行防守者的后方活动，从而创造突破机会。要防止对手突破防守，防守方必须杜绝对手获得向防线后方进行长传所需的时间和空间。训练的重点是在进攻点施加直接压力并配合紧凑的防守，避免在防守中出现空当。采用常规的记分方法。连续比赛 25 分钟。让对方进球最少的一方赢得比赛。

增加防守方的难度

- 加入两个总是参与进攻的中立球员，形成 10 对 8 的局面（多两个球员的进攻优势）。

降低防守方的难度

- 加入一个总是参与防守的中立球员，形成 10 对 8 的局面（多两个球员的防守优势）。

成功检查

- 保持恰当的防守队形。

- 在进攻点施加直接压力，阻止进行长传。
- 为第二防守者提供严密的掩护。
- 远离球的防守者提供防守平衡。
- 防守球员压缩纵向空间。

给你的成功打分

负方队员 =3 分
胜方队员 =5 分
你的分数 _____

团队防守训练 7
保持领先分数

在一个 60 码宽、75 码长的场地上训练。场地的每侧底线上各有一个标准球门。组织两个球队，一队包含 10 个场上球员，另一队包含 8 个场上球员。每个球门一个守门员。需要一个球；建议在每侧球门提供额外的球。球队分别进入球场的两侧，各自防守己方底线上的球门。

开始时，8 人方以 1-0 领先，10 人方先控制球。常规足球规则都适用。比赛时间持续 10 分钟。8 人方试图运用各种防守战术保持一球领先优势，其中包括对球施加直接压力、在球后方实现掩护和平衡以及保持防守紧凑性。如果 10 人方在 10 分钟内进球，则赢得比赛，比赛结束。两个球队交换角色重复比赛（从 10 人方抽调两个球员到 8 人方）。防守球员必须合理进行组织，不让在数量上具有优势的进攻方获得进攻空间和时间。应该重点突出在进攻点施加压力、掩护，以及在远离球的位置提供防守平衡。

增加防守方的难度

- 将防守方缩减至 7 人。

降低防守方的难度

- 让场地变窄。
- 加入一个防守球员形成 10 对 9 的局面。

成功检查

- 在进攻点施加压力。
- 后方的 4 个防守球员在行动上相互配合。
- 进入提供掩护和平衡的位置。
- 在最危险的中间区域杜绝进攻空间和射门。

负方队员 =0 分

胜方队员 =2 分

你的分数 _____

团队防守训练 8
防守和恢复球门侧位置

在每侧有全尺寸球门的标准场地上进行训练。在场地上用标记物标记出两条与场地同宽的线条，它们各距离每条底线大约 35 码，将场地分成 3 块区域。组织两个球队，每队 8 人。每侧球门安排一个守门员。使用彩色的训练背心来区分球队。至少需要一个球，建议提供额外的球。

开始时，从场地的中间发球。每个球队防守一个球门，而且可以通过在对方的球门进球得分。除了以下变化，其他常规足球规则都适用：教练或助理教练充当裁判，每隔几分钟就吹哨暂停，并在其中一个球队的防守区域内（距离球门 35 码内）给该队一个直接任意球。在踢直接任意球时，防守方的所有球员都必须进入到中间区域。进攻方必须以长球的方式将任意球踢入到防守方的后方空间。在进攻方的球员进入防守方的防守区域并触球前，防守方的球员不能进入自己的防守区域（35 码线内的区域）。当对方球员进入该区域并触球后，防守球员可以立即冲回防守区域试图阻止对方进球。进攻方射门被守门员救下得 1 分，而进球则得 2 分。让对方得分少的一方赢得比赛。

增加防守方的难度

- 让划分区域的限制线距离球门 40 码。

降低防守方的难度

- 让场地变窄。

成功检查

- 采取直接的路线恢复到球门侧位置。
- 采取全速奔跑回到球门侧位置。

负方队员 =0 分

胜方球员（让对方得分少的一方球员）=2 分

你的分数 _____

守门员的角色

组织球队进行防守时，守门员担任着非常重要的角色。与团队的其他球员相比，守门员所处的位置非常优越，能够很好地看清整个球场的形势。守门员位于防线后方的优势位置，能够观察到团队的进展情况，而且可以和场上球员进行有益的交流。尽管过度的交谈不受欢迎或不合时宜，但是报告形势的口头命令是极为宝贵的。要完成这个任务，首先需要守门员对小组（球附近区域）和团队所实施的防守战术有着全面透彻的理解。守门员与场上球员的交流和指令应该反映出指导性的战术执行方法。应该以积极准确的方式传达命令，因为容不得出现任何失误。

成功小结

团队防守战术适用于所有阵型和比赛风格。其目的是提供一个参考框架，队员能够以之为根据协调行动，从而让团队的表现超越个人的表现之和。要想实现出色的团队防守，需要对进攻点施加直接压力、为第一防守者提供掩护（支援），以防其在带球挑战中被击败；在横向和纵向上保持紧凑，以缩小防守球员之间的开放空间；限制对手的进攻选择余地；以及最终赢得球权并发起反攻。

只有每个球员都愿意并且能够在团队的防守计划中履行特定的角色，才能实现建立防守体系所需的团队合作。要想实现该目的，最好的途径是在充满竞争的多人团队场合下进行反复训练。

第 11 步中的团队防守训练涉及大量的球员协调工作。每项训练都根据团队的表现设定了分值。获胜一方的所有队员都获得一样的分数，而失败的一方的所有球员也获得一样的分数（较低的分数）。尽管这种评估方法可能难以正确反映薄弱球队中的优秀球员的表现，但是这些分数可反映队员共同合作实施防守战术的能力水平。教练可以观察训练过程，然后针对你的强项和弱项提出建议。将你的分数填写在下列表格中，然后统计总分，评估你在团队中的表现。

团队防守训练

1. 以球为中心的防守　　　　　　　　　得到 5 分中的 ＿＿＿＿ 分

2. 紧凑的防守空间　　　　　　　　　　得到 5 分中的 ＿＿＿＿ 分

3. 后场之战　　　　　　　　　　　　　得到 5 分中的 ＿＿＿＿ 分

4. 数量劣势下的防守　　　　　　　　　得到 5 分中的 ＿＿＿＿ 分

5. 从 4 对 6 转换到 6 对 4　　　　　　　得到 5 分中的 ＿＿＿＿ 分

6. 阻止对手向防线后方进行长传　　　　得到 5 分中的 ＿＿＿＿ 分

7. 保持领先分数　　　　　　　　　　　得到 2 分中的 ＿＿＿＿ 分

8. 防守和恢复球门侧位置　　　　　　　得到 2 分中的 ＿＿＿＿ 分

总分　　　　　　　　　　　　　　　得到 34 分中的 ＿＿＿＿ 分

　　总分达到 25 分或更高表明你已经熟练掌握第 11 步中所讨论的团队防守战术。总分在 18 ~ 24 分之间算是合格了。以小组的方式再次练习团队防守战术，然后就可以进入第 12 步了。总分为 17 分或更低表明你和你的队友需要再次复习本课内容、反复进行训练，在提升个人和团队表现后，才可以进入第 12 步，也是最后一个步骤。

第*12*步
理解队员阵型、角色和职责

球队的比赛阵型（阵式）是指 10 个场上球员的组织、位置和职责。在我的经验中，满腔热情、希望增加比赛知识的年轻教练的第一个问题无外乎就是"你认为足球比赛中最佳的阵型是什么？"从表面上看，这听起来像一个合理的提问，但事实上这没有确切的答案。我所能提供的最佳答案是：依情况而定——取决于球员和他们的对手。

从最基本的级别讲，足球比赛不是关于阵型的。足球是关于球员的比赛，涉及球员的强项、弱项、个性和特点。鉴于此，适合我的球队的阵型不一定适合你的球队。最佳的阵型就是能够扬长避短，让长处得以发挥同时又避开弱点，以及能够为球队的成功创造最佳机会的阵型。

从来就不存在什么神奇的阵型，能够让平庸的球员变成优秀的球员，或者将弱队变成强队。如果球队中满是技术或者战术能力（或两者）低能的球员，那么什么样的阵型都不会得到有效发挥。反而言之，只要有优秀的球员，而且他们愿意接受自己在团队框架中的角色和职责，那么什么样的阵型都会有比较高的成功把握。因此，尽管阵型为团队战术的执行提供了结构并定义了开始点，但是它绝对不是最重要的关注点。要想在足球场上取得成功，个体球员的发展是最重要的因素。

到目前为止，你已经学习了适用于任何阵型的个人、小组和团队战术，尽管在每个阵型中球员的角色和职责可能不一样。在团队的阵型中，每个球员都有明确规定的角色。其中一些角色的范畴比另一些角色要窄。在一些情况下，规定为在某一位置上执行任务的球员可能被赋予其他不同的职责。例如，两个球员都被称为前卫，但他们却履行非常不同的职责。一个可能作为防守前卫（后腰），其主要职责是守住防线并挡住对方球队的组织进攻者；另一个前卫可能是进攻前卫，其主要角色是打开进攻通路，为队员创造射门机会。要想实现球队成功所需的凝聚力，所有球员都必须了解并接受他们在阵型中所扮演的角色。

在 2010 年的世界杯锦标赛及 2012 年的欧洲锦标赛中，有几个非常明显的阵型。大多数球队在后防线中都使用 4 个后卫，他们横向覆盖整个区域。在 4 个后卫的前方会部署一个或者有时两个防守后卫（后腰）。后腰在某种程度上起到前方清道夫的作用，其职责是阻止对手从防线的中间突破，充当中后卫的屏障，以及通过精确的发球组织进攻。一个前卫通常布置在两翼为进攻提供宽度，而另一个前卫通常被赋予中央进攻角色，在前锋的后方发挥作用。大多数阵型都有一个或两个前锋，尽管也有少数球队采用 3 个前锋。西班牙队在 2010 年的世界杯和 2012 年的欧洲杯中都取得了冠军，它在某些时间段内根本没有真正的前锋，那种阵型被称为 4-6-0 阵型。基本上所有的球队都采用基于球的位置的防守（区域防守），或者将区域防守和一对一盯防结合起来。在如何组织球队方面我提出这些差别仅是为了强调没有哪种阵型天生就优于另一种阵型。只要运用得当，它们都会发挥作用。

阵型（体系）组织

一个阵型涉及 10 个场上球员和 1 个守门员。场上球员通常被指定为后卫、前卫和前锋。不同的场上球员部署方式导致了不同的阵型和球员职责。在描述阵型时，编号第一的是后卫，编号第二的是前卫，而编号第三的是前锋。守门员不在球员编号之列。

下面提供了过去 25 ～ 30 年内的一些最流行的历史阵型，并且简单讨论了 2010 年世界杯和 2012 年欧洲杯中的一些新的阵型变体。

3-5-2 阵型

在 1986 年和 1990 年的世界杯中，德国队首次采用了 3-5-2 阵型（参见图 12.1），然后一直沿用到 20 世纪 90 年代末。它的原创阵型是，三个后卫中后方是一个清道夫，而清道夫的前方是两个盯人中后卫。现在，球队通常使用该阵型来将后卫部署为三平后卫，以提供区域掩护。

通常将一个前卫直接布置在后面三个后卫的前方，作为防守性的后腰。他的主要责任是阻止对手通过带球或传球从防线中间突破。后腰还为横向部署在其前方的四个前卫提供掩护。中间部署两个前卫，两个侧翼也各部署一个。其中一个中间前卫被赋予组织者的角色，而另一个中间前卫通常负责更多的进攻角色。两个前锋引领进攻。

图12.1 3-5-2 阵型

要想通过 3-5-2 取得成功，需要优秀的边锋来巡查整个边线区域，他们必须能够从场地的一端跑到另一端。两个前锋的机动性必须非常好，而且必须非常活跃，不停地移动到可以接到来自前卫和后卫的传球的位置。作为整体的团队必须能够在一段时间内拥有球的控制权，以控制比赛的节奏，以及给侧翼前卫提供充足的时间来移动到更具进攻性的位置。

4-4-2 阵型

从战略的角度看，3-5-2 阵型将巨大的责任托付给三个后卫，他们需要覆盖前卫防线后的整个区域。为了减轻后卫的负担，有些球队开始将一个前卫抽调到后卫防线上，从而形成 4-4-2 阵型（参见图 12.2）。从理论上讲，后防线采用 4 个后卫能够更有效地封住对手可以利用的空间。

在 4-4-2 阵型最初出现时，许多球队都将一个清道夫即自由球员部署在其他三个后卫的后方。而今天，大多数球队都采用水平四后卫，让四个后卫水平分布在后场提供区域掩护。四个前卫部署在后卫防线的前方。两个侧翼前卫负责巡逻两边的侧翼，为进攻提供宽度，而其他两个前卫部署在中间位置。

中间的两个前卫的才能互补：其中一个通常负责更多的进攻角色，而另一个负责更多的防守角色。两个前锋也应该互补。通常情况下，其中一个前锋作为最高传球目标，伺机接来自前卫或后卫的球并进行控制。另一个前锋通常作为目标前锋的补充角色，冲入空地接传球并拉长防守。

在 4-4-2 阵型没有传统的边锋——他们在进攻中通常冲在前方，很少回撤帮助防守。真正的边锋已经被侧翼前卫所代替。当对手控球时，侧翼前卫会回撤己方场地帮助防守，而当己方控球时，他们会快速向前移动发起进攻。如果侧翼前卫未能够快速地从防守转换到进攻，那么 4-4-2 阵型可以采取防守姿态。

要想成功运用 4-4-2 阵型，需要具备杰出的前卫，他们能够控制球并决定

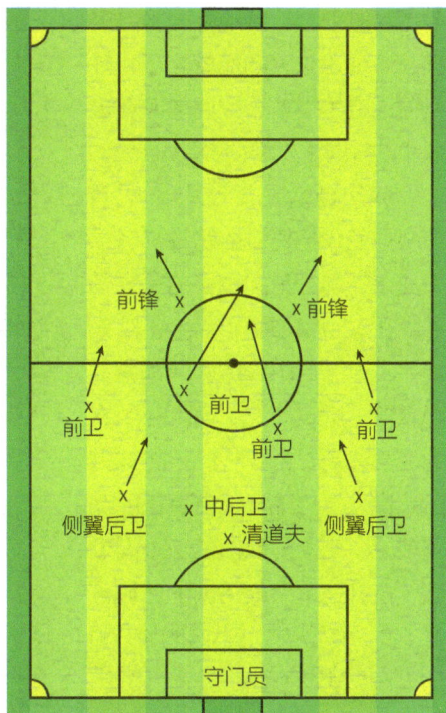

图 12.2 4-4-2 阵型

比赛的节奏。它还需要能够在对手的压力之下控得住球的前锋，直到前卫赶到前方提供支援。在球队控球时，四个后卫应该给前卫提供支援。中后卫的主要角色是待在"家里"提供防守；一般的原则是，他们很少跑出后场区域。另一方面，侧翼后卫应该完成更多的进攻任务，而且在适当的时机要向前移动，绕过中场队员冲到前方，从而形成更多的进攻球员。

4-3-3 阵型

4-3-3 阵型（参见图 12.3）的目的是致力于在进攻和防守之间实现平衡，同时更加强调球员的机动性、位置的交换以及大范围进攻。四个后卫可以组织成水平四后卫，或者两个侧翼后卫后面部署一个清道夫和一个盯人中后卫。三个前卫负责控制中场，而且可以通过多种方式进行组织。

有些球队让三个前卫水平地跨越球场。在这种队形中，中前卫是该阵型的关键球员。他必须是富有创造性的进攻组织者，拥有良好的传球和带球技术，以及有能力向

前移动并射门。就防守而言，中前卫必须是强大的抢球能手，并且擅长空中技术。侧翼前卫在进攻和防守时提供横向掩护。

其他球队选择让一个或两个中前卫承担更多的防守任务，而其余的前卫承担更多的进攻任务。在这个阵形中，后腰（防守前卫）位于后防线的中间前方，而前腰（进攻前卫）通常在中锋的后方移动，主要任务是将球传给前锋。这种阵型没有真正的侧翼前卫；三个前卫都位于中间位置，控制住这个最关键的区域。在 4-3-3 阵型中，三个前锋引领进攻。中锋的两侧各有一个边锋。通常情况下，边锋是非常擅长带球的，例如荷兰队的阿尔扬·罗本和威尔士队的瑞恩·吉格斯。这些球员能够通过带球突破对方的防守，从而为自己或队友创造

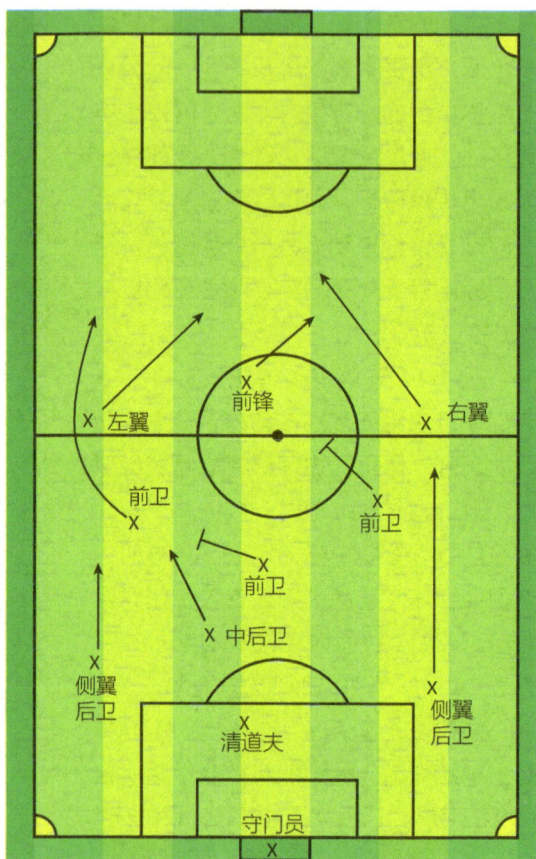

图 12.3 4-3-3 阵型

射门机会。尽管许多球队将边锋安排在极为靠边的位置，几乎碰到边线了，但是另一些球队则喜欢让边锋向中锋的方向靠拢。这种队形留下了足够的空间，让侧翼前卫或侧翼后卫在适当的时机向前插。不管哪种情况，三个前锋都必须进行大量的移动，不管是否有球。通过聪明的无球跑动和交换位置，前锋可以创造空间，让前卫和后卫可以向前移动。

要想成功运用 4-3-3 阵型，要求队员体力非常充沛、技术非常好而且能够轻松适应不同的角色。在适当的时机，前卫必须愿意而且能够向前发起进攻，担任前锋或边锋的角色。同样地，侧翼后卫必须拥有足够好的技术和体能，冲到前卫的前方去承担更多的进攻任务。三个前锋应该通过斜线跑动或迂回跑动来交换位置，而且必须能够轻松地适应前锋和边锋的角色。简而言之，要想让 4-3-3 阵型发挥最大的效果，要求球员技术全面，而且在形势所需时愿意扩大自己的作用，承担其他任务。

阵型的最新变体

主要的国际比赛通常都会展示最新的阵型和体系，例如世界杯、欧洲杯和联合会杯。2010 年的世界杯和 2012 年的欧洲杯中一个重大发现是，所有阵型都要基于战术灵活性，因为它使团队能够快速变换阵型。例如，在同一场比赛中球队从 4-3-3 阵型转变为 4-4-2 再转变为 4-5-1 并不罕见（参见图 12.4）。

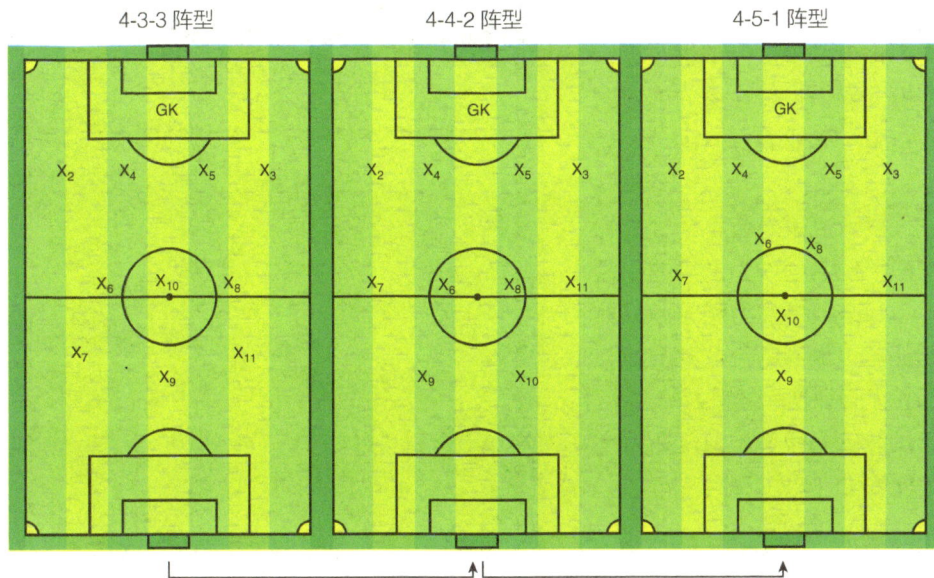

图 12.4 战术灵活性让球队在比赛中能够快速从一个阵型转换为另一个阵型

在最近的 2012 年欧洲锦标赛中，所观察到的两个最常用的阵型是 4-4-2 和 4-2-3-1。我们已经讨论过 4-4-2 阵型；而 4-2-3-1 可以看作是它的变体。

4-2-3-1 阵型

4-2-3-1 阵型在国际比赛中已经不是什么新鲜事儿，它首次出现在十多年前的西班牙队。然而，在最近这些年才得到广泛普及，而且现在被全世界的许多国家队所采用。后防线的 4 个后卫所担任的角色和职责和 4-4-2 或 4-3-3 阵型一样。中后卫待在后方严防死守，而侧翼后卫必须是优秀的 1 对 1 后卫，而且要有能力在进攻中向前移动（参见图 12.5）。

在中场上安排有两个后腰（防守前卫），他们位于 4 个后卫的前方，并与之形成 6 人防守队形。当球队获得球权后，两个后腰中的一个通常会向前进入更深的位置。位于 6 人队形前的三个前卫通常沿着场地水平站位。这些球员必须是具有创造性和机动性的进攻者，能够从撤退位置快速向前移动支援更深入对方球队的前锋。4-2-3-1 阵型中的中锋必须是健壮、技术过硬而且机动性好的球员，他需要作为进攻的引领者。他必须有体力和技术来控制住球，直到前卫赶来支援，而且还必须是个强有力的射手。德国队的马里奥·戈麦斯就是这种类型球员的典范。

图 12.5　4-2-3-1 阵型

未来的阵型

足球运动是不断进化的，在每次连续的重大锦标赛中，我们应该都会看到新颖的阵型。教练们通常希望利用细微的阵型变化来让球队在球场上取得成功。既然如此，我敢肯定地说，在未来几年我们可能看到的任何新阵型都将基于第 10 和 11 步中所讨论的传统的进攻和防守战术。球队将试图收紧防守，限制对手可以利用的空间和时间。防守球员将快速回撤到球后方的位置，并向内靠拢保护最危险的进攻区域。在获得球权时，球队将试图结合使用长传和短传来缓解压力并使对手失去平衡。当球员以最少的触球次数移动球时，比赛的速度和节奏将会持续加快，因此个人的流动性和技术水平将是重中之重。未来阵型和现在阵型真正的唯一区别是每个球员所担任的角色和职责。在足球比赛中有一点是永恒不变的——球员必须愿意而且能够胜任阵型中的特定角色，从而确保团队的成绩大于个人成绩之和。

通过交流获得成功

　　足球场不是什么安静的地方，而且也不应该这样。比赛过程中队友之间的相互交流通常让球场声不绝耳。口头指令可以向队友传达信息，帮助他们做出对球队最有利的决定。在与队友进行口头交流时，请遵循以下指导原则。

- 语言要简洁明了。
- 及早喊出口令，给队友留有充足的反应时间。
- 大声清晰喊出——你很可能没有时间重复说过的内容。

　　球队应该采用一组标准的口头信号，以免产生误解。以下是足球比赛中的通用术语，所有球员都应该理解。

　　当己方球队拥有球权时，使用这些口头信号。

- "有人"（Man on）队友接球时后方快要受到对手的挑战。这会警告队友接球时保护好球，并且将球控制到远离防守者的地方。
- "转身"（Turn）表示队友在接球时有充足的空间可以带球转身。
- "一脚"（One time）告知队友第一次触球时传球。
- "护球"（Hold it up）表示队友应该保护好球，直到支援球员到来提供传球选择。
- "漏"（Dummy it）想要队友让球从他的身边滚过到达你这里。
- "转移"（Switch）表明通过跨场长球改变进攻点。

　　当对方球队拥有球权时，使用这些口头信号。

- "盯死"（Mark up）告知队友锁定对手。
- "上前"（Step up）告知队友拉近与持球对手之间的距离。
- "收拢"（Close it up）告知队友收紧彼此间的距离（空间）。
- "看人"（Runner）表示对手从斜线或后方跑向防线。

　　在同队友交流时，经验丰富的球员通常使用视觉暗示来配合口头命令。明显的视觉暗示包括指向希望球传到的方向或者希望队友移动的方向。你还可以通过更加微妙的方式与队友进行交流。目光突然扫向某个方向或者轻微点头都可以表示你想要球。

练习阵型的团队组织训练

阵型只是开始点。比赛一旦开始，队形就处于不断变化之中。在现实中，如果球员遵循进攻和防守战术，那么在动态的比赛中，所有阵型看起来都是非常类似的。真正的差别是球员所担任的角色和职责。因此，没有针对某一阵型的专门训练。然而，你和队友可以通过模仿训练来熟悉不同队形的移动模式。

团队组织训练 1
团队进攻模仿训练

在有两个球门的标准球场上进行训练。选择一个阵型，例如 4-4-2 阵型，然后相应地将队员部署在半侧球场中。守门员站在球门中。教练站在距离球门 30 码远的地方提供球。开始时，教练给守门员踢一个球，而后者立即将球发给后卫或前卫。从这里开始，队员们在没有对手的情况下集体沿着球场向前传球，然后将球射入对方的球门。不要加入任何对手。在球队带球向对方球门推进时，重点关注根据球的移动采取恰当的进攻移动。以 3/4 的速度开始训练，然后逐渐增加到比赛速度。球员仅限于通过 3 次或更少触球来接传球和射门，并且要保持比赛的流动性和流畅性。每次进门后，球员们快速跑回到原先的位置，而教练向守门员再传一个球。以比赛的速度重复练习 30 次。每次射门进球得 1 分。

增加进攻的难度
- 在训练中加入 6 个防守者对进攻球队进行防守。

降低进攻的难度
- 在没有对手的情况下半速控球沿着场地推进。

成功检查
- 站位确保进攻的宽度和深度。
- 为控球球员提供短传选择。

- 频繁改变进攻点。
- 根据球和队友的移动调整自己的位置。

给你的成功打分

无失误进球 0 ～ 19 个 =1 分
无失误进球 20 ～ 24 个 =3 分
无失误进球 25 ～ 30 个 =5 分
你的分数 _____

团队组织训练 2
团队防守模仿训练

采用和团队进攻模仿训练相同的配置，但是在训练中加入对手球队。你的球队进入防守位置防守球门。对手球队进入另一侧场地。

开始时，对方守门员持球。该守门员将球发给队友开始比赛。该球队然后沿着球场向前移动试图射门。进攻球员仅限于通过三次或更少触球来接球和传球。

作为防守球员，要联合起来阻止对手突破防守，阻止对手从大角度射门，并最终赢得球权。严密盯防对手，缩小空间阻止对手突破防守。防守球员可以拦截误传球，但是不得拦截抢球。

进攻球队每次射门进球得 1 分。当对方进球或者己方赢得球权后，立即将球传回给对方的守门员并重复训练。以比赛速度重复 30 次。

增加防守方的难度

- 仅用 8 个场上球员进行防守（10对 8）。

降低防守方的难度

- 进攻方仅用 7 个球员，形成 10对 7 的局面，即多 3 个球员的防守优势。

成功检查

- 进入恰当的位置，给对手施压并提供掩护和防守平衡。
- 缩小队员之间的距离，确保球队的紧凑性。
- 恰当站位，阻止对手突破防守并堵住传球线路。
- 预判对手的移动方向，然后拦截传球。

给你的成功打分

让对方进球 10 个或以上 =1 分

让对方进球 6 ~ 9 个 =3 分

让对方进球 0 ~ 5 个 =5 分

你的分数 _____

成功小结

每个比赛阵型本身都有其优缺点。选择最适合自己球队的阵型是教练的职责。所选的阵型应该强化球员的强项并弱化球员的弱项，做到扬长避短。球员有责任熟悉球队的阵型，了解自己在该阵型中所担任的角色并接受该角色，帮助团队取得最大的成就。只要乐于接受自己角色和职责，不管是作为个人还是作为团队，都将获得更大的成功。

　　此时此刻，你已经做好在球队中担任重要角色的准备了。第 12 步中的训练涉及将所有球员视为一个整体进行比赛，因此很难确定个人的表现成绩。每项训练都根据团队的表现设定分值。球队的所有球员都得到一样的分数。对于个人的强项和弱项，教练可以提出更有针对性的反馈。将你的分数填写在下列表格中，然后统计总分，评估你在执行各种阵型时在团队中的表现如何。

团队组织训练

　1. 团队进攻模仿训练　　　　　　　　　　得到 5 分中的 ＿＿＿＿ 分

　2. 团队防守模仿训练　　　　　　　　　　得到 5 分中的 ＿＿＿＿ 分

总分　　　　　　　　　　　　　　　　得到 10 分中的 ＿＿＿＿ 分

　　你的总分将取决于你的团队在模拟训练中练习多少个阵型。一般的原则是，在每个阵型训练中，团队的平均分至少要达到 3 分。少于 3 分表明球队还没有完全理解该阵型，以及如何在进攻或防守中运用阵型。先决定球队选择什么样的阵型，然后就这些阵型进行训练，直到驾轻就熟。有句古话说得好——熟能生巧！

作者简介

约 瑟夫·A.勒克斯巴切尔（Joseph A. Luxbacher）博士拥有 30 多年的足球经验，并在各种级别的比赛中担任过球员或教练。勒克斯巴切尔博士是健康、健身和竞技体育领域的专家，他拥有健康、体育和娱乐教育博士学位。他曾作为专业的大学足球运动员在北美足球联盟、美国足球联盟和室内足球大联盟中进行比赛。他现在是匹兹堡大学男子足球队的教练，而且从 1984 年开始就一直担任该职务。他带领过的球队在一级联赛中一共赢得 200 多场比赛。

勒克斯巴切尔博士受到广大足球教练和球员的尊敬，曾经两次被提名为大东部联盟年度教练。此外，他还获得由美国足球协会颁发的教练许可证。勒克斯巴切尔在 1995 年正式成为 Beadling Sports Club 名人堂的成员，在 2002 年成为 Upper St. Clair High School Athletic 名人堂的成员，并且在 2005 年成为 Western Pennsylvania Sports 名人堂的成员。在 2003 年他荣幸地当选为匹兹堡大学的优秀运动员。

勒克斯巴切尔是 Shoot to Score Soccer Academy 足球学校的创始人和总教练。该机构为 7 ~ 18 岁的球员提供训练营、实地教学和锦标赛训练。每年都有数百名青少年足球运动员到该学校学习。他还和 SportVideos 合作，出版了"赢得足球比赛"系列课程。

勒克斯巴切尔和他的妻子盖尔、女儿爱丽莎以及儿子特拉维斯生活在美国宾夕法尼亚州的匹兹堡市。

译者简介

马 新东，博士，美国佛罗里达大学博士后，清华大学教授、博士生导师，清华大学体育部体能训练与康复研究中心主任，兼任全国体育专业学位研究生教育指导委员会委员；中国生理协会运动生理专业委员会委员；中国生理协会体适能专业委员会委员；中国大学生田径协会常务副秘书长。